中华文明在路上

吕　勇／著

中国出版集团有限公司

研究出版社

图书在版编目 (CIP) 数据

中华文明在路上 / 吕勇著. — 北京：研究出版社，

2024. 8. -- ISBN 978-7-5199-1708-1

Ⅰ. K203

中国国家版本馆CIP数据核字第 20240G4G24 号

出 品 人：陈建军
出版统筹：丁　波
策划编辑：寇颖丹
责任编辑：范存刚

中华文明在路上

ZHONGHUA WENMING ZAI LU SHANG

吕勇　著

研究出版社 出版发行

（100006　北京市东城区灯市口大街100号华腾商务楼）

北京云浩印刷有限责任公司印刷　　新华书店经销

2024年8月第1版　2024年8月第1次印刷

开本：710毫米×1000毫米　1/16　印张：15

字数：245千字

ISBN 978-7-5199-1708-1　定价：69.00元

电话（010）64217619　64217652（发行部）

目录

第三章

从天到天下

第四章

天下的复兴及其逻辑

第五章

天下与朝贡体系

第六章

从天下到国家

第七章

天下想象与文化认同

第八章

天下为公与大同世界

第九章

天下与世界历史

第十章

谁之中国？何种天下？——从主体到共同体

结 语

重建中华文明的现代性话语体系

我们如何做现代文明的中国人?

近代以来,中国人一直被现代性问题所困扰,特别是鸦片战争之后,在西方现代性的冲击之下,绵延数千年的"天朝上国"被迫打开国门向西方学习。洋务派主将李鸿章敏锐地觉察到大时代的变迁,称中国面临数千年未有之强敌、数千年未有之变局。随着近代中国社会的急剧转型,当革命的硝烟散去后,经过百余年现代性思想的熏陶,现代中国呈现出崭新的面貌,中国人的文化自信心也因经济社会的发展而逐步恢复,对时代的诊断也随之发生重大转变,从三千年未有之大变局转换为"百年未有之大变局"。自"五四"以来对中华文明展开自我批判的文化自卑心态已然发生改变,"五四"以来中国问题的逻辑正从"解构性批判"向"建构性批判"转换,或者可以说,"五四"的逻辑正在"终结"。事实上,这种认知上的转换是以中西力量对比为基础的,这预示了近代以来从"西升东降"向"东升西降"的演化,同时也预告世界历史的"中国时刻"正在到来。需要指出的是,这种基于力量对比而发生的认知转换其实带着西方的烙印,与西方式的"丛林法则"在逻辑上具有相似性。这意味着,作为"他者"的西方不是外在的,它其实已经深深地潜藏在我们现代中国人的思想观念深处。同时,这也说明,中西关系一直深嵌于中国现代性的深层结构,可以这么说,离开中西关系是无法理解现代中国问题的。

一、中西关系：从西方到中国

　　面对时代剧变，心智敏锐的中国人一定切身体会到了大时代的变迁，也一定体会到了中西文化碰撞所带来的不适与痛苦。在这个意义上，处于近现代大历史转折点的中国人是不幸的，鲁迅先生说："有谁从小康人家而坠入困顿么，我以为在这途路中，大概可以看见世人的真面目。"对一个国家来说其实也一样，当"天朝上国"陷入国家蒙辱、人民蒙难、文明蒙尘之时，中国人逐渐看清了现代文明发展的时代大势与真实逻辑。当然，反过来也可以说，亲历大时代变迁的中国学者是幸运的，因为他们可以作为大历史变迁的在场者、见证者、亲历者、观察者。费孝通先生曾在自己赴美访学期间写了《初访美国》《美国人的性格》等系列文章，以一个社会学者的中国视角对美国社会及其文化进行零距离观察。在我看来，费孝通观察美国的系列文章可以与罗素当年到中国访学时写作的《中国问题》相媲美。费孝通从中西文化关系的角度经常思考一个问题："我相信这是每一个认真为中国文化求出路的人，说得更狭小一点，每一个认真要在现代世界里做人的中国人，多少会发生彷徨的一个课题：我们是维持着东方的传统呢？还是接受一个相当陌生的西洋人生态度？东方和西方究竟在什么东西上分出了东和西？这两个世界真是和它们所处地球上的地位一般，刚刚相反的么？它们的白天是我们的黑夜，它们的黑夜是我们的白天？它们的黑暗时代是我们唐宋文采，它们俯视宇内的雄姿是我们屈辱含辛的可怜相？历史会和地球一般有个轴心在旋转，东西的日夜，东西的盛衰是一个循环么？我们有没有一个共同的光明？这光明又是否全盘西，或是全盘东？这又会成什么东西？"①费孝通这一段长长的追问至今让人深思，"要在现代世界里做人的中国人"可能在中西文化遭遇之后都深感困惑："东方和西方究竟在什么东西上分出了东和西？""我们有没有一个共同的光明？"费孝通对中西关系这一系列问题的困惑与思考，可以称之为"费孝通之惑"，对这些问题的追问构成了费孝通的"终生问题"。在我看来，"费孝通之惑"是每一个现代中国学者都应该思考和回答的时代之问。

　　"费孝通之惑"是对中西关系的追问，但本质上是对中国人乃至中国文化命

---

① 费孝通：《美国与美国人》，生活·读书·新知三联书店2021年版，第52页。

运的追问。纵观历史就会发现，如何处理中西关系的问题在中国历史上并不陌生。在近代之前，"华夷之辨"是长期以来处理中国涉外关系的重要框架，但在近代以来的中西遭遇及文化碰撞中，"华夷之辨"被转化为"中西之争"。也就是说，在遭遇西方现代性之后，中国面临的问题呈现为如何处理中西关系这一核心问题，这一问题的关键是中国在学习西方现代性的过程中如何向现代文明转型。《诗经·大雅·文王》有"周虽旧邦，其命维新"之说，对现代中国而言，"旧邦新命"意味着古老的中华文明要实现现代转型，需要经由学习西方现代性来赋予"旧邦"新的内涵、展现新的样态。当然，从中国近代以来的历史实践与历史变迁来看，这一转型的过程是极其痛苦的，如何看待中国与西方的关系呈现出非常复杂的态度。一方面，中华文明注重道德，在学习西方现代性的过程中，作为学习对象的西方率先完成了工业革命，在科学技术甚至制度等方面是先进的，但它又以殖民者的身份出现，即西方呈现出一种先进但不道德的"虚伪"面相；另一方面，在处理现代与传统的关系上，中华文明的现代转型呈现出以启蒙为名的反传统特点，把传统与现代进行二元区分，试图与传统作彻底的割裂以走向现代，在制度、文化、教育等诸多领域对中国传统进行彻底的批判和否弃。

　　需要注意的是，如果说中西关系镶嵌在近代以来中国历史发展的深层结构里，那么如何看待中西关系则是中国思想难以回避的重大课题。在学习西方的过程中，普遍性与特殊性的关系成为思考中西关系的重要框架。然而，中国研究者在运用这一框架的过程中，通常把西方视为普遍的，而把中国视为特殊的，即西方现代性的扩张被视为普遍性展开的过程。但问题是，西方现代性的普遍性并不是先验的，如果借用吉尔兹提出的"地方性知识"概念，那么我们可以说西方现代性的普遍性是经由西方特殊的地方性知识建构起来的。张旭东在《全球化时代的文化认同：西方普遍主义话语的历史批判》一书中对西方普遍主义话语展开历史批判，揭示西方普遍主义话语不过是西方地方性建构的产物，从文化政治的角度来看，西方普遍主义话语的背后预设了西方价值体系及其立场。"现在，中国任何一个现象都只能在别人的概念框架中获得解释，好像离开了别人的命名系统，我们就无法理解自己在干什么。我们生活的意义来自别人的定义，对于个人和集体来说，这都是一个非常严重的问题。"[1]显然，在近代以来

---

[1]　张旭东：《全球化时代的文化认同：西方普遍主义话语的历史批判》，北京大学出版社2005年版，第5页。

绵延不绝的"西方知识引进运动"中，经过百余年西方现代性思想文化的熏陶，西方概念系统已经潜移默化地成为现代中国人日常生活的重要组成部分，甚至西方现代性的价值体系也不知不觉地在影响和塑造着现代中国人。因此，重塑中国思想文化的主体性成为一个紧迫的课题，对西方普遍主义话语体系的反思与批判是重塑中国主体性的一项重要工作。不过，光有反思与批判是不够的，探寻中国的现代性之路反而要深入西方现代性的深层结构。从文明融合的大历史视野来看，在中华文明融合印度佛教文明之后，近代中西遭遇开启了中华文明融合基督教文明的新征程。只有深入把握西方现代性的精神结构，深入系统地了解西方，才能超越西方，进而更好地实现文明融合。我的基本看法是，一个彻底的西化论者不一定是一个真正的中国论者，但一个真正的中国论者一定是一个彻底的西化论者。

现代性起源于西方，这一历史事实在学界应该是一种共识，但对现代性为什么起源于西方则是众说纷纭。韦伯将西方现代性起源归因于新教伦理，从宗教视角解释资本主义起源，给出了一种不同于马克思唯物史观的新范式。如果说韦伯从基督教文明的特殊性来理解现代性，那么雅斯贝尔斯则是从文明的共同性来看待现代性，提出了"轴心时代"这一概念。在《论历史的起源与目标》一书中，雅斯贝尔斯指出，在公元前800年至公元前200年的这个时段，在中国、印度、西方等互不了解的地域，几乎同时发生了精神上的超越突破，分别产生了伟大的哲学家，他将这个500年的长时段称为"轴心时代"。金观涛在《轴心文明与现代社会》中对此进一步阐发，从轴心文明描绘人类历史发展的全景地图，主张轴心文明形成的关键是个人从社会中独立出来成为不死观念的载体，不同轴心文明形成了不同的超越视野，它们分别是：希伯来救赎宗教、古希腊认知理性、印度解脱宗教、中国以道德为终极关怀。现代性起源于希伯来救赎宗教与古希腊认知理性融合而成的天主教文明，现代社会不过是轴心文明发展的新阶段。从文明融合的视野来看，近代以来中西文明遭遇所形成的是中西不同超越视野的共存与分离。对中国现代性的探寻，不是以道德为终极关怀的超越视野去简单拒斥西方的认知理性，而是在两种超越视野的融合中形成"应然社会"新的组织蓝图。在消化西方现代性思想的过程中，关键是我们如何融合中西文化传统来探寻中国的现代性之路。从普遍性与特殊性的关系来看，在反思批判西方普遍性话语的同时，关键是我们应尽快重建现代中国的普遍性话语。

二、中华文明：从古代到现代

中华文明的现代转型是全方位的、多维度的，如果说人是其中的核心要素，那么中国现代性的核心问题其实是人的问题——现代中国人的生成。在西方文化的影响下，一些中国学者对"我们今天怎样做中国人"的问题进行了思考，这一问题无疑是经由批判西方的普遍性话语而对中国文化主体性的追问，就像邓正来在《中国法学向何处去》一书中所主张的从"主权的中国"向"主体性的中国"转换。不过，在我看来，在全球化时代仅从主体性的视角来思考还不够，还应该从文明融合的视角来思考共同体的建构，即进一步实现从"主体"向"共同体"的转换，从中西文明交融来追问中国人的现代命运。作为一个具有数千年厚重历史的轴心文明，在中西交融之后，我们可以把"我们今天怎样做中国人？"这个追问进一步拓展，中国的现代性之路归根结底要回答一个问题："我们如何做现代文明的中国人？"这两个问题看起来很相似，但我认为它们具有本质上的区别："我们今天怎样做中国人"追问的是中国文化的主体性，而"我们如何做现代文明的中国人"追问的是中国文化的普遍性。中华民族拥有延绵数千年可考的真实历史，创造了光辉灿烂的中华文明。作为在历史上从未中断的轴心文明，中国人其实有充足的理由自信：我们更为文明。然而，在学习西方现代性的过程中，我们在保持中国文化主体性的同时，如何构建现代文明秩序，这是仍在探索中国现代性的未竟之业。

金观涛在《轴心文明与现代社会》一书中指出，现代社会是轴心文明发展的新阶段，如果我们认同这一论断，那么对西方的学习与模仿就是非西方轴心文明难以逃避的宿命。在学习西方的过程中，"德国问题"成为"中国问题"的重要参照，因为这两者的现代性之路存在高度的相似性。就德国而言，在英法等欧洲国家完成工业革命、实现现代民族国家建构之时，德国仍然处于未统一进而后发的状态，康德、黑格尔等德国哲学家的思考以德国如何实现统一以完成民族国家建构为背景，甚至后来的韦伯也一直对这一问题进行回应。在近代民族国家建构的语境下，德国思想的这一时代背景预设了如何做德国人的问题，只不过德国古典哲学家们对这一问题做了抽象化的哲学转换。

康德在三大批判中追问"人是什么""人能知道什么""人能期望什么"，这是康德批判哲学的"大哉问"，其实也应该是所有哲学家都在思考的"大哉问"。在康德所处的时代,牛顿经典力学建构了一个由自然规律所主宰的机械物理世界,以科学之名呈现出来的自然规律使人处于机械主宰的必然状态之中,在自然规律主宰的必然罗网中,人的自由无处安放。康德哲学的"哥白尼式革命"实现了主体与对象关系的倒转,通过"现象"与"物自体"的二分,主张限制知识以为信仰留地盘,进而论证人是自由的。如果从自由的角度来看,康德对人的追问在本质上要回答的问题是"人如何自由"及"自由人如何",也就是说,康德通过对理性系统的批判,为人的自由重新奠基,因此人的问题构成康德哲学的"元问题"。

在现代思想中,如果说对人进行康德式的追问是一种抽象的哲学思考,那么对"犹太人问题"的反思则是近现代欧洲思想一个比较具体的哲学问题,马克思曾专门写过《论犹太人问题》等著名篇章。在基督教占主导的中世纪漫漫长夜,犹太人长期处于被排挤的地位。随着近代资产阶级革命的徐徐展开,自由、平等、人权等现代价值观逐步形成,犹太人追求政治上的平等权利成为一个迫切的时代问题。但吊诡的是,当时德国的经济政治发展远远落后于德国哲学发展,当德国古典哲学走向西方哲学顶峰之时,德国还处于封建割据状态,这种思想发展与经济发展不相称的"时代错位"使犹太人的政治诉求难以实现,进而引发了思想家们的广泛讨论。黑格尔主义者鲍威尔把犹太人问题归结为宗教对人性的宰制,认为这是一个普遍的时代问题,他的看法是,既然犹太人问题是宗教压制人性导致的,那么问题的解决之道就是消灭宗教以实现犹太人的解放。然而,在马克思看来,鲍威尔所谓的通过宗教批判来实现犹太人政治上的平等,是一种"政治解放","政治解放"的确是一种进步,但"政治解放"不同于"人的解放",对犹太人问题的解决还需要推进到"人的解放",因为"人的解放"是更本质、更普遍的问题。事实上,在马克思之后,阿伦特、马丁·布伯等犹太思想家也从人的普遍性来看待犹太人的问题。从普遍性的视角来看,犹太人首先是人,然后才是犹太人,这种对"犹太人问题"的哲学解答具有重要启示。在全球化语境下,民族的就是世界的,中国问题其实就是世界问题。在我看来,对现代中国问题的思考,也应从"中国人是人"这一普遍性的命题出发,从"类"的视角思考全人类共同价值和人类命运共同体的建构。需要指出的是,这并不是要消解中国人自身的独特性,而是要从世界历史的视野重建中华文明的世界主义图景。

三、中国思想：从内外到上下

中国与中国人的内涵是不断丰富和拓展的。也就是说，中国与中国人的概念不是一成不变的，而是在历史实践中不断建构形成的。其中，文化的价值不断被彰显。从"华夷之辨"到"天下一家"，文化认同成为重要的标准，古人提出"诸侯用夷礼则夷之，进于中国则中国之"，认为对华夏之"礼"的认同是评判"何以中国"的重要标尺。当然，"华夷之辨"预设了"内外之别"的基本框架，即中国是天下的中心，外围则是东夷、南蛮、西戎、北狄等异邦，处于外围的异邦只要认同华夏文化，也可以成为中国人。许倬云先生用"内外分际"来描述中国历史实践的中外互动关系，指出这种互动呈现为"我者"与"他者"的关系。"中国自以为是这一文明的首善之区，文明之所寄托，于是'天下'是一个无远弗届的同心圆，一层一层地开化，推向未开化。中国自诩为文明中心，遂建构了中国与四邻的朝贡制，以及与内部边区的赐封、羁縻、土司诸种制度。"[1] "内外分际"是区分"我者"与"他者"的基本框架，在"内"属于"我者"，在"外"则为"他者"，但"我者"与"他者"不是截然区分的，而是可以相互打通转化的，构成了一个互动关系。异族入主中原后不断中国化的历史经验说明，中国化就是一个不断把"他者"化为"我者"的过程。

需要注意的是，中国文化的"内外"框架是以"天下观"的形式呈现出来的。《诗经·小雅·北山》有这样的说法："溥天之下，莫非王土；率土之滨，莫非王臣。"在中国古人的观念中，在中国与天下之间是可以画等号的，中国的就是天下的，而天下的就是中国的，这是中国思想看待世界的普遍性视野，这既是中国人的中国观——基于世界的中国观，也是中国人的世界观——基于中国的世界观。可以说，天下观是中国思想普遍性的一种具体表达，是普遍性哲学的中国话语。近年来，中国思想界对天下观、天下主义、天下体系等展开不同维度的学术重建，从赵汀阳重思天下的当代性到许纪霖主张的"新天下主义"，天下作为一种在近代民族国家建构中曾经被否弃的理想，其现代意义在全球化语境中被中国思想界重新彰显出来。显然，中国思想界对天下观重建的主要目的是试图反思西方普遍主义话语的强大吸力，进而重塑中国思想的主体性，但更重要的是，这样

---

[1] 许倬云：《我者与他者：中国历史上的内外分际》，生活·读书·新知三联书店2015年版，第20页。

的学术努力是试图在全球化时代探寻中国思想的普遍性。在近代西方普遍主义话语的宰制下，中国经历了从天下到民族国家的历史变迁，中国传统天下观的普遍性曾被消解。因此，对天下观的重建，一个重要目的就是对中国传统思想进行创造性转化，为现代中国人直面现代世界提供新的思想方案。

以"内外分际"为基础的天下观是理解古代中国世界秩序的基本框架，在中国的历史实践中发挥着重要作用。在现代民族国家的视野下，对天下观进行反思与重建需要置于现代性的普遍视野之中。对中国思想而言，在"内外"框架之外，其实还存在"上下"之维。按照张曙光教授的看法，天下的背后其实预设了一个更本源的框架，那就是天人之思，对天下的重建需要"从天下到天人"，即从天人关系来重塑天下的普遍性视野。

四、普遍观念：从天人到天下

如果说从天下到民族国家的现代转型是不可逆的时代大势，那么天下作为一种曾经被否弃的理想，在民族国家主导的现代世界，重建天下是否还有意义？它能给出的思想空间究竟有多大？张曙光教授指出，"天下"是从"天人"中派生出来的概念，在中国原创性思想中，更富有根本性和总体性的命题是天人关系，对现代思想的重建应该从"天下"回到"天人"。[①]在我看来，张曙光教授的这一看法是深刻的，天人关系是中国古代先贤在直面和改造自然时，对纷繁复杂、变化莫测的感性世界进行地高度抽象和凝练，可以这么说，天人关系是中国思想的"元问题"和"元框架"，天下只不过是天人关系的进一步展开。事实上，如果从轴心时代中国思想家们的思想观念来看，先秦诸子对天的讨论是极其普遍的，他们对"天人合一"的思想追求呈现出一种"家族相似"的特征。如果说"天人"是比"天下"更本源的概念，那么对普遍性秩序的探寻，就应该重返中国思想之源，从天人关系出发来思考"天"与"人"的互动对天下观的影响。中国思想的"内外"来源于天下观，对天人关系的重思就意味着我们应从中国思想的"内外"追溯至中国思想的"上下"。

当然，中国思想的"上下"框架与西方思想是不一样的。就西方思想而言，自柏拉图以来，形成了理念世界与现实世界的二分，认为理念世界高于现实世界，

---

① 张曙光：《从"天下"到"天人"》，《学习与探索》2017年第11期。

这是西方形而上学传统的主要特征，因此怀特海说两千多年的西方哲学史不过是柏拉图哲学的注脚。实际上，怀特海的这一说法主要是描述西方哲学自柏拉图以来所形成的二元论传统。不过，西方思想中的"上下"关系更多是指一种超越视野，它是以上下两个世界的二元区分为前提的。中世纪的奥古斯丁就沿袭柏拉图的传统，把世界区分为"上帝之城"与"地上之城"，主张上帝之城信仰上帝而得到拯救。在中国思想的语境中，《周易》有"形而上者谓之道，形而下者谓之器"的说法，"形而上"与"形而下"就预设了"上下"之分。史华兹在《古代中国的思想世界》中指出，与其把中国文化看成一个全面地包含上层社会和下层社会的有机整体，不如将其视为两个既相互影响但又相对分离的领域之间的互动关系。①史华兹主要是从思想文化的视角来看待中国社会的上下分层，但这种上下互动关系其实也反映在思想上，中国思想的"上下"不是两个截然二分的世界，它们之间是可以打通的。

　　人生于天地之间，天人关系作为中国思想"上下"想象的具体表达，它是中国人认识世界的整体性思维框架。从自然的角度看，天在人之上，天是高于人的；从哲学的角度看，天被视为世界的本源，大道之源出于天。然而，对人来说，天并不是高高在上的，天与人之间可以打通，人可以通天。在轴心时代发生超越突破之前，人与天的沟通是通过巫来实现的，但到了轴心时代，沟通天地的中介实现了从巫到人的转换，确切地说，是实现了从巫师到哲学家的转换，即人作为个体可以直接沟通上天，中国儒家所强调的心性论主要是主张通过人的"心"来通天。

　　司马迁在《史记》中强调"究天人之际，通古今之变，成一家之言"，把"究天人之际"置于历史研究之首。事实上，天人关系不但是中国历史研究的首要任务，也是中国哲学研究的首要命题，甚至可以说是中国哲学研究的终极命题。对中国哲学而言，追求"天人合一"是哲学思考的最高境界。在近代以来学习西方思想文化的过程中，"物质与意识"或者"主体与客体"等问题被视为哲学的基本问题。需要指出的是，这样的看法其实是学习西方思想文化之后形成的，这些所谓的哲学基本问题恰当的表述应该是西方哲学（包括马克思主义哲学）的基本问题。天人关系作为中国哲学的基本问题，在中国思想中呈现出"总体性"的

---

① 史华兹著，程刚译：《古代中国的思想世界》，江苏人民出版社2003年版，第420—421页。

特征，它是中国传统思想典籍都涉及的问题，蕴含着中国人看待世界、认识世界的世界观和方法论。需要注意的是，中国思想重视天人关系并不是为了突出天的地位，恰恰相反，是为了彰显人的地位，因此中国传统思想大体上呈现为人生哲学。

梁漱溟在《东西文化及其哲学》中强调，中国、西方、印度对人生态度有不同看法，并发展出了不同的哲学路向。如果从中西文化对比来看天人关系，那么中国传统哲学侧重于对人生的探讨，追问生命的目的、价值及意义，主要突出"人"的维度；而西方哲学侧重于对自然的探寻和追问，主要突出"天"的维度，西方的"天"呈现出"自然之天"或者"物之天"的特点。梁漱溟在1949年出版的《中国文化要义》一书中指出："中国人讲学问，详于人事而忽于物理。""科学的对象是物，历史的对象是事。西洋人极有物的观念，且或化事为物；中国人极有事的观念，且或化物为事。"[①]显然，梁漱溟在开展中西文化比较时，指出西方人重"物"与中国人重"事"的区别，强调中国传统哲学具有"事的哲学"的重要特征。杨国荣教授对"事的哲学"进一步阐发，从"人与世界"的关系指出哲学有不同进路：第一种是从物的角度来看待世界，是"以物观之"；第二种是从心的角度来看待世界，是"以心观之"；第三种是二十世纪语言学转向后，形成的"以言观之"；第四种是人参与世界的生成而做事，是"以事观之"。[②]需要注意的是，从"事的哲学"或"以事观之"来把握中国哲学，的确抓住了中国文化的独特性，但这并不意味着西方人不重视做事，而是意味着中国哲学关于"事"的概念更准确地反映了对中国人为人处世及其结果的准确表达，"事"是中国式的概念。不过，在我看来，"做事"所反映的是人参与感性世界生成的具体过程，在"做事"的背后，中国文化更强调"道"在起作用，"以道观之"才是中国思想更本质的特征，而"以道观之"就体现在天人关系上。天人关系作为中国哲学的"元问题"，包含人与自然、人与人、人与自我等不同维度，"天下"就是在天与人的互动中展开的。因此，重思"天下"以探寻中国的世界秩序，重塑中国思想的普遍性，就应该追溯至更本源的"天人关系"，在"天人关系"与"天下秩序"的互动中展露现代中国思想的普遍性图景。

胸怀天下、四海为家，是中国古代先贤的理想与抱负，也是中国传统政治哲

---

① 梁漱溟：《中国文化要义》，学林出版社2000年版，第283—284页。
② 杨国荣：《人与世界：以事观之》，《现代哲学》2020年第3期。

学的浪漫愿景，它代表着中国思想的开放心灵和自信胸襟。在近代民族国家话语的冲击下，中国经历从天下到民族国家的急剧转换，中国人的心灵在学习西方现代性的过程中失去了以往那种状态，特别是在后现代的碎片化浪潮中，中国思想好像失去了对世界秩序普遍性进行思考与表达的勇气。在全球化的背景下，中国成为世界历史的重要参与者，已经深深融入世界秩序之中，对普遍性秩序建设提供中国智慧和中国话语，这是中国作为大国无法逃避的使命。梁启超先生在清末历史巨变之时，直观到中国的内涵正在发生演化，1901年他发表了《中国史叙论》，将中华文明的历史划分为"中国之中国""亚洲之中国""世界之中国"三个不同阶段，与传统中国史官专门为君王作史的传统不同，梁启超提出要突出国民在历史中的作用，这无疑具有积极的历史意义。如果参照梁启超先生的说法，当代中国已经从"中国之中国""亚洲之中国"向"世界之中国"转化。对现代中国人而言，成为世界公民已然是"世界之中国"的内在要求，但问题是：我们是否做好了这样的思想准备？是否还保有以四海为家的开放心灵？是否还有家国天下的普遍情怀？西方现代性话语是西方思想的自我表达，回答的是西方人对世界秩序的思考。现代中国人应该生活在何种社会秩序之中？这是中国思想家要回答的问题，是我们对自己生命意义的追问，这是无法靠别人来代替我们思考和解答的。这意味着，我们不能用西方现代性思想的迷梦作为我们的未来愿景，也不能躺在中国古代文明的美梦中做思想的懒汉，而应该在中西古今的文明交融中自己去思考，并给出我们现代中国人自己的思想方案。在这个意义上，学古不泥古，学西不迷西，以开放的心灵做现代文明的中国人，描绘"世界之中国"的世界图景，重建中华文明的现代性话语，是中国现代思想要走的漫漫长路。

第一章

轴心文明与普遍观念

天人关系是中国文化的核心概念,司马迁把"究天人之际"作为历史研究的重要使命,其实它也是哲学研究的重要使命,由此形成的"天人合一"思想成为中国哲学的独特面相。从先秦诸子百家到宋明理学,对天人关系的讨论内嵌于中国思想的深层结构中。如果按照金观涛、刘青峰所说的观念史沉淀于关键词之说,那么天人之际或者天人合一就是解码中国思想史的核心关键词。钱穆先生晚年以96岁高龄口述完成了一篇短文《中国文化对人类未来可有的贡献》,这篇文章由其夫人胡美琦记录整理,是钱穆生前最后一篇文章。胡美琦女士在这篇文章的《后记》中指出,钱穆先生晚年反复思考,认为自己发明了一个从未想到的大发现:"我今天发明了中国古人天人合一观的伟大。回家后,我要写篇大文章了。""这将是我晚年最后的成就了。""我从前虽讲到'天人合一观'的重要性,我现在才澈悟到这是中国文化思想的总根源,我认为一切中国文化思想都可归宿到这一个观念上。两者怎能相提并论。这是我对学术的大贡献啊!"显然,钱穆对"天人合一"在中国思想文化中的重要性的认识是经过反复思考而得出来的最后结论,并把晚年得出的这一"终极结论"作为自己的"终极贡献"。在《中国文化对人类未来可有的贡献》一文的开篇,钱穆先生开宗明义指出:"中国文化中,'天人合一'观,虽是我早年已屡次讲到,惟到最近始澈悟此一观念实是整个中国传统文化思想之归宿处。"[1]在钱穆看来,中国文化最伟大的贡献就是对天人关系的研究,即喜欢把天和人配合起来讲,主张"天命"表露在人生之上;相反,西方文化喜欢把天和人分开来讲,主张"天命"与人生二分。钱穆认为中国文化将天命与人生合而为一,这是最古老也是最有贡献的主张。在文章的结尾处,钱穆对世界文化发展的未来进行展望,认为:"西方文化一衰则不易再兴,而中国文化则屡仆屡起,故能绵延数千年不断,这可说,因于中国传统文化精神,自古以来即能注意到不违背天,不违背自然,且又能与天命自然融合一体。我以为此下世界文化之归趋,恐必将以中国传统文化为宗主。"[2]事实上,像钱穆这样对中国传统文化抱有深刻同情并以复兴中国文化为志业的学人,他对

---

[1]　钱穆:《中国文化对人类未来可有的贡献》,《中国文化》1991年第1期。
[2]　钱穆:《中国文化对人类未来可有的贡献》,《中国文化》1991年第1期。

天人合一的体悟从一个侧面彰显了天人关系在中国思想文化中的重要性，即天人合一是中国文化绵延不绝的重要密码。从世界文化发展大势来看，在近代西方文化强势扩张的背景下，重启天人之思是探寻中国现代性的重要路径。

一、由巫而史

天人关系以人们对天的认识为前提。在先秦时期，古人对天的认识发生了重大转变。《礼记·表记》有一段广为流传的表述："子曰：'夏道尊命，事鬼敬神而远之，近人而忠焉，先禄而后威，先赏而后罚，亲而不尊；其民之敝：蠢而愚，乔而野，朴而不文。殷人尊神，率民以事神，先鬼而后礼，先罚而后赏，尊而不亲；其民之敝：荡而不静，胜而无耻。周人尊礼尚施，事鬼敬神而远之，近人而忠焉，其赏罚用爵列，亲而不尊；其民之敝：利而巧，文而不惭，贼而蔽。'"[1]这段话描述了夏、商、周三个朝代对待鬼神的不同态度。商朝对鬼神的态度是尊神敬鬼，但到了周朝就发生了重大转折，周朝延续夏朝的做法，事鬼敬神而远之。也就是说，在商周之际，中国古人对神鬼的态度发生了从"尊神"到"事鬼敬神而远之"的重大变化。这意味着，人们对天的认识逐渐褪去了神秘的面纱，开始具有理性化的倾向。

事实上，人类文化在早期阶段大多存在神话色彩，西方文化是如此，中国文化也不例外。据说在远古时代，曾有一个时期先民们都可以"通神"，但在"绝地天通"发生之后，这种人人通神的权力被君王所垄断。《国语》对"绝地天通"有一段解释："古者民神不杂。民之精爽不携贰者，而又能齐肃衷正，其智能上下比义，其圣能光远宣朗，其明能光照之，其聪能听彻之，如是则明神降之，在男曰觋，在女曰巫……及少昊之衰也，九黎乱德，民神杂糅，不可方物……颛顼受之，乃命南正重司天以属神，命火正黎司地以属民，使复旧常，无相侵渎，是谓绝地天通。"[2]在人人均可"通神"的时期，每个人都可以对神的意志进行解释，导致民神杂糅，神意多杂而不统一。颛顼断绝了人人"通神"的通道，让重和黎分别管理神和人，从而使神人互不干涉。因此，"绝地天通"的重大意义就在于使原来可以"通神"的巫师们都失去了"通天"的资格，如果要拥有"通天"的资格，就必须获得君王的委托。这样一来，"通天"的权力就被君王所垄断，其结

---

[1]　《礼记·表记》。
[2]　《国语·楚语下》。

果是"绝地天通"结束了"民神杂糅"的状态。由此可以推断,在远古时期,民神并不杂糅,而是以巫觋作为人与神沟通的中介,但是到了九黎乱德时期,原来民神不杂的秩序被打破了,"民神杂糅"意味着人人均可"通神"。颛顼的"绝地天通"恢复了原来的神人秩序,但沟通神的权力由巫觋转移到了君王手中,而君王成为"群巫之首"。

陈梦家于1936年在《燕京学报》发表了长文《商代的神话与巫术》,对上古巫文化进行了开创性的研究。陈梦家举出殷墟卜辞中的大量实例说明人王即巫者,他指出:"由巫而史,而为王者的行政官吏;王者自己虽为政治领袖,同时仍为群巫之长。卜辞中常有王卜王贞之辞,乃是王亲自卜问,或卜风雨或卜祭祀征伐田游。"①按照陈梦家的研究,殷人的上帝或帝是掌管自然天象的主宰,上帝令风雨、降祸福以示恩威,天象中的风调雨顺是农业生产的重要条件,虽然殷人的上帝保佑战争,但其实质是农业生产的神。更重要的是,殷人的上帝作为自然的主宰,还不具有人格化的属性。到了周代,西周的天帝观念与殷人的天帝观念既有相似之处,也有较大的差异,比如,"殷代的帝师上帝,和上下之'上'不同,卜辞的'天'没有作'上天'之义的。'天'之观念是周人提出来的。"②这意味着,只有到了周代,天的观念才出现。在此基础上,由天的观念而引发的"天命""天子"也在西周初期稍晚后才出现。

陈梦家强调上古"由巫而史""王者为群巫之长"的观点被李泽厚表述为中国文化的"巫史传统",李泽厚在《中国古代思想史论》《由巫到礼　释礼归仁》等著作中对此进一步阐述。李泽厚认为,上古的"巫君合一"与祖先—天神崇拜实际上是同一回事,他指出尧、舜、禹、汤、文、武、周公等人其实都是集政治统治权(王权)与精神统治权(神权)于一身的大巫。李泽厚进一步指出,从中国思想史来看,存在着"巫"的理性化过程,由于"巫"通神的特质日益理性化,转化为上古君王或天子某种体制化、道德化的行为和品格,"这就是中国上古思想史的最大秘密:'巫'的基本特质通由'巫君合一'、'政教合一'途径,直接理性化而成为中国思想大传统的根本特色。巫的特质在中国大传统中,以理性化的形式坚固保存、延续下来,成为了解中国思想和文化的钥匙所在。"③显然,李泽厚

① 陈梦家:《商代的神话与巫术》,《燕京学报》1936年第20期。
② 陈梦家:《殷墟卜辞综述》,中华书局1988年版,第81页。
③ 李泽厚:《由巫到礼　释礼归仁》,生活·读书·新知三联书店2015年版,第10页。

从巫术理性化的角度论述了中国思想的巫史之源，在陈梦家的基础上推进了对这一论题的研究与认识。

按照李泽厚的研究，中国巫史传统中的"巫术礼仪"具有独特性，主要表现为以下几个方面：一是"巫术礼仪"具有现实性。它是为了群体事务而非个人事务而展开的，具有较强的现实目的性，比如它是为了消灾、降雨等现实事项而展开的。二是"巫术礼仪"具有一整套复杂的动作或程序。虽然巫师们所运用的动作或程序已难以考究，但如果从当下广大农村地区来看，不少地方至今还存在所谓的"神婆""仙婆"，她们在替人消灾解难时，其"通神"的整个过程具有独特的语言风格、复杂的仪式，这种复杂的仪式具有严格的要求和规范。李泽厚特别指出，"巫术礼仪"最值得重视的特征是，人的"吉""福"是通过"巫术礼仪"影响鬼神而发生的。也就是说，在巫术活动开展的过程中，巫师通过自身的主动性沟通鬼神，这意味着巫术活动的整个过程充满了人的主动精神，在这个过程中，人与神、主体与客体是浑然一体的。这充分说明，"神明"不是某种脱离了人的巫术活动而独立存在的，恰恰相反，"人的巫术活动倒成了'神明'出现的前提"[1]。由此可以判断，神的存在离不开人的活动，即神并没有独立自主的超越性、超验性。三是人的情感在巫术活动中发挥着重要作用。在巫术活动中，巫师"通神"的过程通常会出现一种现象：巫师及其参加者陷入某种迷狂的状态。这种迷狂在很大程度上是无意识的，整个迷狂的过程展露出强烈的情感。当然，巫师陷入迷狂通常需要外物的辅助来实现，比如有时候巫师需要通过饮酒或者服用特殊药物陷入迷狂。需要注意的是，李泽厚对巫术与宗教做了区分："巫"是动态、激情、人本和人神不分的"一个世界"，而宗教则是神人二分的"两个世界"，这种区别对中西文化发展产生了重要影响。对西方文化而言，是由"巫"脱魅而走向科学与宗教；对中国文化而言，则是由"巫"而"史"，直接过渡到"礼""仁"的理性化建构。这意味着，在巫的理性化过程中，中西文化发展存在着较大的差异性。

李泽厚的"巫史传统"彰显着"由巫而史"的理性化的发展逻辑，这种解释很容易让人误以为巫不存在了，但这与历史及现实并不完全吻合，在现代社会特别是农村地区还存在着类似于巫的神婆或神汉。赵汀阳指出，"'巫史传统'应

---

[1]　李泽厚：《由巫到礼　释礼归仁》，生活·读书·新知三联书店2015年版，第12页。

该理解为: 巫 '化出' 史, 而不是 '化为' 史, 而且巫化出史之后并没有退场, 显然还存在着许多神秘的事情不能由历史来解释。因此, 巫史演化的要点是, 在天道之外, 又生出了人道, 巫史两者并重, 各司其职, 巫并没有消失。尽管确实自西周以来, 人本主义兴起并占据中国思想的主位, 但巫与史仍然存在着互补关系" [1]。我认为赵汀阳的解释更合理, "由巫而史" 不是意味着 "史" 彻底取代了 "巫", 而是巫 "化出" 史之后, 巫与史两者同时并存, 人们在认知上更侧重于以史来解释世界。

二、哲学的普遍性

如果说中西文化在巫的理性化路径上存在着差异, 那么我们需要追问的是, 这种源头上的差异性对现代中西思想碰撞有何影响? 在西方现代性的冲击之下, 近代中国开启了学习西方的过程, 从器物、制度、思想等层面不断深入。在文化思想方面, 近代以来的中国思想场域形成了蔚为壮观的 "知识引进运动", 翻译西学成为一股时代潮流。法学家周大伟教授指出, 近代以降, 中国学习西方现代性形成了 "学院" "医院" "法院" 三个重要果实, 现代的 "学院" "医院" "法院" 是西方文明带来的。对中国而言, 学院意味着从传统的书院转而建立现代的大学; 医院意味着从传统的中医转而建立现代的西医; 法院则意味着从传统社会行政与司法不分转而建立现代司法系统。周大伟教授对中国学习西方现代性的观察是非常深刻的, "三院" 是中国近代社会转型的重要成果, 这三个成果看起来还不够完善, 仍有很大的改进提升空间, 但也说明中国的现代性之路仍是未竟之业。值得注意的是, "学院" 的建立意味着源于西方的现代大学制度在中国开花结果。与传统书院所承载有限数量的学生相比, 大学招收的学生数量更多, 对知识的传授更专业, 这为知识的传承开辟了新的路径。当然, 从书院到学院的变迁也促进中国思想文化发生重大转型。按照左玉河教授的看法, 近代以来中国的学术分科实现从 "四部之学" 到 "七科之学" 的转换, 是西学冲击中国传统学术的结果。这样一来, 中国传统学术按 "经、史、子、集" 的 "四部" 分类法逐步被消解, 转而采用西方大学 "数、理、化、文、史、哲" 等现代学术分科, 在 "四部之学" 到 "七科之学" 转换的过程中, 现代中国学科的建立其实

---

① 赵汀阳:《关于 "巫史传统" 的非实证分析》,《开放时代》2024年第3期。

是西方式的，呈现出用西方学科框架来整合中国传统学术材料的特点，即中国思想学术穿上了西方学科的"外衣"，哲学也不例外。

就哲学而言，作为一门学科的中国哲学，就是在学习西方现代性的过程中建立起来的。从胡适的《中国哲学史大纲》到冯友兰的《中国哲学史》，近代以来学者们用西方哲学的框架来整合中国传统思想文化材料是一种潮流。这种现代学科建构方式导致中国哲学合法性问题至今仍被反复讨论：究竟是用"中国哲学"还是"中国思想"的概念存在不少争议。法国哲学家德里达认为，中国其实没有哲学，只有思想。德里达在《书写与差异》的访谈代序中借用海德格尔的观点来强调西方哲学与中国思想的差异性，"哲学本质上不是一般的思想，哲学与一种有限的历史相联，与一种语言、一种古希腊的发明相联：它首先是一种古希腊的发明，其次经历了拉丁语与德语'翻译'的转化等等，它是一种欧洲形态的东西，在西欧文化之外存在着同样具有尊严的各种思想与知识，但将它们叫做哲学是不合理的。因此，说中国的思想、中国的历史、中国的科学等等没有问题，但显然去谈这些中国思想、中国文化穿越欧洲模式之前的中国'哲学'，对我来说则是一个问题。而当它引进了欧洲模式之后，它也就变成欧洲式的了，至少部分如此。"[1]德里达之所以形成这样的看法，主要是秉持解构主义立场对西方哲学所蕴含的逻各斯中心主义展开批判。西方哲学自赫拉克利特以来，形成了以"逻各斯"为核心的本质主义传统，结构主义认为人的理性具有先天建构的能力，"逻各斯"使看似杂乱无章的社会蕴含统一有序而稳定的内在结构。然而，在德里达等解构主义者看来，世界是无序和散乱的，表象背后没有所谓的本质。也就是说，解构主义把结构主义所主张的确定性、统一性、中心化等思想打碎了。在这个意义上，德里达给出了一个解释，他认为哲学只是西方的一种传统，没有哲学并不等于没有思想，哲学只是思想的一种，中国没有哲学并不意味着比西方文明低，因为哲学不是衡量文明高低的标准。需要注意的是，德里达的观点以语言分析为基础，并运用中文语法结构批判逻各斯中心主义，其观点背后潜藏着普遍性与特殊性的框架，即认为西方哲学可以表达普遍性，而中国文字难以表达普遍性，只能表达特殊性。因此，无法表达普遍性的中国思想缺乏类似西方哲学的外在形态。当然，我们可以说德里达的看法是一种更隐蔽的"西方中

---

[1] 德里达著，张宁译：《书写与差异》，生活·读书·新知三联书店2001年版，第9—10页。

心主义"，但我们应该反思的问题是中国思想的普遍性是如何表达的。这需要在哲学层面上加以思考。

在近代以来的西方思想叙述中，中国历史被置于西方现代性的语境下来理解。在世界历史的恢宏视域中，中国历史与西方现代性历史被建构为特殊性与普遍性的关系：中国历史被视为特殊性的存在，而西方历史被视为普遍性的化身。尤其在启蒙运动之后，中国历史及思想被建构为传统、落后、愚昧等面相，启蒙思想集大成者黑格尔甚至指出东方没有历史，认为中国在世界历史之外。黑格尔把人类社会发展视为人类精神的自我实现，他在《历史哲学》中描绘了世界历史演化的进步图景，认为人类从只有一个人是自由的东方开始，经历了古希腊罗马帝国的辉煌与没落，经过中世纪基督教神学漫漫长夜的洗礼，最终走向所有人都是自由的日耳曼世界。也就是说，黑格尔把世界历史发展建构为从低级到高级发展的进步主义图景：欧洲作为现代性的西方被赋予了"世界历史"的内涵，而中国和印度这样的东方国家则被建构为停滞的"无历史"或"在历史之外"的东方。显然，黑格尔为西方现代思想的普遍性提供了哲学论证。

从现代性的发展来看，启蒙思想家经由对欧洲工业革命、地理大发现、资本主义扩张等现代性事件的体验与观察，对普遍历史观念进行了哲学思考。在黑格尔之前，康德就写过《世界公民观点之下的普遍历史观念》《永久和平论》等著名篇章。需要注意的是，康德、黑格尔等思想家们所讨论的历史普遍性其实局限于西方现代性历史，把西方历史看成普遍性的世界历史。也就是说，他们把西方历史发展的欧洲地域性转换为世界历史的全球叙述，把欧洲特殊性转化为普遍性。在康德、黑格尔之后，韦伯在讨论西方资本主义的起源时追溯至新教伦理，以西方基督教解释现代性的起源，把新教伦理的特殊性论证为现代性的普遍性。我们需要追问的问题是，在特殊性与普遍性的框架下，中国思想在现代性视野中难道就没有普遍性吗？如果有普遍性，它与西方现代性有何不同？

三、轴心时代的普遍观念

与韦伯从宗教特殊性来解释现代性的思路不同，雅斯贝尔斯从人类思想起源的共同性来理解现代社会，论证人类思想文化的普遍性。"轴心时代"是雅斯贝尔斯提出来的核心概念，在《论历史的起源与目标》这部著作中，雅斯贝尔斯开宗明义地指出，人类生活转变的广度和深度对我们所处的时代具有重大意义，历史能够为人类的当下提供意义的尺度，是历史造就了我们，人们自古以来就试图描绘出一幅完整的历史图景，而最早的时候是用神话来描绘的。不过，相对于黑格尔、兰克等西方思想家把世界历史等同于西方历史，雅斯贝尔斯试图超越这种以西方为中心的历史观，进而提出一套整体史观，这一整体史观坚信人类具有唯一的起源和目标。

需要注意的是，西方的历史哲学奠基于基督教信仰，认为所有历史来源于基督，作为上帝之子的基督降临被看成世界历史的轴心，以基督元年为起点的现代纪年法蕴涵着基督教的历史结构。但问题是，基督教信仰只是基督徒们的信仰，而不是全人类的信仰。如果世界史存在着一个轴心，那么这个轴心就应该以全人类为对象。也就是说，世界历史的轴心应该具有普遍意义，不应仅限于西方或者仅限于基督徒，而应该对西方与非西方、基督徒与非基督徒都同样适用。在这个意义上，雅斯贝尔斯提出了世界历史的"轴心时代"这一概念。"这一世界史的轴心似乎是在公元前500年左右，是在公元前800年到公元前200年产生的精神过程。那里是历史最为深刻的转折点。那时出现了我们今天依然与之生活的人们。这一时代，我们可以简称其为'轴心时代'。"①雅斯贝尔斯认为公元前500年左右这一时段的人类精神发生了最深刻的转折，这意味着轴心时代是人类历史和人类思想的转折点，轴心时代发生转折之后，人类思想一直发展延续至今，即今天的人类与转折发生之后的人类在精神层面上是相似的。在雅斯贝尔斯看来，轴心时代具有这样几个鲜明的特征。

首先，非凡事件集中在同一时期产生。在这一时期，在中国产生了老子、孔子，产生了诸子百家；在印度，出现了《奥义书》，出现了佛陀，所有的哲学可能性也产生了；在伊朗，查拉图斯特拉在传授其世界观；在巴勒斯坦，产生了以赛亚等先知；在希腊，产生了荷马、巴门尼德、赫拉克利特、柏拉图、修昔底德、阿基米德等。在这短短的几个世纪里，在中国、印度和西方这些相互区隔而互不了解的地方，这些伟大的人物及其思想几乎同时产生。换言之，在轴心时代，这些伟大的人物及其思想就像魔法一样不约而同地出现在世界各地。显然，雅斯贝尔斯以世界历史的宏大视野敏锐地发现了这一时期的独特性，把轴心时代这个概念奠基于历史经验的基础之上。更重要的是，在中国、印度、西方这三个不同地

---

① 雅斯贝尔斯著，李雪涛译：《论历史的起源与目标》，华东师范大学出版社2016年版，第8页。

域，人们开始意识到其作为整体而存在，同时意识到自身所存在的局限性，并提出了"最根本性的问题"以寻求解脱，"在意识到自身能力的限度后，他们为自己确立了最为崇高的目标。他们在自我存在的深处以及超越之明晰中，体验到了无限制性。"①轴心时代的思想家们围绕如何超越自身的有限性进行思考，在经验世界之外产生了"超越"的维度。"在这个时代产生了我们至今思考的基本范畴，创立了人们至今赖以生存的世界宗教的萌芽。不论从何种意义上来讲，都走出了迈向普遍性的一步。"②这说明，轴心时代的影响是深远的，当时所产生的思想观念和范畴一直影响至今，这意味着轴心时代的哲学思考具有超越时空的普遍性特质。

其次，神话时代终结而走向理性化。在人类社会早期，神话是远古先民认识世界、理解世界的重要方式，中西文化早期都存在相似的神话结构。对中国文化而言，女娲补天、后羿射日、夸父逐日等神话故事家喻户晓；而在古希腊，则存在着宙斯、普罗米修斯、雅典娜等诸神。可以说，在"轴心突破"发生之前，神话主宰着人类社会早期的认知方式。但到了轴心时代，中国、印度、希腊等地的哲学家对世界的认识都是非神话的。也就是说，轴心时代存在着人类社会从神话转化为非神话的"祛魅"过程。这意味着，人们开始以理性的方式来看待和认识世界，雅斯贝尔斯将这一过程称为人之存在的"精神化"。

再次，轴心时代首次出现了哲学家。雅斯贝尔斯指出，中国的思想家、印度的苦行僧、以色列的先知以及希腊的思想家们尽管在观点、信仰或主张的内容上有所不同，但他们都属于哲学家之列。更重要的是，作为轴心时代的哲学家，"人们敢于作为个体依靠自身"，以自身来认识世界，"他们在自身之中发现了根源，并由此超越了其自身以及世界"③。显然，哲学家的出现使轴心时代与神话时代产生了重大区别。在神话时代，人们通过远古的神作为中介来认识和把握世界，但从轴心时代开始，哲学家依靠自身来认识世界，这种认识具有"超越性"，哲学家的思想可以超越人自身存在的有限性。雅斯贝尔斯进一步指出，虽然中国、印度、西方的哲学系统有"道""梵我""涅槃"等不同体验，但有一点是相似的——"人超越了其自身，他在存在的整体中意识到了自我的存在，并且作为一

---

① 雅斯贝尔斯著，李雪涛译：《论历史的起源与目标》，华东师范大学出版社2016年版，第8—9页。
② 雅斯贝尔斯著，李雪涛译：《论历史的起源与目标》，华东师范大学出版社2016年版，第9页。
③ 雅斯贝尔斯著，李雪涛译：《论历史的起源与目标》，华东师范大学出版社2016年版，第10页。

个单独的个体,踏出了一条自己的道路。"①诚然,雅斯贝尔斯对轴心时代出现哲学家予以高度肯定,认为哲学家及其思想的诞生是轴心时代的重要特征。事实上,哲学家出现的重大意义就是通过哲学反思使人从感性的经验世界中超拔出来,这促进了人类理性的进步与提升。

需要注意的是,雅斯贝尔斯将轴心时代界定在公元前500年前后这一时段,时间范围是从公元前800年到公元前200年,前后经历了几个世纪,这是大历史视野下的长时段。这几个世纪作为一个整体,终结了神话时代,使人类理性不断进步与上升。由于人类精神产生突破,轴心时代出现了各种旧事物不断解体与新事物不断涌现的局面,因而这是一个新旧交织的复杂时代。有趣的是,在轴心时代末期,中国、印度、西方这三个地方都出现了世界性帝国,虽然这些世界性帝国终究走向分裂与解体,但是轴心时代所确立的思想与精神一直延续至今。

雅斯贝尔斯以轴心时代来把握世界历史,描绘了世界历史的整体结构,这一结构具有丰富的内涵。其一,轴心时代之前的远古文化随轴心时代的到来而终结,轴心时代吸收、融合了那些远古以来形成的文化,在继承远古文化的基础上获得了新的力量。其二,轴心时代为此后的人类提供了思想源泉,在轴心时代之后,人类不断回到轴心时代汲取奋进新征程的思想力量。"人类靠当时所产生、所创造、所思考的一切生活到了今天。在人类每一次新的飞跃之中,他们都会回忆起轴心时代,并在那里重燃火焰。自此之后,情况一直如此:对轴心时代可能性的回忆和重新复苏——复兴——引发的精神的飞跃。回归到这一开端,是在中国和印度乃至西方不断发生的事件。"②从人类历史发展来看,轴心时代成为人类思想的重要源头,人类精神的每一次进步都重新回到轴心时代汲取力量,这充分说明轴心时代的历史影响极其深远,并一直延续到今天。其三,轴心时代在空间上产生了广泛的影响。对没有参与轴心时代精神突破的民族而言,他们作为"自然民族"长期保持着一种非历史的生活,他们没有在世界历史中成为历史的民族。需要注意的是,实现轴心时代精神突破之外的民族,只要跟诞生轴心时代的中国、印度、西方三个地方产生接触,便会接受轴心时代的历史观。这意味着,对那些非历史的"自然民族"而言,他们受到轴心时代的影响而消亡。其四,诞生轴心时代的中国、印度、西方三个地方彼此接触之后,便产生一种深刻的相

---

① 雅斯贝尔斯著,李雪涛译:《论历史的起源与目标》,华东师范大学出版社2016年版,第10页。
② 雅斯贝尔斯著,李雪涛译:《论历史的起源与目标》,华东师范大学出版社2016年版,第14页。

互理解，尽管这几个地方彼此相隔甚远，但是他们之间有共同关心的事件。这说明，轴心时代为彼此不同地方的人们提供了相似的思考框架。在这个意义上，雅斯贝尔斯指出："轴心时代的观点为所有之前和所有之后的发展提供了问题和尺度。……轴心时代同化了所有留存下来的东西。从轴心时代起，世界史获得了唯一的结构和持续的、或者说持续到今天的统一性。"①显然，雅斯贝尔斯认为轴心时代的思想为人类思考问题提供了最基本的框架，正是由于出现了轴心时代，世界史才获得了稳定的结构，并一直影响至今。可以这么说，现代世界仍然处于轴心时代的延长线上，我们仍然是轴心时代的同时代人。

哲学以抽象的方式来把握现实，雅斯贝尔斯"轴心时代"概念的提出即是以20世纪的两次世界大战为背景，对现代性危机的深刻反思。自工业革命以来，资本主义带来了社会生产力的高速发展，现代性在全球迅速扩张而所向披靡。马克思在《共产党宣言》中指出："资产阶级在它不到一百年的阶级统治中所创造的生产力，比过去一切世代所创造的全部生产力还要多、还要大。自然力的征服、机器的采用，化学在工业和农业的应用，轮船的行驶，铁路的通行，电报的使用，整个整个大陆的开垦，河川的通航，仿佛用法术从地下呼唤出来的大量人口，——过去哪一个世纪料想到在社会劳动里蕴藏有这样的生产力呢？"②马克思对资本主义推动生产力发展的巨大成效做了非常生动而形象的描述。然而，自资本主义诞生以来，它在全球扩张的过程中伴随着对非西方国家的殖民，这导致非西方国家的近现代充满了血和泪的屈辱。对西方来说，欧洲在第一次世界大战之前享受了资本主义发展的百年红利，他们历经了近百年的和平，社会生产力的繁荣与发展使人们坚信历史在不断地进步。然而，世界大战打碎了欧洲文明的迷梦，自诩为现代文明的理性人产生了自我分裂。惨痛的战争让思想家不禁追问：现代人向何处去？人类文明的命运向何处去？面对理性的分裂，人类需要对历史进行反思以获得前行的智慧和力量。张汝伦指出："雅斯贝尔斯希望通过证明'轴心时代'及其产生的普遍性真理来证明人类历史的根本统一。"③张汝伦这一观察是深刻的，"轴心时代"这一概念为理解历史的统一性提供了新的可能性，对"轴心时代"的理解要置于思想的时代语境之中来把握。

---

① 雅斯贝尔斯著，李雪涛译：《论历史的起源与目标》，华东师范大学出版社2016年版，第15页。
② 马克思、恩格斯：《马克思恩格斯选集（第一卷）》，人民出版社2012年版，第405页。
③ 张汝伦：《〈中庸〉前传》，上海人民出版社2023年版，第283页。

需要注意的是，雅斯贝尔斯把人类历史的统一性追溯至人类思想的起源，认为人类在轴心时代的思想具有相似性或一致性，并一直影响至今。也就是说，轴心时代的思想及历史具有当代意义，人类文明的每一次复兴都重回轴心时代的思想之源。

雅斯贝尔斯提出"轴心时代"之后，这一概念引发了中国研究者的普遍关注。近代以来，中国人"以西为师"成为一股潮流。雅斯贝尔斯这样的西方学者主张中国是轴心时代的重要文明之一，这种看法与黑格尔、韦伯等思想家的看法完全不同，为我们重新理解中国思想文化提供了一个更宏观、更深层次的结构和框架。雅斯贝尔斯强调中国、印度、西方在地理区位上完全"互不知晓"、相互区隔的条件下，哲学家们在思想上就人类发展的最基本问题形成了"一致性"。也就是说，在同一时段人类地域的"差异性"孕育了思想的"同一性"。雅斯贝尔斯这一敏锐的思想观察为中国学者理解现代性提供了一个全新的框架，即现代西方的独特性其实可以追溯到人类文明轴心时代的源头，而中国人学习西方现代性也可以回到这个源头，从同一性来理解西方文化及其现代性。

从雅斯贝尔斯对"轴心时代"的解释来看，他指出了"哲学家"的诞生对轴心时代的独特意义。轴心时代的形成是由于"第一次有哲学家"，人敢于作为个人而依赖自己，即人作为个体的存在而超越自己。中国、印度、西方这三个地方出现了伟大的哲学家之后，人作为个体可以超越自身的有限性来认识和把握世界。在这个意义上，轴心时代思想的"同一性"其实统一于"超越"这个维度上。换句话说，思想的"超越性"是中国、印度、西方这三个不同地域产生思想突破的共同基础。在我看来，"超越"是理解轴心时代的核心关键词，不理解超越性，就无法把握轴心时代的核心要义，也难以把握人类思想的普遍性。

第二章

天人关系与超越视野

在西方哲学的语境中，"超越"（Transzendenz, Transcendence）是相对于"存在"（Sein, Being）而言的重要概念，是理解西方形而上学传统的关键。后人在整理亚里士多德遗作时，对其所有手稿材料按照相应的知识门类进行分类排序，这种排序遵循一定的逻辑关系，但一些手稿材料难以归类，被放到了《物理学》的后面，取名"metaphysics"，指的是"在物理学之后"或者"超越物理之上"。日本学者井上哲次郎将"metaphysics"译为"形而上学"，取自《周易·系辞》中的"形而上者谓之道，形而下者谓之器"之说，主要指一种超越经验世界的学问。哲学家怀特海强调两千五百年的西方哲学史不过是柏拉图哲学的一系列注脚而已，其实就是对西方哲学自柏拉图以来所开创的"理念世界"与"现实世界"二元区分的深刻洞见。柏拉图认为"理念世界"超越于"现实世界"，现实世界是杂多的、虚假的，理念世界才是完美的、真实的，这种对世界作二元区分的看法构成了西方传统哲学的主要特征。可以这么说，如果我们不从超越的维度来理解形而上学，就无法把握西方哲学传统的思想结构。雅斯贝尔斯"轴心时代"这一概念也奠基于西方哲学传统之中，从超越的维度来阐述轴心时代的内涵。

当然，超越性经常与宗教勾连在一起，西方哲学呈现出超越的特质，这与西方宗教尤其是基督教存在着紧密的联系。韦伯将西方资本主义的世俗性追溯至新教伦理的超越性，展现出西方资本主义发展独特的精神面相，这与西方文化厚重的宗教传统是分不开的。与此相反，中国文化呈现出世俗化的面相。韦伯在《儒教与道教》中指出，儒家没有超越尘世的伦理，没有上帝与尘世的对峙，没有新教那种与现实世界处于强烈而严峻的紧张状态，"儒教（按其意图）是一种理性的伦理，它将与这世界的紧张性——无论是从宗教上贬斥此世，还是从实际上拒绝它——减至绝对低弱的程度。"①与基督教的新教相比，儒家缺乏对彼岸的追求，没有极恶的观念，也没有"救赎"的企图。按照梁漱溟先生的说法，中国人"最淡于宗教，而浓于伦理"②。在近代以来的中西文化比较中，韦伯将西

---

① 马克斯·韦伯著，洪天富译：《儒教与道教》，江苏人民出版社2003年版，第234页。
② 梁漱溟：《东西文化及其哲学》，商务印书馆1999年版，第200页。

方资本主义发展的独特性锚定于基督教的超越视野，这就产生了一个难题：对于没有基督教信仰的非西方社会而言，在西方资本主义强势扩张中如何促进市场经济发展？非西方轴心文明应该如何看待基督教的超越视野？与此相应，中国思想文化是否具有超越性成为一个重大的思想命题。

一、"退而瞻远"与超越

雅斯贝尔斯提出"轴心时代"之后，引起了西方思想家的广泛讨论。1978年，美国*Daedalus*杂志刊发了一期集中讨论"轴心时代"的专刊，对中国思想深有研究的史华兹在这期专刊上刊发了《超越的时代》（*The Age of Transcendence*）和《古代中国的超越》（*Transcendence in Ancient China*）两篇文章，阐发自己对"轴心时代"的理解，率先从"内向超越"的视角解释中国古代思想文化。史华兹的看法深深影响了余英时等中国思想研究者。在史华兹看来，"轴心时代"这一概念潜藏着不明说出来的观念，那就是超越的倾向。他对超越进行解释，指出所谓的超越主要是"后退一步，向前瞻望"（standing back and looking beyond），这种"退而瞻远"是一种对现实进行批判性的反思与质疑，同时开启了超越现实的新视角。[①]standing back指往后退，后退就是与当下现实拉开一定的距离进行反思，强调哲学是一种理性的反思活动。looking beyond指人超越自身的局限而看到整体，如水中之鱼跃出水面，可以看得更全、更远。哲学领域经常谈到三种动物，分别是猫头鹰、啄木鸟、雄鸡：猫头鹰指的是反思过去，如黑格尔说密涅瓦的猫头鹰在黄昏时才起飞；啄木鸟以问题为导向直面当下；雄鸡一唱天下白而前瞻未来。"退而瞻远"在整体上就综合蕴含着猫头鹰、啄木鸟、雄鸡所代表的思维方式。

雅斯贝尔斯强调中华文明是轴心文明的重要部分，如果说中国、印度、西方在轴心时代的思想突破都具有超越的倾向，那么在中西文化比较的视野中，如何理解中国思想的超越性就成为一个重大学术问题。我们需要追问的是，中国思想具有超越性吗？如果中国思想有超越性，那么中国思想的超越性与西方是相似的还是相异的？如果中西方思想超越性相异，那么中国思想超越性的独特性体现在什么地方？显然，对这些问题的思考引发了中国思想研究者持续地关

---

① Benjamin I. Schwartz, The Age of Transcendence, Spring, 1975, Vol.104, No2, p3.

注和讨论，牟宗三、余英时等学者就明确主张中国思想具有"内在超越"或"内向超越"的特质。

雅斯贝尔斯指出，中国的轴心突破形成了以"道"为核心的思想体系，这是与印度思想、西方思想的重大区别。从时间来看，雅斯贝尔斯把轴心时代的思想突破时间界定在公元前500年前后这一相对模糊的时段。史华兹指出，中国轴心时代的思想突破最早开始于公元前12或公元前11世纪的西周，他给出的理由是，在那个时候产生了关于"天"和"天命"的新理念。"在最深刻的层面上，天之命令呈现给我们的是对于如下现象的清醒领悟：即应然的人类秩序与实然的人类秩序之间的差别。这里，我们发现了宗教—伦理式的超验存在的明确证据——可以说它是所有高等文明轴心时代的标志，即对于先前的高等文明发展持有的批判精神。"[1]显然，史华兹把"天"或"天命"的提出视为中国古代思想超越视野出场的标志，即"天"具有超越性。事实上，在中国思想的"天、地、人"这一结构中，天处于最上层的位置。一方面，天呈现出超越于人的维度，隐含着天人之分的预设；另一方面，天与人是贯通的，天人合一预设了人可以沟通天，这意味着天的超越性不是外在的，它离不开现实世界中的人。张灏先生对史华兹的超越观进行讨论时指出，超越具有一种"根源式的反思性"，"所谓超越意识是指相信在这个经验世界之外，还有一与此世界有着基本性格上不同的、真实的存在"[2]。张灏指出超越是在经验世界之外还有"真实存在"，这种看法其实还是从西方二元论的框架来理解超越，中国思想超越的独特性可能还没有完全揭示出来。

史华兹认为雅斯贝尔斯"轴心时代"这一概念蕴含着思想的突破，这种突破意味着思想发展前后存在着巨大的断裂。史华兹倾向于用"超越时代"这个概念，即以"超越时代"来替代"轴心时代"，他给出的理由是"超越"意味着思想仍然具有历史的延续性，因为超越不是凭空而来的，而是对前人思想的继承与延续。对中国古代思想的超越而言，史华兹在《古代中国的超越》一文中指出："在我看来，孔子带来一个最重要的、新的思想关注点，那就是关注道德精神的主观或内在方面。人或者有些人是有能力达到内在道德的成长，也有能力达成可以称之为仁的内在道德完美。这样一来，社会道德来源于人的主体，这种

①　史华兹著，程刚译：《古代中国的思想世界》，江苏人民出版社2003年版，第53—54页。
②　张灏著，任锋编校：《转型时代与幽暗意识：张灏自选集》，人民出版社2018年版，第31页。

把道德的源头转向人的内在，就是内在超越，正是在这一点上，孔子可以和苏格拉底相提并论。"①从这段论述来看，史华兹把孔子的"仁"学思想视为从人的内在来寻找道德根据，这与西方思想把道德根源追溯至外在于人的上帝完全不同。在古希腊，苏格拉底提出"认识你自己""美德即知识"等影响深远的哲学观念，使西方哲学实现从神话到人的转换，把对世界的认识从关注外部的神转换为关注人自身，史华兹认为在这一点上孔子的贡献和苏格拉底的贡献是相似的。事实上，从"内在"而非"外在"的角度为道德奠基，是中国思想的重要特色。在史华兹之外，新儒家对中国思想的超越性做了系统论证。

二、新儒家的"内在超越"

1958年，牟宗三、徐复观、唐君毅、张君劢联合署名发表由唐君毅起草的《为中国文化敬告世界人士宣言》，主张中国文化"既超越又内在"，被视为海外新儒家诞生的标志。《为中国文化敬告世界人士宣言》第五部分内容专门论述中国文化的伦理道德与宗教精神，对当时思想学术界流行的中国文化只注重人与人之间的伦理而不关注人与神之间的宗教信仰等观点进行批驳，指出中国没有像西方那样的宗教教会和宗教战争，这是成立的，但中国文化典籍中对天的敬重这一信仰是非常明显的，中国的民间家庭一直有"天地君亲师"的神位，因此，那种认为中国敬天祭祖之礼没有宗教性的超越情感是不成立的。西方文化实现宗教、政治、伦理道德的分离，宗教得以彰显，而中国文化中的宗教、政治、伦理道德尚未分离，从古至今的中国思想家重视天人合一、天人合德、天人不二、天人同体等观念，杀身成仁、舍生取义等所蕴含的仁义价值体现了对"道"的信仰，宗教性的超越精神与伦理道德都源于同一文化，因此，中国的人生道德伦理实践蕴含着宗教情感。该《宣言》指出："我们希望世界人士研究中国文化，勿以中国人只知重视现实的人与人间行为之外表规范，以维持社会政治之秩序，而须注意其中之天人合一之思想，从事道德实践时对道之宗教性的信仰。"②需要注意的是，唐君毅等人在这份《宣言》中特别提到中国文化"天人合一"所蕴含的道德与宗教意义。在新儒家看来，中国文化看似矛盾的"既超越又内在"是可以打通的，可以"内圣开外王"，经由心性论开出民主科学。实际上，此后牟宗

---

① Benjamin I. Schwartz, Transcendence in Ancient China, Spring, 1975, Vol.104, No2, p63.

② 贺昌盛主编：《返本开新》，浙江教育出版社2014年版，第169页。

三、唐君毅等人的学术工作大体上围绕着这份《宣言》的基本思路而展开。

　　"内在超越"是理解海外新儒家思想的核心与关键,牟宗三在《中国哲学的特质》《中国哲学十九讲》等著作中对此反复论述。牟宗三认为,如果从中西哲学比较来看,以希腊哲学为代表的西方哲学是重知解的,而中国哲学则是重实践的,中国哲学的实践方式在初期主要表现为政治上善的理想,例如尧、舜、禹、汤、文、武等人都不是纯粹的哲人,他们都兼备圣王与哲人的双重身份,这些人物都是政治领袖,这与希腊哲学传统中的哲学家完全不同。牟宗三的这一观点非常值得我们注意。如果我们回顾西方哲学史,虽然柏拉图在《理想国》中主张哲学家当国王或者国王成为哲学家的"哲学王"政治,亚里士多德所开展的学术工作也离不开其学生亚历山大大帝的大力支持,但总的来看,西方文化的确缺乏哲学家与君王合一的历史传统。在中世纪,教皇凌驾于国王之上,哲学甚至沦为神学的婢女。如果从哲学家参与政治的实践来看,西方哲学家也鲜有像中国思想家那种好为帝王师的情况。在我看来,这既与西方哲学崇尚求知的批判精神有关,也是西方近现代社会实现政教分离的结果:上帝的归上帝、凯撒的归凯撒。牟宗三在《政道与治道》中主张"政统""道统""学统"分离,以实现政治、宗教、道德分开,并试图将"道统"悬于"政统"之上,其思想大体上源于对西方政治传统的借鉴。

　　牟宗三在阐述中国哲学时,认为中国哲学最独特的地方,"用一句最具概括性的话来说,就是中国哲学特重'主体性'(Subjectivity)与'内在道德性'(Inner-morality)。……西方哲学刚刚相反,不重主体性,而重客体性。它大体是以'知识'为中心而展开的。"[1]牟宗三分析指出,中国哲学重视主体的"内在道德性",主要是根源于中国文化的忧患意识,这与西方基督教不同,西方基督教并非源于忧患意识,而是源于恐怖意识。也就是说,忧患意识是中国思想重视内在道德的重要原因。对中国文化而言,人们因为忧患意识,对天、天命、天道产生了"敬",通过内心敬天而把天道下贯到人身上。

　　需要注意的是,海外新儒家对天人合一观念的重视,主要目的是为儒学心性论展开论证。"天""天命"是先秦思想的重要观念,《诗经·周颂·维天之命》中有:"维天之命,于穆不已。"《中庸》第一句就是"天命之谓性",将天命与性

---

①　牟宗三:《中国哲学的特质》,吉林出版集团有限责任公司2010年版,第5页。

勾连起来，把天命下贯到性，这是《中庸》所代表的中国文化传统的一个重要路向。在牟宗三看来，中国哲学发展存在重视主观性原则与重视客观性原则的两条思路：重视客观性原则的思路源于《中庸》首句"天命之谓性"与《易传》的全部思想，下至宋儒程朱一派，即《中庸》、《易传》、程朱一派注重道的客观性；重视主观性原则的思路源于孟子，下至宋明儒的陆王一派，注重道的主观性。①这两条思路在中国哲学史中是交织在一起的，但从大的方面来看，主要的分歧是如何认识天人关系，以"天命之谓性"为代表的《中庸》《易传》这一路更侧重于天的客观性；而孟子所代表的这一路更侧重于"以心说性"，从人内在的仁义道德来理解性，侧重彰显人的维度。显然，牟宗三等新儒家学者试图把孟子的心性论进行创造性转化。

从天人关系来看，儒家学说的重点是人如何体现天：如果说天命下贯为人性，尽性就是更好地体现天道。因此，对人性的讨论成为儒家思想的核心问题，形成了以孟子为代表的"性善论"和以荀子为代表的"性恶论"的二元分野。"内在超越"论的核心要义就是经由人心上达于天，打通心与天的关系。牟宗三以"内在的遥契"来形容天人关系的贯通，"'超越的'与'内在的'是相反字，顾名思义，可知内在的遥契，不是把天命、天道推远，而是一方把它收进来作为自己的性，一方又把它转化为形而上的实体。"②也就是说，"内在的遥契"是人与天勾连起来的重要方式。

在《中国哲学的特质》一书中，牟宗三对"内在超越"有一段经典的表述："天道贯注于人身之时，又内在于人而为人的性，这时天道又是内在的（Immanent）。因此，我们可以康德喜用的字眼，说天道一方面是超越的（Transcendent），另一方面又是内在的（Immanent与Transcendent是相反字）。天道既超越又内在，此时可谓兼具宗教与道德的意味，宗教重超越义，而道德重内在义。"③从这段话来看，"内在超越"其实包含着两个方面的含义。一方面，"内在"主要是指天道下贯于人，存在着一个由上而下的下降过程，天道下贯在人身上则内化为人的性；另一方面，"超越"指的是下贯于人的天或天道并不是像世俗物一样，天具有超越于人的宗教意蕴，当然这种超越不像西方基督教那

---

① 牟宗三：《中国哲学的特质》，吉林出版集团有限责任公司2010年版，第56页。
② 牟宗三：《中国哲学的特质》，吉林出版集团有限责任公司2010年版，第41页。
③ 牟宗三：《中国哲学的特质》，吉林出版集团有限责任公司2010年版，第24页。

样是外在于人的,而是人性可以经由内心的道德来上达于天。

新儒家的"内在超越"对标西方思想的超越视野,强调中国文化也具有超越的维度,而且指出了中国文化超越的独特性。在我看来,"内在超越"的出场隐含着中西之争的基本结构,即以西方思想文化为尺度衡量中国文化,以西方为标准认识中国。当然,新儒家以"内在超越"论为基础彰显儒家心性论的现代意义,在百年中华文化花果飘零之际,为探讨中华文明的现代转型作出了新的努力。

三、天人之际与"内向超越"

在汉语思想界,主张"内在超越"的,除以牟宗三为代表的新儒家外,余英时晚年提出了"内向超越"论。2014年,余英时出版了《论天人之际:中国古代思想起源试探》。这是余英时晚年出版的一部极其重要的著作,这部著作围绕"天人关系"变迁提出了中国思想文化的"内向超越"论。事实上,2007年余英时赴日本名古屋大学讲学时做了题为"中国思想史上的四次突破"的专题演讲,用"哲学的突破"来研究中国思想的延续与断裂。在余英时看来,春秋战国时期诸子百家的哲学突破,实现了从"礼崩乐坏"到"道为天下裂"的转换,而先秦思想所突破的对象是"巫"的传统,即从原来经由"巫"沟通天人到后来完全撇开了"巫",进而得出一个重要结论:"'哲学突破'在中国是以'心学'取代了'神学',中国思想的一项主要特色由此奠定。后世程、朱、陆、王都是沿着这条路走下去的。"[1]在《论天人之际:中国古代思想起源试探》一书中,余英时借用雅斯贝尔斯的"轴心时代"来深化对先秦思想的研究。

雅斯贝尔斯以一个哲学家的敏锐,观察到不同地域的人类文明几乎在同一个历史时段实现了大跨越,余英时指出其实中国学者也有过类似的观察,比如闻一多从文学视角得出的感受与雅斯贝尔斯非常相似。闻一多在《文学的历史动向》中认为:"人类在进化的途程中蹒跚了多少万年,忽然这对近世文明影响最大最深的四个古老民族——中国、印度、以色列、希腊——都在差不多同时猛抬头,迈开了大步。约当纪元前一千年左右,在这四个国度里,人们都歌唱起来,并将他们的歌记录在文字里,给流传到后代。在中国,《三百篇》里最古

---

① 余英时:《中国思想史上的四次突破》,(2021-02-13)[2024-04-23]. https://www.sohu.com/a/450666074_567589.

部分——《周颂》和《大雅》，印度《梨俱吠陀》（Rig-veda），《旧约》里最早的《希伯来诗篇》，希腊的《伊利亚特》（Iliad）和《奥德赛》（Odyssey）——都约略同时产生。"①虽然作为中国文学家的闻一多与西方哲学家雅斯贝尔斯的相关表述略有差异，但他们得出来的结论是相近的，即人类几个古老的文明在同一时间产生了伟大的作品。

余英时用"哲学突破"来形容轴心时代发生的思想巨变，并将这种突破与庄子所讲的"道术将为天下裂"联系起来。余英时指出庄子不但是中国轴心时代的开创者之一，参与了那场提升精神的大跃动，当时便抓住了轴心突破的历史意义。不过，余英时区分了"轴心时代"与"轴心突破"这两个概念，雅斯贝尔斯将轴心时代界定为公元前800年至公元前200年的长时段，而轴心突破指的是轴心时代所发生的思想、政治、宗教等方面一系列根本性的变化。轴心突破不是一两个事件，而是一系列的事件，突破的结果是人类文明的精神状态跃升到更高的一个阶段。事实上，中国哲学的轴心突破不是凭空发生的，它与当时中国社会的思想状况存在着密切的联系——"礼崩乐坏"是先秦所有思想家所直面的时代问题。"三代以来不断'损益'的礼乐传统为轴心突破提供了一个具体的历史场所；儒、墨、道三家的创始人都自礼乐传统中来，而对当时'礼崩乐坏'的状态则同有'是可忍，孰不可忍'之感。"②当周天子的权威式微而诸侯坐大之后，礼崩乐坏成为先秦时期的时代症候。按周代的礼仪制度，八佾这种舞蹈礼仪原本属于天子专用，但季氏作为一个小诸侯居然也敢用八佾舞，由此孔子发出"八佾舞于庭，是可忍也，孰不可忍也"之感。面对礼崩乐坏的时代危机，先秦诸子纷纷开出解决时代问题的思想方案，由此提出各自的哲学思想和主张，这导引了中国轴心突破的发生，也是中国哲学的发端。需要注意的是，儒、墨、道等流派虽对当时的礼崩乐坏不满，但他们并不主张抛弃以往的礼乐传统，而是各自对其赋予新的内涵及意义。

（一）礼崩乐坏与轴心突破

在中国思想文化史上，周公"制礼作乐"是一个划时代的重大事件，周公因其所开创的周制而被誉为中国思想上的伟大"立法者"。在周公之前，巫文化是上古文化的主要载体，"制礼作乐"的重要贡献是实现从巫文化到礼乐文化的

---

① 余英时：《论天人之际：中国古代思想起源试探》，中华书局2014年版，第10页。
② 余英时：《论天人之际：中国古代思想起源试探》，中华书局2014年版，第20页。

重大转向。余英时指出，礼乐其实源于祭祀，而祭祀是从巫的宗教信仰中发展出来，早期的礼乐与巫互为表里，礼乐是巫的表象，巫则是礼乐的内在动力。在这个意义上，中国思想在先秦时期所发生的轴心突破虽然是在礼乐的领域中展开，但它所突破的真正对象是礼乐背后的巫文化传统，而这一突破是由周公来完成的。"周公'制礼作乐'是礼乐史上一个划时代的大变动。概括地说，周初以下礼乐已从宗教—政治扩展到伦理—社会的领域。'天道'向'人道'方面移动，迹象昭然。"①在这个过程中，中国传统巫文化所蕴含的"天命"观发生了重大变化，"天视自我民视，天听自我民听"逐渐流行开来。

如余英时所说，轴心突破的真正对象是礼乐文化背后的巫文化，这意味着，在轴心突破之后，巫文化就被诸子百家的哲学思想取代了。余英时侧重从"天人关系"中的三个核心观念来分析这一过程的转换。第一个核心概念是"天"。在轴心突破之前，天指的是鬼神世界；但在轴心突破之后，先秦诸子百家建构了一个截然不同的具有超越精神领域的"天"，天成为"道"的终极源头，如董仲舒指出："道之大原出于天。"也就是说，在轴心突破发生之后，就出现了一个超越的精神领域，而雅斯贝尔斯将"道"视为中国文化超越突破之后所形成的精神领域。第二个核心概念是"天命"。在轴心突破发生之前，天命是集体本位的；但在轴心突破发生之后，天命就扩展为个人本位。余英时引用庄子"与天为徒"之论来加以说明，认为庄子"与天为徒者，知天子之与己，皆天之所子"这一论断在中国古代政治思想史上是石破天惊之论。②因为这意味着人人都是"天之所子"，终结了原来地上的人王对"天子"的垄断，进而瓦解了巫师所建构的"天命"系统。第三个核心概念是所谓具有沟通天人的中介功能的"巫"。在轴心突破之前，巫师独占了天人沟通功能，这种权力具有垄断性。但在轴心突破发生之后，这一功能被消解了。"先秦各家都是靠自己思维之力而贯通'天''人'，巫的中介功能在这一全新的思想世界中完全没有存在的空间。诸子的系统性思维取代了巫的地位，成为精神领域的主流，这是中国轴心突破的一个最显著特色。"③也就是说，在轴心突破后，哲学家取代了巫师来沟通天人，这是轴心突破的关键之处。

---

① 余英时：《论天人之际：中国古代思想起源试探》，中华书局2014年版，第28页。
② 余英时：《论天人之际：中国古代思想起源试探》，中华书局2014年版，第38页。
③ 余英时：《论天人之际：中国古代思想起源试探》，中华书局2014年版，第41—42页。

　　事实上，雅斯贝尔斯把"超越世界"的出现作为轴心时代的最显著标志，将印度佛教的"涅槃"、希腊哲学柏拉图的"理念"、中国哲学的"道"等视为超越的具体表现。每一种文明在实现轴心突破之后，就形成了一个不同于现实世界的"超越世界"，这个"超越世界"便成为文明的终极价值源头，而"道"就是中国这一"超越世界"的代名词。这个超越的世界既与现实世界不同，又是现实世界的价值源头，更是批判现实世界的终极根据。余英时进一步指出，虽然先秦时代诸子百家所创的学说不同，儒家、墨家、道家等各自都建立了一套系统的学说，但这些学说都以"道"为主要特征。需要注意的是，诸子百家所寻求的"道"虽各有特色，但在大方向与终极目标方面，却殊途同归，都致力于推倒巫文化在精神领域的长期宰制并各以其"道"取而代之。如果以西方的"超越"作为参照，中国哲学具有"内向超越"的特征，"道"是内向超越的。

（二）从旧"天人合一"到新"天人合一"

　　在余英时看来，在公元前4世纪，即孟子、庄子所处的时代，出现了一个相当普遍的新信仰：在整个宇宙（所谓"天地万物"）的背后存在一个超越的精神领域及其动力，当时各派都称之为"道"，以"道"为主轴的"天"取代了以前巫文化的"天"，这种观念被当时众多思想家所认同。[①]这一新信仰的产生，对轴心突破产生了重大影响：一是哲学家不需要经过巫这一中介而是依赖自己的力量与天相通；二是道源于天，但道不远人，求道者可以不依靠外在力量而回到内心来通达上天，这为内向超越提供了基础。在这个意义上，余英时将巫文化的天人关系称为旧"天人合一"，而把内向超越的天人合一称为新"天人合一"。旧"天人合一"为巫师集团所创建，形成了一个独特的"天命论"，即人王通过巫师沟通鬼神世界来获得统治的合法性，导致人王与巫的合一，即人王成为大巫。新"天人合一"是在轴心突破后建立起来的，其主要特征是"道"与"心"的合一。需要注意的是，新"天人合一"脱胎于旧"天人合一"，其要害在于引"道"入"心"，建构了一个可以沟通上天的渠道。因此，内向超越彰显了"心"的独特地位，在新系统中，"心"是为了否定并取代旧系统中的"巫"而出现的。这意味着，在新"天人合一"中，巫作为天人沟通的中介被彻底否弃了。

　　值得注意的是，余英时指出"天人合一"作为哲学命题，其前提是世上所

---

① 余英时：《论天人之际：中国古代思想起源试探》，中华书局2014年版，第54页。

有的个人原则上都可以和天（或宇宙）沟通，但"绝地天通"神话后所呈现出来的图景，则是除"普世之王"外，世间无人有权与天之神圣力量沟通。然而，在轴心突破之后，先秦思想家将"天人合一"转化为一个哲学命题，情况便完全不同了。轴心突破后的思想家如孔子、孟子、庄子等讨论个人如何与"天"合而为一时，他们完全不提巫师的媒介作用，相反，他们都强调依靠自己而不依靠他人，即通过高度的精神修养，把自己的"心"净化至一尘不染，然后便能与"天"相通。①在这个意义上，余英时将轴心突破看成中国第一次精神觉醒，其伟大之处在于产生了一场原创性的"超越"，这种超越形成现实世界和"超越世界"的二分。

轴心突破意味着轴心时代前后产生了巨变，但这种突破并不是轴心时代前后两个时代的截然断裂，而是仍然具有连续性。更重要的是，从现实世界与"超越世界"的关系来看，在余英时看来，如果说希腊轴心突破的对象是荷马诸神的世界，以色列轴心突破是以《旧约》和摩西故事为背景，而中国轴心突破的背景是夏、商、周三代的礼乐传统。"周初'德'的观念的流行，'天道'向'人道'方面移动，确是礼乐史上一个划时代的变化。其具体的后果之一便是'礼乐'（或简称之为'礼'）从早期'事神'或'礼神'的媒介至春秋时期已扩大为一套'人道'的秩序。"②诚然，从"天道"向"人道"的转向意味着一种新的思想秩序随之诞生，礼乐成为其重要的载体。

人类文化的早期形态呈现出神话的面相，虽然不同地区的神话故事有所不同，但大多以神话为载体来认识世界，这种认知方式在不同地区都是相似的，不少早期神话流传至今而家喻户晓。到了轴心时代，就中国文化而言，以诸子百家为代表的轴心突破终结了早期"绝地天通"的神话，开启了中国思想新的纪元。这样一来，代表群体或者集体力量的巫被消解了，而哲学家作为个人可以依托自己的力量来沟通天人，这是轴心时代所产生的重大影响。余英时指出，在轴心时代，诸子百家都在现实世界上肯定一个"超越世界"的存在，并形成这样一种共识：只要个人努力，"超越世界"是可望可及的。在轴心突破发生后，天人关系发生了转型，从早期人王作为沟通天地唯一中介的"宗教—政治"观念，转型为哲学家个体追问生命意义的多样性哲学。"'天人合一'自集体主义转型个人主义

① 余英时：《论天人之际：中国古代思想起源试探》，中华书局2014年版，第71页。
② 余英时：《论天人之际：中国古代思想起源试探》，中华书局2014年版，第88页。

的发展中，精神解放与觉醒的个人不再需要通过巫师作中介来和天交通，他们完全凭借自己的努力寻求与更高领域的'合一'。"①也就是说，轴心时代是哲学家们通过建构"天人合一"的理论与巫师进行对抗，使巫师失去了作为沟通天人的中介角色。在这个意义上，轴心突破意味着巫文化传统的断裂。当然，这种断裂不是截然二分的，轴心文明仍然与远古巫文化保持着一定的连续性。

轴心突破发生之后，天人关系的内在结构也发生了深刻的变革。按照余英时的看法，"天人合一"中的"天"和"人"都发生了根本性的变化：就天而言，轴心突破发生之后的"天"不再是鬼神世界的天，而是指一个超越的精神世界，轴心时代的哲学家们称之为"道"；就人而言，轴心突破之后的"人"不再是集体本位的，而是变成了个人本位，即由突破之前的人王作为群巫之首代表人民集体与"天"沟通，进而转变为哲学家作为个人依靠自己。如果将新"天人合一"与旧"天人合一"进行比较，新旧系统沟通天地的中介发生了改变："'心'在新'天人合一'中的功能竟和旧'天人合一'中的'巫'有惊人的一致性。我们甚至可以说，'心'即是'巫'转世的后身。"②我们可以把余英时这句话进一步延伸，也可以这样来理解："巫"是"心"的前身。也就是说，沟通天地的中介由"巫"转为"心"，在新"天人合一"系统中，其内在结构是"心"与"道"或者说"心"与"天"的合一，这是轴心突破的最大秘密。

（三）孔子的贡献与内向超越

雅斯贝尔斯指出哲学家的出现是轴心时代的重要特征，中国在轴心时代诞生了孔子、老子等伟大的哲学家。余英时用庄子讲的"道术将为天下裂"形容中国轴心突破所引发的翻天覆地之变化，虽然这句话是庄子说出来的，但这代表着先秦时代的思想巨变。余英时指出"道术将为天下裂"与雅斯贝尔斯所讲的"轴心突破"其实是两个异名同实的概念，而先秦时代这一巨变从儒家开始，孔子被视为中国轴心突破的第一位哲人。余英时给出的理由是，周公创建了礼乐制度，而孔子的思想努力方向是不断寻求"礼之本"，并把"礼之本"归结于"仁"，这是古代中国精神史上一件划时代的大事。这意味着，孔子的"以仁释礼"从哲学角度重新阐释礼乐实践，这也成为中国轴心突破的开端。

余英时把孔子作为轴心时代的开端，我们可以追问一个问题：为什么不把周

---

① 余英时：《论天人之际：中国古代思想起源试探》，中华书局2014年版，第122页。
② 余英时：《论天人之际：中国古代思想起源试探》，中华书局2014年版，第171页。

公作为轴心突破的开端？余英时给出的解释是，如果把周公与孔子作一个简单的比较，周公制周礼的重要特色是把"德"的观念建构为礼的核心，而孔子"以仁释礼"取代了周公"以德说礼"的传统，这具有重大的开创意义。与周公不同，孔子"在重建'礼'治秩序的努力中，他不乞灵于集体的'天命'，而诉诸所有个体的'仁心'，上自王、侯，下至士、庶，无所不包"①。正是在这个意义上，孔子"仁学"体系的建立是内向超越在中国思想史上的破天荒之举，这种内向超越的重大意义就在于将作为价值之源的"超越世界"第一次从外在的"天"转移到了"人"身上，即从人内在的道德实践来论证价值的正当性。"孔子之所以能成为轴心突破的第一人则是因为他孤明先发，找到了内向超越这一最具关键性的突破口。"②周公"制礼"的最大特色是强调周王朝继受"天命"，同时强调必须用人为的"德"使王朝的"天命"不断延续下去。但余英时指出，周公"制礼作乐"只是三代礼乐的内部突破，还不能成为轴心突破。只有到了孔子，孔子以仁说礼开创了内向超越，这才是轴心突破的起点。

"内向超越"是余英时用来解释中国古代思想轴心突破的核心概念。内向超越的提出，蕴含着中西文明比较的框架，即把西方文明视为"外向超越"的典型，进而以西方文明的"外向超越"为参照，中华文明的超越性彰显出"内向"的特色。如果说中国思想的超越以"道"为特征，那么这种"内向超越"就意味着中国的"道"并不像柏拉图的理念论那样远离经验世界，中国的"道"其实是"道不远人"。按照余英时的看法，"道不远人"意味着中国的"超越世界"（道）和现实世界"人伦日用"既非高下悬殊又非相距遥远，而是形成一种"不即不离"的关系。由此，"道心"与"人心"就形成了紧密的联系："就同为一'心'而言，两者是'不离'的，就各有所司而言，则两者又是'不即'的。"③余英时用"不即不离"来形容内向超越中的"道心"与"人心"的关系，指出了作为"超越世界"的"道"的内向性。

（四）余英时"内向超越"的哲学意义

余英时以"内向超越"描述中国古代思想轴心突破所实现的天人关系变革，其论证的关键是强调作为哲学家的个人而不是作为群体的巫师扮演着沟通天地

---

① 余英时：《论天人之际：中国古代思想起源试探》，中华书局2014年版，第98页。
② 余英时：《论天人之际：中国古代思想起源试探》，中华书局2014年版，第206页。
③ 余英时：《论天人之际：中国古代思想起源试探》，中华书局2014年版，第208页。

的角色，强调人心可以通天，这构成了新天人关系的基础。张汝伦指出，天人关系的实质是人与超越者的关系，在西方哲学表现为人与神的关系，在中国哲学中则表现为天人关系，余英时的"内向超越"剥夺了天的超越性，而把"超越世界"从天转移到人心，这样一来，就可能导致天不再是"超越世界"，而人心成了"超越世界"。张汝伦这样评论："长期以来，在讨论天的概念和天人问题时，人们都强调天人相通的一面，却对于天的超越性缺乏足够的意识，而'内在超越'或'内向超越'的说法，实际上导致以心代天，最终取消了天的超越性，这与西方随着主体性原则的兴起导致超越概念的没落差相仿佛，而超越概念的没落是现代虚无主义的主要成因之一。"[①]张汝伦对余英时内向超越论的评议是尖锐的。需要注意的是，内向超越论是以西方思想形而上学传统的超越论为参照而建构出来的。从内向超越论的逻辑来看，一方面，它指出了中国思想同西方一样也具有超越性；另一方面，它又强调中国思想与西方思想的差异性，西方是外在超越，而中国是内在超越，这种看法与新儒家的"内在超越"几乎如出一辙。在我看来，余英时所著《论天人之际：中国古代思想起源试探》的重大贡献是从轴心突破的视角解释了中国古代思想从巫文化到诸子百家哲学思想诞生的内在逻辑，解释了以巫沟通天人的旧"天人关系"到以哲学家个人沟通天地的新"天人关系"的转化，为我们把握中国古代思想史提供了一个崭新的视角。

四、超越视野与文明融合

雅斯贝尔斯提出的"轴心时代"为思考现代性的文明起源提供了一个重要框架。除余英时之外，金观涛的《轴心文明与现代社会》是阐发轴心时代思想的扛鼎之作，也是百年来中国思想家以文明融合视角反思中国现代性问题最深刻、最厚重的作品。更重要的是，在这部著作的基础上，金观涛思考信息化时代的现代性危机，建构了他称之为"真实性哲学"的思想体系，对信息化时代"现代人往何处去"这一宏大的思想命题给出独特的哲学思考。在我看来，金观涛的"真实性哲学"开展康德式的学术工作，其思想的深刻性不太容易被人理解，但其思想的意义将在人类信息化、智能化发展进程中逐步彰显。《轴心文明与现代社会》以"系统论·观念论"为研究方法，以超越突破发生之后四种超越视野的融

---

① 张汝伦：《〈中庸〉前传》，上海人民出版社2023年版，第335页。

合与演化为基本分析框架,描绘出一幅从古至今的人类历史发展地图。当然,金观涛的论证极其繁复,我们需要跨越那些翔实的论述,把握其思想的内在结构。

(一)灭绝文明与超越突破

追溯人类文明的起源与发展,对文明进行分期或断代是展开讨论的基础。自雅斯贝尔斯提出轴心时代以来,不少学者认为轴心文明属于古文明,而现代文明不同于轴心文明。与我们以往所看到的文明分期不同,金观涛将人类文明分为灭绝文明和轴心文明,认为现代社会是轴心文明发展的新阶段。也就是说,现代社会仍然属于轴心文明,并未走出轴心文明。金观涛对古文明的灭绝进行分析,指出古文明作为一个系统,社会无组织力量增长到一定程度就会使系统解体,但维系社会行动的是普遍观念。普遍观念离不开社会行动,如果社会行动完全消失,普遍观念就不复存在;而一旦普遍观念不存在,社会行动就再也组织不起来,将导致文明不得不灭绝。从这个意义上来说,古文明灭绝的真正原因是普遍观念的消失,因为只要普遍观念还存在,社会就可以重建,这说明普遍观念至关重要。

问题是,人类社会的普遍观念从何而来?金观涛指出,人类文明中存在着不同类型的终极价值追求或者终极关怀,而这种终极关怀就是超越视野。在古文明衰落之际发生了超越突破,这是人类对抗文明灭绝的产物,在经过超越突破之后,就诞生了轴心文明。"所谓轴心文明,是指经过超越突破的文明。今天人类社会均来自经过超越突破的文明,超越突破就是我们今日观念和过去观念的共同核心,因为超越突破意味着基于个人的不死普遍观念的产生。"[①]金观涛对轴心文明的定义,有这样几层含义:其一,轴心文明是相对于超越突破发生之前的灭绝文明而言的,前提是出现了灭绝文明,发生超越突破的文明从大量灭绝文明中筛选出来,是人类社会对文明灭绝的响应;其二,超越突破是轴心文明诞生的关键,这意味着没有经历超越突破的文明会走向灭绝,经历了超越突破的文明才能获得新生;其三,超越突破的结果是形成了一种基于个人的、不死的普遍观念,这种独立存在的不死观念系统构成了轴心文明的核心结构。

---

① 金观涛:《轴心文明与现代社会》,东方出版社2021年版,第27页。

　　如果说不死观念系统的出现是轴心文明形成的主要标志，那么其主要载体是什么？在金观涛看来，轴心文明所留下来的传世文献就是记载着这些不死观念系统的文献，比如说，中国的《论语》《道德经》等经典文献就记载着不死观念系统。不死观念系统是超越突破发生后所形成的超越视野及其普遍观念，这种超越视野的普遍观念逐步脱离于社会，成为不依赖社会的独立存在。所谓的不依赖社会就意味着超越视野可以经由个体而不是由社会整体来承载，因此，"超越突破的准确定义是人从社会中走出来，寻找不依赖于社会的生存意义（或价值）"①。普遍观念可以不依赖于社会反而体现于个人而存在，这对文明的传承和演化具有极端重要的意义。这意味着，如果一个文明建立了超越视野，即使社会解体了，文明也不会灭绝，其原因是个人成为超越视野的普遍观念载体，普遍观念可以经由个人来传递，从逻辑上说，建立了超越视野的社会只要还有一个人存活，其普遍观念就可以传递下去，进而实现文明的延续而成为不死文明。因此，个体可以离开社会使超越视野的普遍观念进行复制和演化，这是轴心文明最大的特点。在这里，我们可以看到金观涛对超越的看法与牟宗三、余英时等学者的"内在超越"或"内向超越"不同，也与西方哲学柏拉图理念论的超越观不太一样，金观涛强调超越突破发生后的个人成为不死观念系统的载体，这为我们理解古文明的灭绝与演化提供了一个重要的观察视角。

（二）超越视野与文明融合

　　金观涛指出超越突破是对灭绝文明的筛选，并形成了基于个人而独立于社会的普遍观念，人作为独立的个体从社会中走出来，探寻不依赖于社会而存在的终极意义。由于人的生命是有限的，人面对死亡而试图找到可以超越死亡的终极关怀。超越突破形成一种经由个人而不依赖于社会的不死观念系统，在这个意义上，超越突破的本质就是个体意识的形成。金观涛根据价值目标（分为"在此世"和"不在此世"）、依靠力量（分为"依靠外部力量"和"依靠自己修炼"）把超越突破分为四种类型，而且是仅有四种超越视野，分别是：希伯来救赎宗教（T1）、印度解脱宗教（T2）、古希腊认知理性（T3）、中国以道德为终极关怀（T4）。每一种超越视野都有与之相应的终极关怀及经验，并给出了"应然社会"的组织蓝图，经由这一社会组织蓝图对社会进行塑造。

---

① 金观涛：《轴心文明与现代社会》，东方出版社2021年版，第78页。

　　金观涛提出的四种超越视野,是从文化类型学的视角对轴心文明的内在独特性进行区分。如果从百年中国思想史来看,这与梁漱溟在《东西文化及其哲学》中对中国、西方、印度三大文明进行哲学比较所做的学术工作极为相似。在我看来,对金观涛四种超越视野的理解,可以结合梁漱溟的东西文化比较来加以把握。也就是说,从梁漱溟到金观涛,从《东西文化及其哲学》到《轴心文明与现代社会》,这是把握百年中国思想史关于中西文化比较的一条重要脉络。

　　在近代中国文化遭受西方文化冲击之际,在学习西方各种“灵丹妙药”之后,兴科技、推变法、废科举、办学校、修铁路、搞立宪等均不甚理想,梁漱溟将近代中西问题归结为文化问题。在《东西文化及其哲学》中,梁漱溟围绕中国、西方、印度三种文化对人生问题的不同回答,指出这三种文化形成了不同的路向:印度文化是返身向后的路向;中国文化是变换、调和、持中的路向;西方文化是向前要求的路向,形成了民主与科学。之所以形成三种完全不同的路向,是由于这三种文化对待“生活中解决问题方法之不同”:西方文化“遇到问题都是对于前面去下手,这种下手的结果就是改造局面,使其可以满足我们的要求”;中国文化“遇到问题不去要求解决,改造局面,就在这种境地上要求我自己的满足”;印度文化“遇到问题他就想根本取消这种问题或要求”。[①]如果这三种不同路向的文化没有交集,仍按各自的发展轨道走下去,梁漱溟作了一个假设:如果西方文化不与中国接触,封闭的中国即使再经过几百年甚至上千年也不会产生科学和民主,这不是中西谁走得快慢的问题,而是中西走的路向不同,因为在同一个路向上即使走得慢也会迟早赶上。在近代西化浪潮中,梁漱溟认为对西方文化要“根本改过”,对中国文化要“批评地把中国原来的态度重新拿出来”,并笃定世界未来文化是中国文化的复兴。梁漱溟的“文化三路向”是以三种文化对待人生的不同态度而得出来的结论,金观涛基于轴心文明对待生死所形成的不同终极关怀而区分了四种超越视野,两者具有一定的相似性。梁漱溟对中国、西方、印度三种文化进行哲学比较,主要目的是思考中国文化的现代命运及其未来前景;金观涛提出四种超越视野,主要目的是探寻现代性的起源及其历史发展图景。在我看来,在近代学习西方现代性而形成“中西之争”的背景下,从梁漱溟到金观涛,中国思想家们都试图反思中西文化以探寻中国的现代性之路。当

---

① 梁漱溟:《东西文化及其哲学》,商务印书馆1999年版,第61页。

然，由于两者所运用的方法不同，得出的结论也有一定的差异。比如，梁漱溟侧重"文化哲学"的比较方法，侧重强调文化之别；而金观涛运用"系统论·观念论"的方法，侧重强调文明融合。也就是说，金观涛的《轴心文明与现代社会》侧重于从超越视野融合来分析现代性的起源与发展，思考文明融合及其未来走向，强调现代社会是轴心文明演化与融合的必然结果，指出现代社会是轴心文明发展的新阶段。

（三）现代性起源与现代社会

《轴心文明与现代社会》的主要目的是探索大历史的结构，在金观涛之前，思想家对人类文明演化的历史研究有三个重要的讨论：一是以黑格尔《历史哲学》为代表的德国观念论；二是马克思的唯物史观；三是以布罗代尔为代表主张"长时段"的年鉴学派。这三种讨论在宏观大历史的表象背后归纳历史长程发展的内在规律。然而，在后现代主义的冲击之下，对宏观历史发展规律的讨论被视为抽象空洞的宏大叙述，人类历史发展被后现代主义解构为多元化和碎片化，偶然性、任意性、主观性取代了必然性、规律性、客观性。在后现代主义狂欢的背景下，金观涛运用系统论和观念论重新拼接了一幅人类文明长程演化的历史地图，清晰展现了轴心文明演化的内在结构，重演了轴心文明发展的历史真实，在黑格尔、马克思、布罗代尔等西方思想家之外，为我们理解现代社会的起源、发展和未来提供了一个新的历史哲学框架，在这个意义上，金观涛所著的《轴心文明与现代社会》的学术贡献并不亚于那些知名的西方思想家。

不同的超越视野形成了不同的文明发展模式。金观涛指出，在四种超越视野中，印度文明是"静态停滞模式"、中国文明具有"超稳定系统"、伊斯兰文明是"飘变模式"，中国文明、印度文明、伊斯兰文明的超越视野不变，文明演化只是超越视野规定的社会有机体的形态发生改变。除了这三种模式，另外一种模式是超越视野的巨变，它是希伯来救赎宗教和古希腊认知理性的融合，现代社会的起源是轴心文明演化的产物。韦伯在《新教伦理与资本主义精神》中将西方资本主义的起源追溯至新教伦理，提供了一种与马克思唯物史观不同的理论范式，但对于新教如何助推西方现代性，其发展过程及内在结构如何，韦伯并未给出详细的论证，而金观涛从希伯来救赎宗教和古希腊认知理性两种超越视野融合所诞生的天主教文明的角度给出了更详细的解释。

在金观涛看来，现代社会起源于天主教文明，而天主教文明是基督教文明与古希腊罗马文明融合的产物。也就是说,天主教文明是希伯来救赎宗教和古希腊认知理性两种超越视野融合形成的,其融合的关键是基督教会将罗马法纳入社会组织蓝图。"福山称上述过程为'教会成为国家',认为这是法治社会的起源。伯尔曼称之为'教皇革命',认为现代西方社会均起源于此。"①事实上,伯尔曼的《法律与革命》论证现代西方法律传统来源于"教皇革命",伯尔曼所谓的"教皇革命"主要是指两个重大的历史事件:一是1059年举行的教会会议首次禁止主教由世俗政府任命,宣布由罗马主教选举教皇;二是1075年教皇格里高利七世拟定教皇赦令,从罗马法中为教皇不受世俗权力的约束找出根据,由此形成了法律高于政治和修改法律必须依靠法则的西方法律传统。金观涛对教皇革命的影响进行分析,用"法治封建社会"这一概念来概括当时的西欧社会:一是法律权威大于政治权威,最基本的规则只能被发现而不能被发明;二是这个法治社会在基督教教会的领导之下。这意味着,在天主教治下,皇帝不能随心所欲地折腾,因为教皇权力凌驾在皇权之上。金观涛分析指出,天主教文明的演化结果是现代社会的起源,法治封建社会蕴含着希伯来救赎宗教和古希腊认知理性这两种超越视野,这两种超越视野朝着文艺复兴、宗教改革两个不同方向发生分离,天主教文明的演化使现代价值系统和现代社会组织形成了,天主教文明最终转化为民族国家的集合体。

值得注意的是,金观涛反复强调希伯来救赎宗教和古希腊认知理性两种超越视野的分离共存,进而作为民族国家的契约社会成为现代社会的组织蓝图。在现代性的起源与发展过程中,现代契约社会允许科技和生产力的超级增长,市场经济和民族国家分别成为现代契约社会的经济和政治形态。契约社会的形成与天主教的圣约存在着紧密的联系,"清教徒革命的本质就是把统治正当性建立在圣约之上"②。也就是说,英国光荣革命在本质上将圣约作为法律的基础,西方法律信仰的背后其实是圣约在扮演着无形的力量。

现代性预设了传统社会到现代社会的变迁,现代社会包含三个重要特征:一是市场经济具有无限扩张的能力。与传统社会的市场嵌入社会有机体不同,现代市场经济可以从社会有机体中"脱嵌"独立出来而无限扩张。二是科技革命与市场机制一起引发生产力的超增长。三是民族国家成为人类社会的基本形

---

① 金观涛:《轴心文明与现代社会》,东方出版社2021年版,第236页。
② 金观涛:《轴心文明与现代社会》,东方出版社2021年版,第343页。

态。与此相应，现代性的基本结构包含了三个基本观念，分别是现代个人观念、工具理性、民族认同，这三组观念互相维系，共同构成了现代价值系统。由于现代社会无法用终极关怀来整合现代个体的认同危机，只能用民族认同来整合政治共同体，如本尼迪克特·安德森所说民族国家是想象的共同体，金观涛指出，建立在现代价值系统之上的应然社会其实就是现代民族国家。

（四）中国的现代性与新轴心时代

西方现代性起源于希伯来救赎宗教和古希腊认知理性两种超越视野的分离共存，在西方现代性扩张的过程中引发了轴心文明从未出现过的"全球化"现象，市场经济全球化使非西方轴心文明不可避免地出现现代转型，也不可避免地融入世界历史。也就是说，非西方轴心文明的现代转型不可避免地要学习、模仿西方现代社会的结构，包括学习西方的科技、市场经济、个人自由、民族国家等。对中国这样一个非西方的轴心文明而言，学习西方也成为镶嵌在百年中国历史发展过程中的内在逻辑。金观涛、刘青峰在早年写作的《盛世与危机》这部著作中认为中国社会具有超稳定结构，在与世隔绝的条件下，中国的超稳定系统表现为王朝周期性的崩溃和自我修复；在受到外来冲击时，这个超稳定系统就会对外开放，并通过"道德价值逆反"机制创造出新的终极关怀，进而实现社会的再整合，这一超稳定结构一直是支配中国社会现代转型的深层结构。在中国历史上，中国文化成功吸收和消化了印度佛教，中国以道德为终极关怀（T4）与印度解脱宗教（T2）两种超越视野实现融合，而宋明理学是两者融合的思想产物。中华文明的现代转型是西方认知理性（T3）与以道德为终极关怀（T4）相结合形成新的社会组织蓝图，并通过道德逆反机制形成新道德（革命乌托邦）。

需要注意的是，中国学者在讨论现代性时，往往把现代性与启蒙结合在一起，把对西方现代性的理解与启蒙运动勾连起来。的确，从西方现代性历史来看，现代性的展开与启蒙运动相伴而行，启蒙思想家们对现代性问题的思考构成了近现代西方思想的重要篇章，站在德国古典哲学顶峰的康德、黑格尔无疑是启蒙思想的集大成者。康德对启蒙运动给出了一个经典的定义："启蒙运动就是人类脱离自己所加之于自己的不成熟状态。不成熟状态就是不经别人的引导，就对运用自己的理智无能为力。当其原因不在于缺乏理智，而在于不经别人的引导就缺乏勇气与决心去加以运用时，那么这种不成熟状态就是自己所加于自己的了。Sapere aude! 要有勇气运用你自己的理智! 这就是启蒙运动的口号。"①康德把启蒙视为人从不成熟的状态中走出来, 即人从无法运用自己理智的状态走出来, 进而可以勇敢地运用理智。事实上, 康德对启蒙的论述奠基于基督教传统之中, 启蒙就是人从基督教或从上帝的怀抱中脱离出来, 独立去面对世界。因此, 启蒙运动意味着西方现代性的展开与基督教所主宰的中世纪存在着一种"决裂", 强调反对传统以走向现代。这说明, 启蒙观念的背后其实预设了传统与现代的二元区分, 更重要的是, 这种二元区分是以"新旧"之分呈现出来的。近代中国对"传统与现代"这一关系的处理, 在很大程度是通过反传统来主张现代的, 由此启蒙成为中国现代转型过程中被反复讨论的话题。李泽厚从思想史的视角提出了"救亡与启蒙二重变奏", 认为百年中国的历史发展是救亡压倒了启蒙, 得出了启蒙尚未完成的论断。对中华文明现代转型的看法, 冯友兰则提出"中西古今"的框架, 认为中西之争其实是古今之别, 冯友兰的"中西古今"框架成为不少中国学者理解现代性的重要视角。与这些中国思想家们不同, 金观涛把对启蒙及现代性的看法置于轴心文明演化与发展的历史长程视野之中, 主张现代社会是轴心文明发展的一个新阶段。在我看来,《轴心文明与现代社会》消解了现代性"传统与现代"的二元区分。这意味着在轴心文明不同超越视野的融合与分离中, 原来看似古老的轴心文明其实一直延续到今天, 现代社会作为轴心文明发展的新阶段, 我们现代人仍是轴心时代的"同时代人"。

把现代社会视为轴心文明发展的新阶段, 意味着传统与现代不是截然对立的。因此, 启蒙所预设的传统与现代的二元对立需要重新加以反思。"很多人仍在反传统中理解启蒙, 看不到21世纪的启蒙运动应该是确立现代价值系统和传统终极关怀的合理关系。"②也就是说, 如果从超越视野融合的视角来看, 现代价值系统和传统终极关怀不应该是一种二元对立的关系, 而应该在不同超越视野的分离共存之中探寻文明融合之道。

轴心时代的关键是超越突破发生后形成了超越视野, 个人可以独立于社会而存在, 形成了不死观念系统。然而, 现代社会的超越视野正在不断隐退而走向消亡, 认同的碎片化与终极关怀的消失导致应然社会正在坍塌。在这个时代趋势下, 金观涛指出, 我们正在走出轴心时代, 也就是说, 轴心时代正在"终结"。

① 康德著, 何兆武译:《历史理性批判文集》, 商务印书馆2010年版, 第23页。
② 金观涛:《轴心文明与现代社会》, 东方出版社2021年版, 第610页。

当然，这种终结其实也意味着新轴心时代的开始。在《轴心文明与现代社会》的结尾处，金观涛写下了一段意味深长的话："现代社会的基础必须重建。换言之，今后在思想上除了必须对抗'大分离'，更重要的是在超越视野纯化过程中对终极关怀和现代价值的基础进行整体性重建。……在此意义上，人类不是走出轴心文明，而是进入伟大文化创造的新轴心时代。为了实现21世纪人类的这项使命，必须再一次呼唤轴心时代人类的创造性精神。"[①]如果说哲学家的出场是轴心时代形成的重要标志，那么在新轴心时代，思想的创造也呼唤伟大思想家的诞生，哲学思考与创造的重要性将重新彰显出来。在这个意义上，对轴心时代终结和对新轴心时代到来的呼吁，不是为了回到历史而追溯历史，而是为了直面未来、想象未来、创造未来。

---

① 金观涛：《轴心文明与现代社会》，东方出版社2021年版，第637页。

第三章

从天到天下

中国读书人有"修身齐家治国平天下"的传统，胸怀天下的情怀一直内嵌于中国文化的精神结构之中。天下是以天的存在为前提的。中国古人对天的认识首先从自然的角度来把握，但在社会历史实践中，天下是比天更贴近中国生活世界的概念，天下观成为中国人独特的世界观和方法论。中国传统天下观是中原王朝处理与周边少数民族关系的重要框架，中国思想的这一框架预设了内外之别，这是一种"内外"的横向联系。事实上，中国思想还存在着天人与天下之别，这是一种"上下"的纵向联系。如果从天的"上下"二元划分来看，天下其实来源于天人，也就是说，天下体系的上位概念其实是天人关系。天人关系作为中国哲学的基本问题，形成了中国思想"天人合一"的重要传统。如果说中国文化在轴心时代的突破是基于对天人关系的重构，那么在新轴心时代进行思想创造就有必要重启天人之思。

一、天的多重意蕴

中国古人对天的认识有不同的看法，比较典型的有三种。第一种看法是"盖天说"，主张天如同一个圆形的大盖子盖在大地之上，而大地就像一个四方棋盘被圆形的天所笼盖，进而形成了所谓的"天圆地方"之说。"天圆地方"的说法广为流传，成为中国古人看待宇宙的基本看法。第二种看法是"浑天说"，该说用蛋的形状形容天地，认为天就如同蛋壳一样，而大地像蛋黄处于世界的中心，并以地为中心进行旋转。"浑天说"从天体旋转的角度对天进行想象，这种看法在当时解释了天体运行与四季变化的关系，对中国古代天文学影响深远。第三种看法是"宣夜说"，主张世界是充满气体的无限空间，依托于这些气体，日月星辰都飘浮于其中。"宣夜说"从气的角度解释天象，具有哲学一元论的色彩。事实上，中国古代这些关于天的想象，在中西文化交流过程中，随着西方天文学知识的引入和传播，逐步被近现代天文科学所取代。

在中国古代社会，天在人们的观念中具有至高无上的地位。古人以大自然为家，在认识自然和改造自然的过程中，受当时落后生产力的认知局限，对风雷雨电等自然现象难以理解，人类在天的面前显得无比渺小，认为天是神秘的，对天充满了敬畏之情。可以说,中国古人对天的认识首先是自然意义上的天,"天圆地方"的想象是基于自然的观察,北朝民歌中的"敕勒川,阴山下,天似穹庐,笼盖四野。天苍苍,野茫茫,风吹草低见牛羊"是对天圆地方的形象描述。因此,人们对天的直观认识和想象具有自然的意蕴,可以看成"自然之天"。然而,随着社会的发展,中国古人不断赋予天更多更丰富的内涵。《礼记·中庸》的开篇指出:"天命之谓性,率性之谓道,修道之谓教。"大意是说天命在人身上体现为人性,遵从天命所赋予的人性就是遵循天道,而遵从天道来提升道德修养就是教化。因此,"天命之谓性"意味着人性其实源于天道,把伦理道德的根源归结于天,即天成为人世伦理规范的终极依据,这里的"天"具有"伦理之天"的内涵。需要注意的是,在中国古代典籍《周易》的"乾、坤、震、巽、坎、离、艮、兑"这八卦中,乾为天,《易传·象传》对乾卦的解释是"大哉乾元! 万物资始,乃统天"。这意味着天是世界万事万物的开端,《周易·序卦》还强调:"有天地然后有万物,有万物然后有男女,有男女然后有夫妇,有夫妇然后有父子,有父子然后有君臣,有君臣然后有上下,有上下然后礼义有所错。"[①]这说明人世及其伦理的最终根据是天,天成为人的本源,是人伦秩序的本源性的规定。在中国传统典籍中,中国思想语境中的天已经超越了自然的意义,而具有伦理道德的意义。老子在《道德经》中有"人法地,地法天,天法道,道法自然"之说,中国古代思想把天作为人间秩序的依据,在某种意义上就是承认人道源于天道。

除了先秦诸子,秦汉以来的中国文化有诸多关于天道与人道的讨论。唐代韩愈在《原人》中指出:"形于上者谓之天,形于下者谓之地,命于其两间者谓之人。"韩愈从天、地、人这三个方面进行论述,指出道在上为天,在下为地,而人生天地间。《周易·系辞》有这样的看法:"有天道焉,有人道焉,有地道焉。"天道、地道、人道是贯通的,而天道是地道和人道的总根据。到了宋明理学,朱熹、程颐、程颢等思想家建立了理学体系,认为在自然和社会中存在着天理,天理是宇宙的普遍法则,它是普遍适用的,儒家的仁义礼智信等都体现了天理。朱熹强调"性即理",主张性是天理在人身上的体现,而天理体现在人身上就体现为儒家的纲常伦理。因此,宋明理学通过天理确立了人世道德伦理的哲学依据,即人道归根结底来源于天道。

---

① 《周易·序卦传》。

在天、地、人的序列中，天高居于人之上，天与人之间是有距离的。事实上，在远古时期，受限于当时落后的生产力，人类对自然认知不足，在人们的观念中，天具有神秘的色彩，天被视为一切存在的主宰，人们转向"天"和鬼神以寻求帮助和指导。当时人们相信巫术可以沟通上天、通达鬼神。因此，在人类早期的观念中，占筮之风广为流传。司马迁在《史记·日者列传》中写道："自古受命而王，王者之兴，何尝不以卜筮决于天命哉！"[1]在古代，无论是帝王的祭祀，还是征伐大事，抑或普通百姓的生老病死等日常生活，都通过占筮趋吉避凶，以此作为人们决策和行动的最终依据。由此可以推断，巫风的盛行其实反映了古人沟通天人的探索与尝试。周桂钿教授把天大体上归纳为三类，即神灵的天、自然的天、哲理的天，他从"宗教的天""科学的天""哲学的天"三个方面来展开论述，[2]这充分说明中国文化中的天具有丰富的内涵。

一是天的自然意蕴。古人在进行天文观测的过程中，逐步掌握了丰富的天体运行知识，在大自然的变化中发现了一些不变的规律。荀子强调："天行有常，不为尧存，不为桀亡。"[3]荀子主张上天具有自身的运行规律，它不会因为好人执政而变好，也不会因为坏人执政而变坏。这意味着，人间的政治、人世的变迁、人的意志并不会影响天地运动的规律。荀子的看法其实秉持"天人相分"的论调，主张天有天的规律、人有人的作为，这两者是相分离的。因此，荀子把天视为没有意志、不受人的意志影响的自然存在，天周期性地运转，实现四季寒暑变化和昼夜更替。天文知识的丰富，对天命论也产生了巨大冲击，人们对天的认识也越来越走向科学化。

二是天的宗教意蕴。在远古时期，人们对自然界缺乏足够认知，以为大自然和人类一样是有精神的，有所谓的"自然神"，进而产生了天或者上帝的观念，认为天是最高的神灵，人必须服从于天命，"天命论"是中国哲学的一个重要观点。更重要的是，古人认为人间的统治者奉天命统治人间，他们受命于天并自称为"天子"。人间的统治者就借助天的力量在人世间成为至高无上的主宰。也可以这样说，古代的统治者其实是借助宗教之天的力量来实现统治。比如，汉代董仲舒提出的"天人感应"就是这种天命论的具体彰显，中国古代帝王的祭天活动

---

①　《史记·日者列传》。
②　周桂钿：《二十二堂国学课》，中国友谊出版公司2010年版，第102页。
③　《荀子·天论》。

也是如此。天具有赏罚的功能，如果人间的统治者没有道德，天就不再给予辅助。"汤武革命，顺乎天，应乎人。"商朝纣王无道，周武王率军起义讨伐，即使纣王原来也被视为受命于天，但是"皇天无亲，唯德是辅"，当商王没有道德时，上天就不再授命于他了；而周文王有德反而成为新的受命者。因此，上天发挥赏善罚恶作用的观念对中国古代政治产生了巨大影响。

三是天的哲学意蕴。宗教之天使人们秉持一种神秘色彩的天命论，而科学之天则促进了科学的发展。周桂钿教授指出："对于天命论，天文学成果只是沉重的冲击，哲学家的批判才是致命的打击。"①东汉思想家王充系统批判了天命论与天人感应说。在王充看来，天道是自然无为的，所谓天生的其实就是自然的；在天人感应方面，天如此之大，而人如此渺小，渺小的人感动不了巨大的天，天不会和人产生精神感应。王充从哲学层面对天人关系展开研究，丰富了中国思想对天人之际的讨论。

二、中国思想的"天人合一"

《周易》乾卦中有"天行健，君子以自强不息"，把天和人进行类比，乾卦的《文言》指出："夫大人者，与天地合其德，与日月合其明，与四时合其序，与鬼神合其吉凶。先天而天弗违，后天而奉天时。"②乾卦《文言》重点阐述了"天人合德"的观念。所谓"大人"指的是居于高位且道德高尚的人，这样的人像天地一样承载万物，像日月一样照耀万物，其为政秩序像四季一样井然有序，彰显吉凶像鬼神一样神秘莫测。更重要的是，这样道德高尚的"大人"先于天而行动，但天不违背他；后于天而处事，但又能够遵行和符合天道的变化规律。因此，这里的"大人"达到了非常高的境界，能够与天地、日月、四时、鬼神相呼应，这充分展现了天人合德、天人合一的思想。

"天人合一"是天人关系的一个重要维度，所谓的"合一"主要是由人来彰显的。人作为自然界的成员，具有自然的属性，但人与动物不同——赋予意义是人所特有的能力，人建构意义并依靠意义来支撑自己的生存，人能意识到自己正在做什么以及为什么这样做，这种自我意识使人感觉到或认识到自己所做事情的意义。冯友兰在《中国哲学简史》中用"人生境界"描述人的各种行动所带

---

① 周桂钿：《二十二堂国学课》，中国友谊出版公司2010年版，第110页。
② 《周易·乾卦》。

来的各种意义。对同一件事情，不同的人对事情的认知和自我意识存在着较大的差别。为此，冯友兰从境界的角度做了分类："一本天然的'自然境界'，讲求实际利害的'功利境界'，'正其义，不谋其利'的'道德境界'，超越世俗、自同于大全的'天地境界'。"①这四种境界是理解人之意义的四个维度。"自然境界"指的是人按照自己的自然本能或者社会习俗来生活，如儿童或者原始社会中的人，对自己所做的事情缺乏自觉，没有意识到自己所做事情的意义。"功利境界"是指人们意识到自己所做的事情都是为了自己，也就是说，人做事情的动机是为了自己的利益和好处，是为了"利"，希望所做的每一件事情都能对自己有用。"道德境界"是指人们所做的事情是为了整个社会的好处，不是为了自己的利益，而是为了"义"，这意味着其所作所为是符合道德的，有道德的意义。"天地境界"是指人们认识到社会整体之上还有一个大整体，即宇宙。这样的人既是社会的一员，是社会组织的公民，同时也是宇宙的一员，是"天民"。人意识到自己的行为对宇宙有好处，当人意识到这样的意义并自觉地行动，就达到了超越人世的"天地境界"。冯友兰进一步指出，我们还可以对这四种境界予以归类，"自然境界""功利境界"属于人的自然状态，这种状态是来自天然的；而"道德境界""天地境界"属于人应有的生命状态，这种状态是人自己的心灵创造的。从排序上看，自然境界、功利境界、道德境界、天地境界呈现出从低到高的排列。对中国哲学而言，哲学的任务是使人达到"道德境界""天地境界"，成"贤"是衡量道德境界的标准，而成"圣"是衡量天地境界的标准。当然，中国文化中的成"圣"并不是意味着远离人世生活，而是在人世中做寻常的事。"中国人所说的圣人，既在世界里生活，又不属于世界；中国哲学既是现世的，又是彼岸世界的。"②也就是说，圣人并非远离人世，而是在生活世界中成圣，但在现世中有超越的维度。

值得注意的是，自先秦以来，中国人所生活的地域虽然有一定的边界，但中国人的精神世界是非常辽阔的。古人自认为生活于世界之中，从世界范围来思考政治问题。比如说秦朝统一了六国，以当时的观念来看，就相当于统一了全世界。这种普遍性的观念体现了中国哲学的独特性。在中国传统社会，中国哲学思想与中国政治的关系是非常紧密的，这两者在很大程度上具有一致性。"在中国

①　冯友兰著，赵复三译：《中国哲学简史》，生活·读书·新知三联书店2009年版，第373页。
②　冯友兰著，赵复三译：《中国哲学简史》，生活·读书·新知三联书店2009年版，第376页。

哲学里，无论哪派哲学，其哲学思想必然也就是它的政治思想。这不是说，中国各派哲学里没有形而上学、伦理学或逻辑，而是说，它们都以不同形式与政治思想联系在一起，正如柏拉图的《理想国》既代表了柏拉图的全部哲学，又同时就是他的政治思想。"①这种思想与政治的高度结合，使中国哲学呈现出政治哲学的显著特征，天人关系在政治的想象与实践中发展出了具有普遍视野的天下观。

　　"天人合一"由人来彰显，其实也体现了人顺应自然的一面。在传统的农耕生产中，"天人合一"的观念与人顺应自然紧密相关，比如说为了适应四时季节（天时）、地形水利（地利）而生存和发展。在李泽厚看来，在氏族社会时期，由于尚未建立起真正的阶级统治，人们对神权和王权的屈从还不严重，在原始氏族的体制下，氏族的政治经济结构与血亲宗法制度在部落内部维系着一种自然的和谐关系，人与自然、个体与群体的关系成为"天人合一"的现实基础。事实上，天与人的关系处于一种比较模糊的状态，天既不是人必须顶礼膜拜的上帝，也不是人讨伐的客体。"'天人合一'，便既包含着人对自然规律的能动地适应、遵循，也意味着人对主宰、命定的被动地顺从崇拜。"②李泽厚进一步指出，汉儒主张天人合一的主要目的是建立一种宇宙模式，人具有外在的行动自由。不过，宋儒所主张的"天人合一"是为了建立一种人性理想，人具有内在的伦理自由。这意味着，在汉儒那里是宇宙论或自然本体论，在宋儒那里则是伦理学或道德形而上学。李泽厚强调，现代中国社会如果还要保持"天人合一"，就应该经由"西体中用"来加以改造，而不再是基于小农生产由顺天而形成的"天人合一"。也就是说，新"天人合一"应该去除"天"所蕴含的主宰、命定的意蕴，进而以马克思所主张的"自然的人化"作为新"天人合一"的基础。

　　如果说"天人合一"蕴含着人顺应自然的意义，那么从中国传统思想来看，天人关系还具有一种审美的意义。从审美的角度来看，李泽厚指出，中国传统思想中的人生最高境界的审美存在着一种静观平宁的样态，缺乏一种足够的冲突与张力。因此，与物质实践的"天人合一"相对应，作为人生境界和生命理想之审美的"天人合一"需要从静观到行动，需要激发冲破宁静、发奋追求的内在动力。这意味着，审美维度上的"天人合一"要有现实的物质基础，进一步吸收中

---

① 冯友兰著，赵复三译：《中国哲学简史》，生活·读书·新知三联书店2009年版，第10—11页。
② 李泽厚：《中国古代思想史论》，生活·读书·新知三联书店2008年版，第336页。

国传统"参天地，赞化育"的理念，实现人和自然的和谐共处。

"天人合一"体现于中国传统社会的方方面面，也深刻影响中国传统的政治与法律制度。天下作为中国传统政治哲学的核心概念，是从天人派生出来的。在中国思想"家—国—天下"的体系中，"天下为公"实际上被转换成"天下为家"，在近代民族国家话语建构中，"天下为公"又落到"天下为国"。也就是说，天下秩序其实源于天人关系。在法律制度层面上，"天人合一"的理念体现于中华法系的相关制度之中。当然，在现代中国的语境下讨论中华法系有不同的维度，在规范的维度之外，其实还有价值的维度。价值是规范与事实的基础，比如亚当·斯密在写《国富论》之前，就写了《道德情操论》，主要讨论经济制度背后的道德问题或者价值问题。"天人合一"深刻影响着中华法系内在的价值秩序。在中国古代司法活动的文字记述中，有很多超自然的或灵异的因素，比如"窦娥之冤，六月飞雪""东海孝妇，三年大旱"等，这些故事经过无数世代的口口相传，尤其经过中国古典文学、艺术形式的演绎而家喻户晓。这些故事或传奇其实隐含着一个相似的结构，那就是人类的司法活动与自然之天的运行规律存在着紧密的联系，中国传统司法实践中有"人命关天"的说法，而"人命关天"其实预设着"天人合一"的理念。

"天人合一"在中国古代法律中有非常丰富的内涵，并形成了严格的制度安排。比如说，实行秋审制度、秋冬行刑等，其背后的司法理念就是诉讼程序必须依时令进行，不能随时随意实施刑罚。事实上，在西周时期，在司法上就形成了"赏以春夏，刑以秋冬"的基本原则，这与农耕社会的生产方式紧密相关。从农业生产来说，秋冬时节属于农闲时间，实行秋审既可以减少司法活动对农业生产的影响，同时也可以运用更充裕时间来确保司法活动的公正性。再比如说天人感应，董仲舒将儒学与阴阳家思想结合起来，认为自然变化与社会兴衰治乱息息相关，天意通过自然变化呈现出来，进而对社会治理产生影响。"天人合一"意味着天道与人道均处于一个整体，天道通过天象显示出对人世行为的评价，进而人间统治者可以通过观察天象变化来体察天道意志，并按天象变化调整自己的所作所为。在中国历史实践中，在出现彗星、日食、地震、瘟疫、灾害性天气等情况时，历朝统治者往往大赦天下。

在道教兴起、佛教东传之后，天对人的思想和行为产生了更隐秘的影响。比如，宋代出现了《太上感应篇》，这在当时是非常流行的一本劝人积德行善的文献，随着此类劝善书籍的不断出现与广泛传播，上至政府官员，中至文人士大夫，下至贩夫走卒，都广泛接受天庭、人间、地狱"三位一体"的天人关系想象。此外，佛教的"因果报应"——"报"的观念广泛传播，好人做好事有好报、坏人做坏事有恶报，承认"因果报应"成为民间社会的隐性共识，间接推动了民间社会的治理，这种"报"的观念背后其实是以天人关系为支撑的。更重要的是，在天人关系中，天子成为一种制度安排，君权被赋予天授的属性。"法自君出"是中国传统社会立法的一项基本原则，但君权是天授的，君王代表上天来统治人间，北京大学法学院苏力教授认为天子或者皇帝是一种制度，实际上这样的制度安排是以中国思想的天人合一为基础的。

对传统中华法系所蕴含的"天人合一"理念，可以从中西文化比较视角加以把握。如果说传统中华法系具有"天人合一"的特征，与之相比，西方现代法律奠基于"神人二分"的基础之上，在中世纪之后逐渐实现从"上帝面前人人平等"到"法律面前人人平等"的转化，上帝的归上帝、凯撒的归凯撒，最终形成了"王在法下"的现代法律传统，当然这一历史过程是极其复杂的。在中国"天人合一"思想的影响下，中华法系形成了一套伦理的礼法体系，以传统伦理来约束皇帝的权力。如果王朝统治违反了天理，天子要下"罪己诏"。如果作为天子的皇帝在实行统治时伤天害理，那么老百姓就有权来讨伐"独夫民贼"，这是传统革命正当性的思想基础。需要注意的是，"天人合一"蕴含着整体主义的思维方式，具有中国思想整体主义思维的鲜明特征。中华法系在立法上整体地把天、地、人都置于法律调整的范围之内，这意味着，法律不仅调整人与人之间的关系，还调整人与天地、人与万物的关系。在新的历史条件下重思中华法系，有必要回到"天人合一"的理念重思中国法律的价值根基，实现"道法自然"与"道法自由"的结合。"道法自然"是天的维度，"道法自由"是人的维度，我们应在"双维"的互动中进行创造性转化。

三、天人感应论

中国传统思想对天人关系展开了各种讨论，"天人感应"是其中的重要内容。秦汉以来，董仲舒提出的"天人感应"论是论述天人关系的重要一脉，并成为统治者论述政治正当性的重要基础。事实上，在先秦的典籍中已有"天人感应"的萌芽。《大戴礼记》中有"凡人民疾、六畜疫、五谷灾者，生于天；天道不顺，生于明堂不饰。故有天灾，则饰明堂也"①的表述。这段表述把人世的疾病、瘟疫、灾害等归因于天道，为天人关系赋予了一层神秘的面纱和色彩。汉代董仲舒对"天人关系"进行了系统化的论证。周桂钿教授指出："董仲舒的这个思想体系，用最简单的两句话来概括，就是'屈民而伸君，屈君而伸天'。"②可以说，董仲舒把天的重要性彰显出来了。

阴阳、五行、八卦是中国传统思想体系的重要观念，这些思想观念都体现了天与人的对应关系。以阴阳为例，《周易》中有"一阴一阳之谓道"，阴阳体现于人的身体之上，《黄帝内经》从医学的角度对阴阳作了区分："夫言人之阴阳，则外为阳，内为阴；言人身之阴阳，则背为阳，腹为阴；……肝、心、脾、肺、肾，五脏皆为阴；胆、胃、大肠、小肠、膀胱、三焦，六腑皆为阳。……此皆阴阳、表里、内外、雌雄相输应也，故以应天之阴阳也。"③把人的身体与阴阳一一对应，甚至将人事与阴阳对应，这是中国传统哲学的重要特色。在中国传统典籍中，《尚书·洪范》提出了五行之说，并将人的貌、言、视、听、思与五行的金、木、水、火、土进行对应。《周易》的八卦乾、坤、震、巽、坎、离、艮、兑分别对应父、母、长男、长女、中男、中女、少男、少女。更重要的是，皇帝自称为天子，这充分彰显了天人一类的思想。因此，天人关系贯穿于中国传统思想之中，董仲舒在归纳天人关系时指出："天亦有喜怒之气，哀乐之心，与人相副。以类合之，天人一也。"④天和人是同一类的，这种看法是对"天人合一"的形象表述。

董仲舒指出，《春秋》的原则就是遵照天道和效法古人："故圣者法天，贤者法圣，此其大数也。得大数而治，失大数而乱，此治乱之分也。"⑤圣人效法天，而贤人效法圣人，这是治国应该遵循的一般规律，如果按照这个规律，那么就会实现天下大治，反之就会天下大乱。因此，董仲舒把"奉天法古"作为其政治哲学的基本原则。他对"王者必改制"的看法进行讨论，认为新王改制并不是改治国之理，也不是改治国之道，一个人成为新王，并不是继承以前的王位而成为新王，而是受命于天。这意味着，新王新受天命，是天道的具体彰显。如果说对待父亲就要顺承父亲的意志，服务君王要以君王的意志为做事情的准则，那

①　《大戴礼记·盛德》。
②　董仲舒著，周桂钿注释：《春秋繁露》，中华书局2011年版，第3页。
③　《黄帝内经》。
④　董仲舒著，周桂钿注释：《春秋繁露》，中华书局2011年版，第153页。
⑤　董仲舒著，周桂钿注释：《春秋繁露》，中华书局2011年版，第7页。

么对待天道也应该如此。因此，他得出一个结论："故王者有改制之名，无易道之实。"①也就是说，新王在名义上可以改制，但是实际上没有改制的本质。

在天人感应中，礼发挥了重要作用，而志是礼的重要内容。"《春秋》之论事，莫重于志。"②董仲舒以"重志"之说讨论礼的问题。"礼之所重者，在其志。""志为质，物为文，文着于质，质不居文，文安施质；质文两备，然后其礼成。"③这说明，志是礼最重视的方面，志是本质，而事物只是形式，形式依附于本质。如果本质不能囊括形式，那么形式又怎么能依附在本质上，只有形式和本质两者都具备了，才能形成礼制。《春秋》排序遵循着一个重要原则，这个原则就是先本质而后文饰，重视志向而轻事物。因此，孔子创立新王之道，其创制的原则是贵志而轻物，注重诚实而反对虚伪。

董仲舒以"天人感应"对中国传统法律中的"德主刑辅"思想进行阐述，指出圣人之所以能感天动地，顺应四时变化，并没有其他的原因，而是他知晓大义，能够进行道德教化，"化大行故法不犯，法不犯故刑不用，刑不用则尧舜之功德。此大治之道也，先圣传授而复也"④。究竟怎样才能称之为"仁"呢？《春秋繁露》谈到一个典故。有一个国王推崇春秋时期的越王、范蠡和文种，称这三人为贤人，但董仲舒指出，大夫范蠡等人以欺诈的方式讨伐吴国，这样的行为其实并不符合儒家"仁"所主张的仁义之道，由此来看，范蠡等人不能被称为"仁"。董仲舒对"仁"给出了自己的标准："仁人者，正其道不谋其利，修其理不急其功。"⑤能够称为仁圣的，就是夏禹、商汤、周文王这样的人。因此，《春秋》大义所秉承的就是"贵信而贱诈，诈人而胜之，虽有功，君子弗为也"⑥。重视信用而轻视欺诈，这是《春秋》蕴含的道理，如果依靠欺诈别人而获得胜利，即使有功绩，君子也不能去做。

在儒家思想传统中，对人性的讨论形成了鲜明的两派：一派是孟子主张的"性善论"，主张人性本善；另一派是荀子主张的"性恶论"，主张人性本恶。董仲舒指出："古之造文者，三画而连其中，谓之王。三画者，天地与人也，而连其

---

① 董仲舒著，周桂钿注释：《春秋繁露》，中华书局2011年版，第10页。
② 董仲舒著，周桂钿注释：《春秋繁露》，中华书局2011年版，第16页。
③ 董仲舒著，周桂钿注释：《春秋繁露》，中华书局2011年版，第18页。
④ 董仲舒著，周桂钿注释：《春秋繁露》，中华书局2011年版，第123页。
⑤ 董仲舒著，周桂钿注释：《春秋繁露》，中华书局2011年版，第128页。
⑥ 董仲舒著，周桂钿注释：《春秋繁露》，中华书局2011年版，第128页。

中者,通其道也。取天地与人之中以为贯,而参通之,非王者孰能当是? 是故王者惟天之施,施其时而成之,法其命而循之诸人,法其数而以起事,治其道而以出法,治其志而归之于仁。"①董仲舒从天地人的关系对"王"进行了形象的概括,横的三画代表天地人,中间的一竖代表贯通天地人,天人关系是贯通的,而贯通天人关系的是王,因此作为统治者的王必须效法天道、善察天意。

天人感应论强调人与天的一致性,无论是从类的角度还是从数的角度来看,人与天是相当的,同类相应。由于天人之间有阴阳的感应,这种感应在政治上体现为:帝王将兴,必有祥瑞;帝王败亡,必有灾异。"天子受命于天,诸侯受命于天子,子受命于父,臣妾受命于君,妻受命于夫,诸所受命者,其尊皆天也,虽谓受命于天亦可。"②如果天子不再奉行天命,则被废弃。天人感应论把天人关系具体运用于政治实践之中,成为中国古代政治思想的重要内容。

四、天人相分与天人交相胜

如果说"天人合一"是中国传统思想中关于天人关系的主流,那么在这一主流的看法之外,其实还存在着"天人相分"的看法。以儒家思想为例,孟子将人伦道德的根据追溯至天,认为天道是人道的依据,事实上,这样的看法在中国传统哲学中是普遍的,后世的宋明理学也大体以此作为基本的分析框架。然而,与孟子不同,荀子提出了"天人相分"的重要思想:"天地合而万物生,阴阳接而变化起,性伪合而天下治。天能生物,不能辨物也,地能载人,不能治人也;宇宙万物、生人之属,待圣人然后分也。"③这段话的大意是指天和人在结构上或者功能上具有独特性,只有将天和人分开,才能使人真正认清上天的本来面目。"天人相分"肯定了天的客观性,"天不为人之恶寒也辍冬;地不为人之恶辽远也辍广"④。天不会因为人的意志变化而受到影响,它按照自己的规律运行,强调了天运行的自然性、规律性、客观性。

需要注意的是,"天人相分"对天命论有深刻的批判。天命论将人事与天意紧密勾连起来,但"天人相分"把人与天区分,否定了这两者之间的联系。"治乱,天邪? 曰:日月、星辰、瑞历,是禹桀之所同也,禹以治,桀以乱,治乱非天

① 董仲舒著,周桂钿注释:《春秋繁露》,中华书局2011年版,第18页。
② 董仲舒著,周桂钿注释:《春秋繁露》,中华书局2011年版,第195页。
③ 《荀子·礼论》。
④ 《荀子·天论》。

也。"①在同处一片天的情况下，禹和桀分别得出治、乱的结果，这说明人间社会的治理与天无关。既然与天无关，那就跟人间统治者的治理能力和水平相关了。由此可以得知，"天人相分"把人世政治的治理与运作归结于人本身，具有重要的政治意义。

更重要的是，"天人相分"的观点还隐含着"人定胜天"的思想，而"人定胜天"是荀子的重要主张之一。在天与人相分的关系中，人具有与天不一样的能力，这充分彰显了人在自然中的地位和作用。"水火有气而无生，草木有生而无知，禽兽有知而无义，人有气、有生、有知，亦且有义，故最为天下贵也。"②按照荀子的看法，人"最为天下贵"，人在自然界中是最独特、最珍贵的，这种"人贵畜贱"的看法彰显了人在万事万物中的独特性，把人的主体性予以充分彰显。当然，"人定胜天"也是要遵循一定原则的，要遵循自然的规律。《周易·泰卦》的《象传》有这样的解释："天地交，泰。后以裁成天地之道，辅相天地之宜，以左右民。"③裁成天地之道，其实就是按照自然的规律达到人与自然的和谐。事实上，"人定胜天"的思想对传统的天命论、宿命论进行了有力的批判，充分彰显了人在"天、地、人"三才中的地位和作用。不过，"人定胜天"并不意味着人与自然进行对抗，而是在遵从自然规律的前提下，不以消极的态度对待自然，进而肯定了人在认识和利用自然规律、改造自然时的主观能动性，彰显了人的价值和尊严。

与荀子相似，唐代刘禹锡在《天论》中对天人关系展开详细讨论，提出了"天人交相胜"的观点。刘禹锡指出，人们对待天通常存在两种看法：一种看法是"阴骘之说"。该说认为上天有自己的意志，上天对人具有重要影响，"天与人实影响：祸必以罪降，福必以善来，穷厄而呼必可闻，隐痛而祈必可答，如有物的然以宰者"④。这种看法把天当作人的主宰，人世的祸福吉凶都受天的影响。另一种看法是"自然说"。"自然说"认为上天没有自己的意志，强调"天与人实相异，霆震于畜木，未尝在罪；春滋乎堇荼，未尝择善"⑤，主张上天像大自然一样。刘禹锡从天人相分出发，认为人和天是有差异的，在某些方面人胜过天，而

---

① 《荀子·天论》。
② 《荀子·王制》。
③ 《周易·泰·象传》。
④ 刘禹锡《天论》。
⑤ 刘禹锡《天论》。

在另一些方面则是天胜过人，天与人"交相胜"。

首先，天与人具有不同的功能。"天，有形之大者也；人，动物之尤者也。天之能，人固不能也；人之能，天亦有所不能也。"①天是所有有形的事物中最大的，而人是所有动物中最厉害的。有些事情天能干，但是人却干不了；有些事情人能干，但是天却干不了。天与人各有各的优点。在刘禹锡看来，天道与人道各自的作用不同："天之道在生植，其用在强弱；人之道在法制，其用在是非"，"天之所能者，生万物也；人之所能者，治万物也。"天道在于生养万物，使万物强壮或者羸弱；而人道在于制定人世的规则以明辨是非，这两者的作用是不一样的。一方面，对天道而言，植物在春夏向阳而长，但到了秋冬就会枯萎，天道具有按照节律运行的自然法则，这是"天之能也"，人对此是无法改变的，在这个意义上，天胜于人；另一方面，对人道而言，人类按照四季的更替，开展春耕、夏耘、秋收、冬藏，这是"人之能也"，从这个角度来看，人胜于天。因此，刘禹锡得出一个结论："天与人交相胜耳。"此外，刘禹锡对天理与人理进行了区分，并举例说明。比如，在野外游玩时，身体强壮的人能走在前面，但到了城市里面，道德高尚的人才能受到更好的礼遇："是非存焉，虽在野，人理胜也；是非亡焉，虽在邦，天理胜也。"因此，天理作为自然规律，它与作为人世发展的人理不同。

其次，针对"阴骘之说"所宣扬的"福善淫祸"，刘禹锡认为灾害的发生其实是自然的现象，但是人类可以通过自己的努力变害为利："天之所能者，生万物也；人之所能者，治万物也。"自然灾害的发生，是自然界的现象，这与人无关。但在治理灾害上人具有能动性，人可以通过对自然规律的认识，变害为利。比如，洪水可以淹没土地，大火可以烧掉房子，但是人类可以用水来灌溉农田，用火来照明。这种变害为利的思想对"阴骘之说"所隐含的天命论是一种深刻的批判。

再次，刘禹锡还论述了天和人的统一性，主张天和人其实是可以协调的。"大凡入乎数者，由小而推大必合，由人而推天亦合。以理揆之，万物一贯也。"②刘禹锡从生物的结构来分析，指出万物都有一定的结构，比如人有颜、目、耳、鼻、齿、毛、颐、口等结构，但人体结构的根本在于肾、肠、心、腹。虽然存在着不同的结构，但不同的结构之间有内在联系。总而言之，"天人交相胜"

---

① 刘禹锡《天论》。
② 刘禹锡《天论》。

是讨论天人关系中的重要思想流派,是对中国古代天人关系的创新和发展,为后世理解天人关系提供了重要思想资源。

五、天人之思的现代意义

天人关系作为中国思想的基本问题,对天人之思、天人之际或天人合一的思考,构成中国传统思想的重要内容。然而,在近代以来学习西方现代性的过程中,对天人之思的追问逐渐淡出了现代中国思想的视野。当中西关系成为影响近现代中国的重要分析框架时,中国传统思想的"天人关系"也消隐在"欧风美雨"之中。冯友兰对近代以来中西文化的遭遇有一个影响深远的说法:"在中国近代史中,所谓中西之分,实际上是古今之异。以中学为主,对西学进行格义,实际上是以古释今;以西学为主,对中学进行格义,实际上是以今释古。"[1]冯友兰先生把中西之分转化为古今之异,如果按照近代以来流行的社会进化论,西方比东方率先走向现代化,在通往现代化的道路上,作为东方的中国只不过慢一些而已。这种"古今之异"打通了传统中国向现代中国转型的可能,为近代以来中国的诸多重大问题提供了哲学的思考框架。在关于中西关系的诸多讨论中,无论是西体中用还是中体西用,无论是全盘西化还是回到传统,都可以在"中西古今"的"十字架"中找到相应的位置。在我看来,把"中西关系"置于"古今关系"之中,从"古今之争"来理解现代性,潜藏着这样一个逻辑:中国只不过是西方亦步亦趋的学习者、追随者、跟跑者,其结果是消解了中国思想的普遍性。

探寻中国的现代性之路,如张曙光教授指出,当代中国人的问题意识应该是着眼中华优秀传统文化的创造性转化,从"天人关系"出发讨论新历史条件下中国文化的世界意义。"中国学术界的问题意识也经历了'否定之否定':从'中西'之争转向'古今'之变,今天似乎又回到'中西'关系上来,……然而,更多的则是事关'全球化'与'地方性'、人类'统一的文明'与'多样的文化'这类新现象新问题,……传统的'中西''古今'的问题意识及思维框架,已不足以涵盖这一新的现象和趋势了。"[2]在张曙光教授看来,中国传统思想文化在近代以来受到西方强烈冲击之后,传统的天人关系本身也在发生变化:一方面,传统语境中作为神圣主宰的天在现代性发展过程中逐步被"祛魅"了,天更多地呈现为自然

---

[1] 冯友兰:《中国哲学史新编(第6册)》,人民出版社1989年版,第155—156页。

[2] 张曙光:《自我、他者与世界:重启天人之思》,《社会科学战线》2022年第9期。

的属性；另一方面，在现代民族国家建构的过程中，原来为王朝帝国及其统治论证的天人关系也已式微，从天下到民族国家的转换是中国历史的真实实践。在近代以来西方哲学强势话语的冲击下，中国传统的天人关系作为哲学的基本问题需要重新进行创造性阐发和论证。在新的历史条件下，天人关系问题"不仅仍是中国思想的基本问题，而且可以成为人类共享的问题意识与思想框架"①。张曙光教授给出的理由是：一是天人关系关乎人类生存与发展，它具有普遍性，始终是人类需要直面的永恒问题；二是天人关系内在地蕴含着"人"与"自然"的关系，即使是人本身也具有自然的属性，天人关系可以深入理解"自然"与"人为"这一矛盾；三是天人关系属于人与世界的关系，它是全人类所面临的重大普遍性问题，天人关系的普遍性可以为思考人类面临的重大问题提供思想资源。我基本认同张曙光教授的看法，但我认为我们要从冯友兰的"中西古今"框架中走出来，把"中西关系"置于"天人关系"之中重新展开，从"天人关系"的普遍性视野探寻中国的现代性之路。

事实上，"天人合一"作为中国传统思想的精髓，对人与自然的关系进行了深刻阐释。随着现代人物质生活水平的提升，为满足日益增长的需求，人对自然的征服和利用日益频繁，人与自然的矛盾也日益加深。西方哲学秉持主客二分的思维方式，强调人对自然的征服。相反，中国文化秉持"天人合一"的理念，在利用自然的过程中保持人与自然的和谐共生。比如，宋明理学把"人与万物合而为一"作为一种理想境界，主张以天地的"大我"来约束自私的"小我"。再比如，道家反对把人与自然分开，主张天、地、人的合一。因此，"天人合一"既具有自然的意义，同时也具有道德伦理上的意义，被视为一种崇高的道德境界。司马迁强调"究天人之际"，对于中国知识分子而言，研究天人关系是知识分子的重要使命。可以这么说，对"天人合一"的探寻既是中国知识分子的人生理想，也是中国知识分子研究学问的重要内容，更是中国知识分子安身立命的精神依托。从历史来看，中国古代先贤通过格物致知，进而修身齐家治国平天下，倡导天下为公，在与上天"合德"的过程中实现精神的寄托与皈依。在这个意义上，"天人合一"作为一种人生境界，它可以超越个人生命的有限性，从更宽广的宇宙意识来审视人的现实生活。当然，这种超越的境界较难达到，但正是由于有这种超越

---

① 张曙光：《自我、他者与世界：重启天人之思》，《社会科学战线》2022年第9期。

境界的"范导",它成为中国知识分子安身立命的目标追求。重启天人之思,或许是现代中国思想重新登场的路径。

六、从天到天下

天作为中国传统思想的重要概念,它是天下理念的终极来源。按照王柯的看法:"从逻辑上说,只有'天'的思想形成之后,'天下思想'才有可能形成。"[1]按照古代的"盖天说",中国人以"天圆地方"来想象宇宙,有所谓"天似穹庐"的看法,认为天如同圆形的帐篷顶一样盖在近乎方形的大地之上。"从高度上看,世界处于'天'的下方;从广度上看,世界整体被'天'所笼罩。古代中国人的这种对于'天'与世界的直观的认识,不仅导致了'天下'万物都反映着并且要服从于'天'的意志的主观结论,同时也会导致世界上只有一个'天下'的主观结论。这些主观结论,构成了'天下思想'的最基本原理。"[2]也就是说,"天"的思想产生"天下"的思想,然后又衍生出"天子"的思想,即"天—天下—天子"在逻辑上存在着紧密的联系,这构成先秦时期天下观形成的内在逻辑。

中国古代的天下观蕴含着内外之别,"五服制"是王朝实行天下统治的重要制度安排。事实上,这套制度安排的关键是"内服"与"外服"之分,这也构成了中国早期国家政治结构的最重要特征。内服,又称为王畿,指的是天子与朝廷直接管辖的领土;而外服是天子与朝廷间接统治的地域,主要是指周边独立或半独立的诸侯国。在王柯看来,甸服、侯服、宾服、要服、荒服构成的"五服制",兼顾了与"天子"的血缘关系、政治关系、地理关系和文化异同等因素,划分了天下的基本结构。"内服"与"外服"的诞生,说明只以血缘为标准已无法规定"天下"的政治秩序。因为随着王朝的扩大,其政治结构中非血缘的部分变得越来越多。对中国历史而言,血缘意识在王朝政治中的逐渐淡化具有重要意义,它促进了王朝直辖地域与诸侯国地域的文化统一,由此在王朝统治领域内推动了统一民族的形成。

需要注意的是,天下观不把天下所辖范围仅限定于中国,而是超越了中国,因为天下是"无外"的。按王柯的看法,运用天下解释"中国"时,也规范了周边民族在天下体系中的地位。从地理上看,"天下"可以分为"九州"与"九州之

---

① 王柯:《从"天下"到民族国家:历史中国的认知与实践》,上海人民出版社2020年版,第6页。
② 王柯:《从"天下"到民族国家:历史中国的认知与实践》,上海人民出版社2020年版,第10页。

外、四海之内"这两个组成部分。这两个部分在方位上分为"中国"与"四夷"。如果从民族集团的层次来划分,又可以划分为"华夏"与"蛮、夷、戎、狄"。也就是说,被称为"蛮、夷、戎、狄"的异民族其实被列入了"天下"体系之中,这构成中国多民族统一国家思想的重要起源,也为中国多民族统一国家形成提供了重要思想土壤。天下观与天人之思紧密相关,人类社会所有的形式与内容都反映着"天"的意志,每个人类共同体集团的兴衰存亡也最终决定于"天"的意志。这种思想促使中国始终保持了多民族统一国家的传统:中国历代王朝和政权都将周边民族视为"天下"不可或缺的部分,几乎中国所有封建王朝都采取羁縻政策,欢迎中原地区周边的少数民族与"中国"进行政治、经济、文化交流,欢迎并承认他们的"中国化"。因此,"华夷之辨"构成天下观的重要内容,它成为中国人自我认同的衡量标准。"判断一个人究竟是'中国'人还是蛮、夷、戎、狄,不是以生活环境的变更,而是以是否接受了或保持着'礼'这一文化上的标准。这一点至少在春秋战国的时代是一种很普遍的现象。"①实际上,中国人与蛮、夷、戎、狄之间是可以相互转换的。王柯指出,由秦汉王朝所建立的中华帝国的天下秩序,具有三重构造。第一重是汉人地域,这是中心层。第二重是中原周边属于异族集团自治的地域,被称为内属国。第三重是位于中国之外的地域,被称为外臣国。"所谓的'中华',从它诞生之日起就不是以民族集团为标准,而是重视接受和具有何种文化。当一个人接受了中华文化之后,从民族的角度上来说也就自然变成了华夏。"②文化构成了区分是否为中华的评判标准。对中国人而言,如果接受了"四夷"的文化,就被视为蛮夷;相反,原来的"四夷",如果接受了中国之礼,就被看成中国人。这意味着,礼成为区分中国与四夷的标准。无论是蛮、夷、戎、狄通过人口迁徙移居中原,还是自觉接受华夏文化,都在于他们认同华夏文化是一种更优越的文化。中原地区范围的扩大意味着"中国"文化边界或文化共同体的扩展。王柯进一步指出,"华夏"集团的膨胀并不是"华夏"集团通过强制的方式来同化其他民族集团,恰恰相反,是被同化民族集团主动向中原王朝的"归化"。

　　"天命"在天下观中具有重要作用。一方面,中国传统王朝统治的正当性要以是否拥有天命加以确证,如果受命于天,则统治具有合法性而属于"正统";

① 王柯:《从"天下"到民族国家:历史中国的认知与实践》,上海人民出版社2020年版,第49页。
② 王柯:《从"天下"到民族国家:历史中国的认知与实践》,上海人民出版社2020年版,第117页。

另一方面，传统王朝更迭也用天命予以论证。王朝统治权力实现合法更迭的主要原因是天命的改变。因为天改变了原来的天意，抛弃了原来选定的统治者，把天下交给一个新选定的统治者。需要注意的是，"天"易其命是有条件的，只有当统治者失"德"时，革命才有正当性，这是中国古代"革命"思想的核心要义，无论是"成汤革命"还是"殷周革命"都是如此。这意味着，只有"明德"才可以统一"天下"，而这也是周边民族集团在"中国"建立中华王朝的理论根据。这说明，不以统治者的民族集团出身，而以是否有"德"作为判断政权合法性的标准，是许多汉人能够认同异民族统治者的理由，也是形成多民族统一国家的思想基础。蕴含多民族统一国家思想的天下观是对中国自古以来不断形成一个多民族国家这一历史事实的真实反映。事实上，从先秦以来，中国就不断形成一个多民族国家，华夏是"天下"的主体民族，而华夏也是由中原的周边少数民族不断汉化而发展壮大的。因此，"不是以多民族共存为前提的'天下思想'带来了'中国'的多民族性质和'华夏'的多民族来源，而是'中国'的多民族性质和'华夏'的多民族来源带来了以多民族共存为前提的'天下思想'。"[1]这意味着，中国的形成过程是一部蛮、夷、戎、狄的文化与华夏文化不断融合的过程。在这一过程中，华夏集团不断吸收和消化蛮、夷、戎、狄，使他们不断融入华夏，使中华民族不断发展壮大。

中国历史上的民族交流交往交融，从文化类型来看，主要是农耕文化与草原文化的互动。文化的形成与经济是紧密相关的，虽然中原农耕文化与草原文化不同，但也相互作用。在民族融合过程中，周边少数民族在经济形式上由游牧经济转变为定居农业经济，在社会构造上由部族社会转变为地域社会，在统治关系上由部族之众转变为国家之民。当然，"胡人"集团在中原地区建立政权并统治中原地区，结果是让"胡人"社会自身也发生了质的变化，推动了政治制度上的中华王朝化、文化制度上的儒学化、经济形式上的定居农业化和社会组织上的地缘化。"不是以出身民族集团，而是以是否遵行了天道、是否实践了德治、是否带来了社会的安定和民众的幸福为判断统治者是否具有正当性、合法性的标准，这正是先秦时代的统治者们打造'天下思想'的初衷。"[2]事实上，在五胡十六国时期，"胡人"集团能够在"中国"建立起政权这一事实，不仅证明了中

---

① 王柯：《从"天下"到民族国家：历史中国的认知与实践》，上海人民出版社2020年版，第66页。

② 王柯：《从"天下"到民族国家：历史中国的认知与实践》，上海人民出版社2020年版，第126页。

华文化具有吸引周边民族集团"归化"的魅力，同时还证明了"中国人"可以接受能够体现"天"之"德"并维护中华秩序的政权，而不论其统治者是哪个民族集团出身，这对于中国多民族统一国家的形成和发展来说，具有非常重要的意义。

第四章

天下的复兴及其逻辑

天人关系作为中国思想的基本问题，它在政治想象与实践上形成了天下的观念。可以这么说，天下是天人关系中的"天"这一维度的派生和延伸，由此形成了中国传统社会独特的天下观。天下观是中国古人认识世界、看待世界的世界观和方法论，也是中国历代王朝处理民族关系、对外关系的重要指导理念，对中国传统社会的政治、经济、文化等不同层面产生了深远影响。不过，近代以来，在西方坚船利炮的冲击之下，传统的"天朝上国"被强行"敲开"了大门，古老的中华大地直面以工业文明为支撑的西方现代性。伴随西方民族国家话语的传播，中国传统天下观走向式微，逐渐发生从天下到民族国家的转型。中国与世界的关系随之发生深刻的变革。如果按照梁启超先生关于"中国之中国""亚洲之中国""世界之中国"的看法，走向"世界之中国"是无法逃避的时代洪流。改革开放之后，随着中国社会经济的快速发展，现代中国已深度融入世界经济体系之中，成为驱动世界经济发展的重要引擎。当现代中国成为推动世界发展的重要力量之际，"中国究竟应该以何种世界观看待世界"成为学术思想界关注的重大课题，赵汀阳、许纪霖、葛兆光、盛洪等学者参与天下观的讨论和反思，无论是支持天下观还是质疑天下观，都推进了对天下观的讨论，在当代中国思想学术界掀起了一股可以称之为"新天下主义"的热潮。

一、关于天下的现代研究

天下观是中国传统的世界秩序观，它在观念层面形成的"华夷之辨"和在制度层面形成的"朝贡体系"影响深远，其发展经历了不同阶段。简要来说，我们可以将其分成四个不同历史阶段。一是先秦时期天下观的诞生。中国古人很早就有"天圆地方"的想象，先秦时期"天下"与"九州""四海"等概念陆续出现。先秦思想家们反复讨论天下的概念，如《庄子》中有"天下篇"。老子提出："以身观身，以家观家，以乡观乡，以邦观邦，以天下观天下。"《礼记》提出："大道之行也，天下为公。"《诗经》中有："溥天之下，莫非王土；率土之滨，莫非王臣。"天下观在观念层面逐步形成"华夷之辨"。二是秦汉以来天下观的发展。随着秦汉大一统王朝的出现，特别是汉代海陆丝绸之路的开拓，天下观成为中国人看待世界的成熟理论框架，并在制度层面形成"怀柔远人"的"朝贡体系"。秦汉以后的思想家们进一步发展天下观，如王阳明提出"视天下如一家，中国犹一人"，顾炎武对"亡国与亡天下"予以区分。三是近代天下观的危机。近代中国面临"三千年未有之大变局"，以中国为中心的"朝贡体系"在历经两千余年后面临崩溃，天下观在西方"民族/国家"话语强势冲击下走向衰落，但部分学者仍从天下观的角度重建中国的世界想象，如康有为的《大同书》重释儒家公羊学"三世说"以重建"新天下大同"，孙中山重申"天下为公"。四是当代天下观的复兴。改革开放之后，中国在融入经济全球化过程中成为世界经济的重要引擎，重新讨论中国文化的世界意义成为一个紧迫课题。不少学者试图重新激活天下观的世界制度意义，对天下观的研究在学术领域呈复兴之势。

从国内研究来看，国内学界对天下观的研究可以分为正面肯定与反面质疑两种态度。正面肯定天下观的研究主要有：一是从政治哲学重释天下观的世界制度意义。赵汀阳（2005、2016）的《天下体系：世界制度哲学导论》《天下的当代性》在政治哲学领域把天下作为超越西方"民族/国家"范式的优先分析框架，在全球化时代重申天下的制度普世性。许纪霖（2015、2017）的《新天下主义》《家国天下：现代中国的个人、国家与世界认同》主张对传统天下主义进行"去中心"和"去等级化"，在人类普遍文明基础上构建新的普遍性。二是从儒家"王道政治"研究"天下秩序"。蒋庆（2003）提出了"政治儒学"，主张重释天下秩序的"王道政治"；干春松（2012）的《重回王道：儒家与世界秩序》认为儒家天下秩序比民族国家制度优越，应从"以民族国家为中心"回归到儒家所强调的民心民意。三是研究天下观的传统治理经验。吴稼祥（2013）的《公天下：多中心治理与双主体法权》研究超大规模国家的多中心治理经验；姚中秋（2012）的《华夏治理秩序史：天下》分析天下观形成过程中的观念、行动及其内在机理；郭沂（2013）认为儒家天下观所形成的天下一体化政治格局是避免文明冲突的关键。四是研究天下观的文化理念。盛洪（1999）主张在中国经济崛起过程中应以天下主义超越社会达尔文主义，为万世开太平；牟钟鉴（2007）认为世界的和平与发展需要儒学"天下一家""和而不同"的思想；许章润（2018）认为"家国天下"既是一种国家哲学，也是一种文明观。五是研究"天下观"与"新世界主义"的转换。李扬帆（2012）认为中国近世并未真正实现从天下到民族国家的实质性转化，中国近世仍是一个涌动的天下；刘擎（2016）主张传统天下观应正视其衰落的命运与教训，经由创造性转化发展为"新世界主义"；任剑涛（2018）认为民族主义存在着一条走向世界主义的通道，"新天下主义"与"新世界主义"可以融通。

质疑天下观的研究主要有：一是指出天下观的乌托邦化。葛兆光（2015）认为天下体系只是一种想象，在历史上从未真正实现过，中国历史上的"天下—帝国"秩序都是用"血与火"武力维护的结果。二是指出"天下观"的派生性。张曙光（2017）认为天下从"天人"中派生出来，天下概念能给出的现代思想空间有限，应重回"天人"关系。

从国外研究来看，天下是国外学界研究中国思想的核心概念，欧美汉学界与东亚学界均有不少研究。在欧美学界，对天下观的研究主要有：一是研究天下观的文化意义。如列文森（Joseph R. Levenson, 1965）认为古代中国的"国"是一个权力体，但天下是一个价值体；费正清（John King Fairbank, 1968）认为"天下体系"是传统中国在对外关系中构建的世界秩序。二是质疑天下观的当代转化。柯岚安（William A. Callahan, 2011）质疑天下的实践可行性，认为中国推广天下秩序只不过是以中国新霸权取代西方旧霸权。巴博纳斯（Salvatore Babones, 2017）出版了《美式天下》，认为只有美国才具备建立"天下体系"的充足能力，主张"美式天下"将胜过"中式天下"。在东亚学界，安部健夫（1972）出版《中国人的天下观念》，认为天下观是为重建战国时代纷乱的政治秩序而生，但只适用于"中国"这一特定统治疆域。渡边信一郎（2008）出版《中国古代的王权与天下秩序》，提出了"天下型国家"的政体概念。这些研究为我们重新理解天下提供了丰富的域外思想思源。

二、"重思中国"与重新发现天下

近代以来，在西方资本主义向全球扩张的历史进程中，西方现代性及其话语成为一种普遍性的力量。在西方现代性的强势话语体系中，中国问题长期处于被遮蔽的状态。站在德国古典哲学顶峰的黑格尔在讨论中国问题时，认为"中国处于世界历史之外"，黑格尔所谓的"世界历史"预设了欧洲中心论或者日耳曼中心论的西方立场。需要注意的是，对中国传统天下观来说，中国就是天下的中心，中国的就是世界的，中国问题就是世界问题。然而，在天下观式微之后，在西方现代性话语体系中，中国问题已经不是西方所主导的世界秩序所讨论的世界问题，或者说中国问题并没有受到世界的关注。不过，随着中国社会经济的发展，中国已经深深融入现代世界经济体系之中。这意味着中国问题具有重新成为世界问题的可能性。赵汀阳指出："很久以来，中国问题已经不成为世界问题，而今天的中国问题开始重新成为世界问题，这就是现在思想的一个最重要的背景。也是一个全新的思想背景，如果不在这个背景下去思考，就不可能有新的宏大思想。"[1]需要注意的是，这个全新的思想背景以中国发展的现实场景为基础，当中国经济发展改变了世界经济版图，中国在世界经济中发挥更重要作用之后，"腰杆子"硬起来了，在世界中的政治地位、社会地位也随之改变，这是近代以来从未有过的情况。在这个意义上，当现代中国在全球化竞争中重新成为世界经济的重要部分，现代中国学者就应该思考现代中国思想与文化的世界意义。中国思想界在直面这一新的时代背景时必须承载起新的使命。如果现代中国学者无法为世界知识体系作出建构性贡献，即中国无法产生对世界具有普遍性意义的新知识体系，无法成为知识生产大国，无法为世界贡献知识、思想或学术，即使中国经济规模巨大，也仍是追随西方现代性话语的"小国"，无法在全球话语权争夺中取得与经济发展相应的地位。

诚然，当现代中国重新成为世界历史的重要组成部分，在思想上重思中国的世界秩序就成为一个哲学课题。需要注意的是，近代以来，中国并不缺乏关于世界的观念，在近代"欧风美雨"的冲击之下，学习西方成为近代中国历史的内在逻辑，从"洋务运动"学习西方的器物到"戊戌变法"学习西方的制度，再到"五四新文化运动"学习西方的思想文化，中国对西方的学习是全方位的甚至是亦步亦趋的。为了应对西方的坚船利炮，在"落后就要挨打"观念的影响下，寻求力量以走向富强，成为近代中国无数志士仁人的普遍诉求。现代中国思想场域充斥着各式各样的西方现代性概念，这些概念都来源于西方。也就是说，我们并不缺乏关于现代性的各种观念。但问题是，西方的现代性观念是西方人对自己生活的自我表达，这种表达是一种"他者"而非"我者"的表达，我们缺乏的是我们作为中国人关于自己生活的自我表达。现代中国人都生活在西方的概念体系之中，用西方的概念体系来表达自己。按照赵汀阳的看法："'重思中国'的历史意义就在于试图恢复中国自己的思想能力，让中国自己开始思想，重新建立

---

[1] 赵汀阳：《天下体系：世界制度哲学导论》，江苏教育出版社2005年版，第1页。

自己的思想框架和基本观念，重新创造自己的世界观、价值观和方法论，重新思考自身与世界，也就是去思考中国的前途、未来的理念以及在世界中的作用和责任。"①因此，重思中国的主要目的就是重思中国人的世界观和价值观，重新思考全球化时代我们如何做一个现代文明的中国人。这是一个关于中国人意义世界和价值世界的追思，也是现代中国全新的思想使命。我们可以透过赵汀阳对天下体系的思考，把握中国思想界重思天下的内在逻辑。

（一）天下作为理解世界的框架

在全球化时代，中国已经成为影响世界的重要大国，就应该有关于世界的话语和言说。按照赵汀阳的说法，这意味着中国必须成为一个说话的、有话语权的大国，必须成为做事的、肩负世界责任而为世界负责的大国。换句话说，中国必须成为一个大国，这不是愿不愿的问题，不是可否选择的问题，而是由中国的实力、地位以及所处形势所迫。在这个意义上，中国就不得不在思想和话语上有所创造，就不能不说话，不能没有作为，也不能随波逐流，而应该以主动的姿态而非被动的、消极的姿态参与新世界秩序的生成与建构。赵汀阳指出，重思中国就是要在现代世界知识体系中推动中国知识成为其中的重要组成部分，如果说现代世界知识体系是西方主导的话，重思中国就是在当下西方主导的话语体系中让中国重新思考。当中国的就是世界的，就迫使我们思考如何把关于中国的思想拓展为关于世界的思想。因此，重思中国与重思世界是一致的，因为重思中国的主要目的就是重思世界。

对世界进行思考，涉及我们依凭何种资源、以何种观念来看待世界的问题，赵汀阳对中国传统的天下观进行了创造性阐发："以'天下'作为关于政治/经济利益的优先分析单位，从天下去理解世界，也就是要以'天下'作为思考单位去分析问题，超越西方的民族/国家思维方式，就是要以世界责任为己任，创造世界新理念和世界制度。"②当前，现代政治主流的分析框架源于西方的民族国家话语范式，民族国家话语体系以国家作为基本分析框架，并不是关于"世界"的政治理论。相反，中国传统的天下观就是超越国家的，是以"世界"为单位进行思考的框架。

事实上，如果从思维方法的层面来看，天下观与中国传统的思维方式存在

---

① 赵汀阳：《天下体系：世界制度哲学导论》，江苏教育出版社2005年版，第7页。

② 赵汀阳：《天下体系：世界制度哲学导论》，江苏教育出版社2005年版，第3页。

着紧密的联系,中国传统的思维方式是系统性、整体性的思维方式,天下观体现了中国古人以整体看待世界的方式。更重要的是,天下观具有包容他者的特点,能够不断把外在之物化入中国之内。因此,"化"是中国思想的重要特点,金观涛、刘青峰对此有一个形象的描述,指出中国思想这种"化"的特点就像珍珠的生长一样,可以把外物化为自身的一部分。假设中国思想无法消化其他事物,或者说缺乏"化"的能力,它可能就无法在历史长河中绵延如此之久。这说明,绵延数千年的中国历史及思想不但善于与时俱进地"变",因时因地不断更新,而且善于"化",把那些异质的事物不断化为自身之物。当中国思想面对西方思想时,我们没有必要排斥西方思想,而应该以中国为根据去学习西方、理解西方。可以这么说,只有理解西方,消化和吸收西方思想的养分和精华,才能超越西方。当然,反过来说也成立,只有超越西方,才能真正理解西方,而超越西方就需要依靠中国思想这种"化"的能力。"中国的基本精神在于'化',并且关键是要以己化他而达到化他为己,这当然意味着要接受多样化,但这个'多'却是由'一'所容纳的。"①如果从"多"与"一"的关系来看,天下观就蕴含着中国思想"以一化多"的特点,而"化"的结果就是不断把异质的东西化为自身之物。这样一来,"化"的主体在消化客体的过程中就会不断地变大。可以这么说,"化"的过程就形成了"大"的结果。如果从天下观所蕴含的"化"的能力来看,赵汀阳认为,把"化"的特质落在看待世界这一问题上,就表现为"天下无外",而表现在思想上就会形成"思想无外"。天下所蕴含的"无外"其实就意味着没有东西是外在于我自身的,因为天下囊括了一切。在理论上,"无外"就意味着,世界上所有的一切事物都可以"化"进来,也就是任何"外在的"都可以变为"内在的"。因此,天下观在思想上不认为有什么东西是绝对外在的,一切都是内在的。从中国历史上的"华夷之辨"来看,"华夷之辨"预设了"内外分际",但"内"与"外"是可以相互转化的,这是中国思想特有的看法和框架。如果与西方哲学进行对比,西方哲学秉持二元论的观点,这种二元论不断区分自我与他者,不断创造他者、反对他者,通过消灭外在事物来确证自身。如果说中国思想以"化"为特征,那么西方思想侧重以"分"为特征。需要注意的是,天下观所蕴含的"化"的特点是中国各种思想流派所共有的特点。

---

① 赵汀阳:《天下体系:世界制度哲学导论》,江苏教育出版社2005年版,第13页。

在民族国家话语体系居于主导地位的时代，赵汀阳认为世界在整体上呈现出无序的状态，这是现代世界最大的政治难题。这意味着，在这样的世界中，世界整体的无序或失序会影响到局部，假设一个国家内部秩序良好，但其良好的内部秩序可能因外部整体失序而陷入混乱。"丛林假定"是西方近现代政治哲学的出发点，如果从现实政治的实践来看，"人和人就像狼和狼一样"的"丛林法则"可能是一个事实。但无论是西方哲学还是中国哲学，思想家们都试图修改这一危险的"丛林法则"，只不过在修正方法和路径上存在着中西之别。比如，对西方哲学来说，他们不修改私欲至上的"丛林法则"逻辑，而只是修改这一逻辑的表现方式。也就是说，西方运用"市场"的方式，将无规则的"野蛮"争夺修改为有规则的"文明"竞争。然而，西方思想又承认，只要有条件超越这些所谓"文明"的规则，在力量对比上较强的一方也可以恢复毫无规则的"丛林法则"争夺。但是，与西方哲学不同，中国哲学试图修改的是"丛林法则"的内在逻辑，其方法是创造一种全新的人际逻辑替代自发自生的丛林逻辑。赵汀阳进一步指出，中西政治哲学的基本问题不同，对中国哲学而言，中国政治重点关注民心问题，把民心向背作为政治的基本问题。"民心问题与民族问题的根本差异在于，民心是制度合法性的真正理由和根据，而民主只是企图反映民心的一个技术手段（还可以有其他的手段）。"[①]在这个意义上，民心与民主的差别是中西政治哲学的重要方面，而天下是以民心为基础的。

（二）天下体系与世界制度

与中国传统天下观不同，现代民族国家以国家作为基本思考单位，即"以国家衡量世界"；然而，天下观以世界为分析单位，即"以世界衡量世界"。在赵汀阳看来，"以世界衡量世界"是老子"以天下观天下"的现代翻版。中国传统王朝帝国形成了以朝贡体系为支撑的帝国体系，而天下是中国传统帝国的合法性基础。天下观预设了世界是整体的，它潜藏着一个从大到小的结构。这意味着，完整的"世界"观念是给定的，在这一前提下，中国人再对国家和地方的关系进行分析。可以这么说，这样的看法是世界观先行的世界理论。与此相对，帝国主义存在着一个由小到大的逻辑结构，即它先对自己的民族与国家进行肯定，先承认自身的绝对性，随后把"其他地方"视为与自己国家的价值观相对立的、分

---

① 赵汀阳：《天下体系：世界制度哲学导论》，江苏教育出版社2005年版，第28页。

裂的和未征服的，这样的理论就还是一个没有世界观的世界理论。

天下观在制度层面形成了一套完备的制度，比如天子是天下体系中的制度安排，北京大学法学院苏力教授曾研究"作为制度的皇帝"。赵汀阳强调，在中国传统的帝国理论中，作为政治单位或文化单位的"天下"是先验的，是一个关于世界秩序的思想范畴，它具有先验合法性，但任何宗教或者政权都没有先验合法性。天下体系的结构在制度安排上设置了"天子"，"天子"这个位置是先验的，它具有合法性。作为一个普遍性概念的"天子"体现在一个又一个具体的皇帝身上，但代表"天子"的皇帝是没有先验合法性的。也就是说，天子受命于天，他不是民选的。然而，这种天命只是说明了天子的位置是先验的，并不意味着某个具体的皇帝是先验的、给定的。需要注意的是，天子的先验合法性其实预设了天子的相关义务，如果作为皇帝的天子没有尽到这些义务，那么他就会失去统治的正当性，这是中国王朝政治爆发革命的正当性理论基础，"汤武革命"成为中国革命的典范。从中国历史实践来看，中国历史上针对暴君或昏君的革命之所以成功，是因为其革命合法性获得了天意和民心的支持，相反那些没有合法性的夺权就不能称之为"正统"。因此，如果一个朝代在立国时能够顺乎天而得天命、应乎人而得民心，就获得了统治的合法性。

在天下的制度安排中，家、国、天下是一体的。如果从"天下无外"的角度来看，"天下为公"是天下所蕴含的内在逻辑，因为天下是所有人的天下。但在中国历史实践中，"天下为公"最后落到"天下为家"，在近代民族国家话语体系中又落到"天下为国"，家、国、天下这三者存在着一定的错位。中国传统思想的价值的重心放在"家"上，在以小农经济为基础的传统社会，家是中国社会的主要载体。天下最终落到"家"上，形成了"家天下"的传统。对于中国传统思想而言，国就被解释为放大的家，即国是家的放大版，而家被认为是国的缩小版。这样一来，天下是最大的家，即所谓的"四海一家"。赵汀阳指出，在中国传统天下/帝国的框架中，存在着这样几个特点。其一，由于受"天下一家"的影响，中国人的观念中不存在类似西方的"异端意识"。从古代中国的实践来看，即使华夏民族与其他民族发生冲突，在很大程度上也被视为利益的冲突，这种冲突不是你死我活的二元对立，不是为了消灭他者、否定他者的冲突。其二，"天下为公"的意识抑制了军事化帝国发展的趋势。理由是天下/帝国的理想目标是成为文化帝国，而不是成为霸权的、征服性的军事帝国，而"礼"成为文化帝国的基础原则，也就是说"礼"对帝国形成了自我限制。其三，天下/帝国所设想的是一个世界制度，而不是一个国家制度，即把世界理解为一个完整的政治单位。因此，天下制度是共享的，但各地方在政治、经济、文化上是独立的。其四，在天下/帝国的框架中，土地的征服与占有所涉及的空间问题不是一个根本性问题，相反，制度可持久性的时间问题就凸显出来了，这说明古代中国统治者对时间性的重视程度超过空间性。其五，天下/帝国是世界性的政治单位，而不是一个国家，天下单位之下的国只是"地方性统治"，而不是民族/国家。

天下观是处理民族关系的重要框架，预设了中原王朝对周边少数民族地区承担教化的职责。其中，儒家的"礼"起到了非常重要的作用，所谓"礼尚往来，往而不来，非礼也；来而不往，亦非礼也"。需要注意的是，由"礼"所规范的社会关系表达了"仁"的基本原理。中国思想的"仁"的直接含义就是两个人，意指两个人共在，表达的是两人之间的关系。这种"二人模式"反映了中国古代熟人社会的基本结构，表达了最简单、最基础的人际关系逻辑。但对现代社会而言，在一个陌生人的社会里，存在的基本结构和框架是"三人模式"，在"我—你—他"的三人社会中，形成了不同于礼法社会的现代法治社会。在我看来，这意味着中国现代社会的基本结构发生了重大改变，传统社会以"我—你"为基础的"仁学"结构被置入了"他"这个第三人称结构，而"我—你—他"的"三人模式"是现代法治社会的基本结构。在这个意义上，从"仁学"到"法学"，这是现代中国思想变迁的内在逻辑。

与天下体系较为相似的是当今世界的联合国模式，在赵汀阳看来，联合国不是世界性制度，而是世界性组织，是关于各国利益的并不健全的谈判机构或谈判场所。从实践来看，联合国只是一个依附于民族/国家的服务性组织，它并没有超越民族/国家的思维。也就是说，联合国的概念并不是一个世界制度，而只是一个试图解决世界性和国际问题的"国家间机构"。相对于西方民族国家话语体系，赵汀阳指出，"天下"这一概念是为了适应世界问题的广度而创造的一种世界尺度。世界性问题不能按照国家标准来分析和衡量，而只能在世界语境中以世界标准来衡量。从中国传统政治哲学来看，世界制度优先于国家制度是中国传统政治哲学的特色与原则。在西方哲学发展过程中，存在着所谓的政治哲学转向，但对中国哲学而言，中国哲学其实并不存在类似于西方的政治哲学转向，理由是中国哲学一开始就是以政治哲学作为出发点的，秉持政治哲学作为第一哲学的理念。对中国传统天下观而言，"'天下'概念对世界的理解便因此构成了这样一种世界观：在其中世界被理解成世界（大地）、心理世界（人民的共通心意）和政治世界（世界制度）的统一体。"①因此，重思天下观的目的就是在国家的政治理解方式之外，建立一种世界主义的政治理解方式。赵汀阳对"国际"与"世界"作了区分，他的天下理论试图为那些被误以为是"国际的"而其实是世界性的问题的解决提供参考，比如世界秩序、全球发展、全球治理、文明冲突、世界和平等问题。他旨在通过对世界性问题的思考，建立以世界理论为核心的政治理论。

三、重释天下的当代性

在全球化时代，天下作为一种曾经被否弃的中国理想图景，重释天下的现代性或当代性还有没有意义呢？按照赵汀阳的看法，天下并不是一个关于中国的、特殊性的概念，而是一个关于世界的、普遍性的概念，他给出的理由是天下所指向的问题超越了中国。这意味着天下所指向的客体是一个具有普遍性的、世界性的世界。在全球化背景下，帝国主义、民族国家体系所定义的国际政治概念正逐渐与全球化的事实失去对应性。"天下概念期望一个世界成为政治主体的世界体系，一个以整个世界为政治单位的共在秩序。从天下去理解世界，就是意味着以整个世界作为思考单位去分析问题，以便能够设想与全球化的现实相配的政治秩序。"②也就是说，如果全球化的趋势不发生逆转，那么超越现代性的全球政治将会来临，这是天下在现代社会得以重新出场的基本假定。

（一）以天下作为政治分析单位

需要注意的是，帝国主义体系曾经支配世界，它把世界看成征服的对象，而没有把世界看成一个政治主体。赵汀阳指出，"去思考世界"与"从世界去思考"是完全不同的，"去思考世界"在语法上是把世界视为宾语，但"从世界去思考"在语法上是把世界视为主语。从方法上看，天下作为一种方法论，其出发点就是把世界作为一个政治主体，以超越国家的视野理解世界政治、定义世界政治秩序和政治合法性。以世界理解政治，天下就成为限度最大的世界，就要秉持"天下无外"的原则，因为一切政治都在天下之内展开。这样一来，"天下体系就只有

---

① 赵汀阳：《天下体系：世界制度哲学导论》，江苏教育出版社2005年版，第125页。
② 赵汀阳：《天下的当代性：世界秩序的实践与想象》，中信出版社2016年版，第2页。

内部性而没有外部性,也就取消了外部和敌人的概念:无人被理解为不可接受的外人,没有一个国家、民族或文化被识别为不可化解的敌人,任何尚未加入天下体系的国家或地区都被邀请加入天下的共在秩序。"①按照赵汀阳这个说法,我们可以推断出,中国思想关于"内外"的讨论其实就被消解了,因为天下的一切都是内在的,天下的"无外"原则消解了外部性。

天下秉持"无外"原则,这种"无外"原则与西方基督教二元论截然不同。西方哲学自柏拉图以来秉持二元论传统,这种二元论在宗教方面体现为基督徒与异教徒的斗争,在政治上就体现为施米特所谓的"敌我之分"。在西方政治哲学语境中,霍布斯的"丛林假定"、亨廷顿的"文明冲突"等都体现了关于敌我的二元论。赵汀阳指出,对立斗争是人类的基本事实,对立斗争的政治不是真正的政治,它只是重复了现实问题但没有解决问题,"如果政治不是用于建构人类的共同生活,假如政治不是用于建构一个和平的世界,其意义何在?斗争的政治既不尊重人类,也不尊重世界,所以需要颠覆以斗争为核心的政治概念,代之以共在为核心的政治概念。"②中国天下观蕴含着"和而不同"的思想,为人类走出斗争政治提供了可能的思想方案。

古今中外的思想家们在分析政治时,提出了不同的思想假定。赵汀阳认为最典型的假定有两个,分别是霍布斯、荀子所假设的自然状态。霍布斯假定的自然状态包含这样几个方面:一是政治概念要把最坏的可能性考虑在内,二是主张安全是第一需求,三是任何他者都不可完全信任。霍布斯的这一假定排除了合作的可能性,因为在这一状态中,人与人就像狼与狼一样。荀子则假定群体优于个体,强调个人能力弱小到连牛马都不如,群体合作是每个人得以生存的前提基础。赵汀阳把荀子这种假定所蕴含的原则称为"共在先于存在"或者共在是存在的先决条件。霍布斯的假定预设了最坏可能的世界,而荀子的假定预设了最好可能的世界。

"共在"在现实政治中就体现为"共同体"的观念,在家国天下的体系中演化出不同的逻辑。赵汀阳指出,周朝天下体系创制的核心存在着一个双向原则:一方面是把家化成世界,另一方面是把世界化成国家。如果从天下出发,就形成了"天下—国—家"的政治秩序;如果从家出发,就形成了"家—国—天下"

① 赵汀阳:《天下的当代性:世界秩序的实践与想象》,中信出版社2016年版,第4页。
② 赵汀阳:《天下的当代性:世界秩序的实践与想象》,中信出版社2016年版,第6页。

的伦理秩序。如果把这一双向原则所形成的两种秩序合在一起，就会形成一个圆圈式的循环结构，即"天下—国—家—国—天下"的循环。这就导致了政治与伦理的相互论证与解释：在把家庭伦理外推至天下的同时，以天下大治来庇护家庭。"天下—国—家的政治秩序必须以家—国—天下的道德秩序作为最终依据，正是家—国—天下的道德秩序保证了天下—国—家的政治秩序之正当性。"[1]事实上，政治问题取决于政治分析单位，中国传统政治哲学的政治分析单位是"天下—国—家"，个人只是生命单位或经济结算单位，到了近代引入西方个人概念之后，个人才成为一个政治单位。在"天下—国—家"的框架中，天下是最大的政治单位。与此相反，在"个人—共同体—民族国家"的现代政治框架中，国家是最大的政治单位，不存在比国家更大的单位。中国的现代性之路需要实现这两个框架的融合，即传统"天下—国—家"与现代"个人—共同体—民族国家"的融合。当然，这两个框架其实是互补的：如果缺少"个人"的层次，人的自主性就无法保障；如果缺少"天下"的层次，世界制度就没有依凭。在我看来，这意味着两个框架需要分别完善：中国传统"天下—国—家"框架需要加入"个人"的维度，以彰显个人自由；西方现代"个人—共同体—民族国家"框架需要加入"天下"的维度，以克服民族国家的局限真正实现世界政治治理。

对西方现代政治而言，其基本精神是"分"，可以这么说，西方现代政治哲学为了保护一切边界而专注于寻找外部敌人，即使没有敌人也要定义敌人，即使没有敌人也要创造敌人。赵汀阳指出，全球化改变了世界的存在方式以及政治问题的性质，导致现代政治对政治新问题丧失了解释力。因为现代政治哲学仅仅是国家理论，并不是普遍有效的理论，为了解决现代世界政治问题，亟须为其寻找一个新的起点。赵汀阳借用老子主张的"以身观身，以家观家，以乡观乡，以邦观邦，以天下观天下"的方法论，把世界内部化，即不再存在无法克服的外部性，不再把他者识别为异己。"全球化必定提出世界内部化的问题，世界内部化意味着需要建构一个新天下体系，而新天下体系意味着确认世界作为政治主体而拥有世界主权。"[2]也就是说，把"天下"置入西方现代"个人—共同体—民族国家"框架之中，形成现代政治的新框架。

当政治发展到以世界为单位，世界内部化将会成为政治的最后问题，但这

---

① 赵汀阳：《天下的当代性：世界秩序的实践与想象》，中信出版社2016年版，第85页。
② 赵汀阳：《天下的当代性：世界秩序的实践与想象》，中信出版社2016年版，第27页。

并不意味着政治的终结，而是指世界内部化成为包含一切政治问题的框架。现代性创造了全球化，但是现代性并不能解决全球化的问题。因为现代社会的政治逻辑、技术逻辑、资本逻辑三者不完全协调，这种不协调体现为："现代技术和资本的发展需要通过全球合作而达到最大化，而现代政治却试图通过分裂世界而以帝国主义方式去支配世界。"①现代技术与现代资本成为现代政治的掘墓人，但它们为全球政治提供了物质基础，进而成为世界内部化的基础。

（二）天下的特点及意义

赵汀阳进一步指出，人类的政治实践在起点上至少存在两个具有决定性意义的概念。一个概念是希腊城邦政治所提出的"国家政治"，而另一个概念是中国天下政治所提出的"世界政治"。在政治发展过程中，不同的起点演化出不同的政治问题和政治道路，以城邦和天下为起点的中西政治发生了分叉，但近代以来，这两种政治相遇并发生了冲突和纠缠。在全球化背景下，这两种具有互补性的政治应当有可能合成新的未来。

以天下为起点的政治实践实现制度化是从周朝开始的，以小邦居中原之主位的周朝政权面临历史上从未出现过的新问题，即如何"以小治大"，周朝创造了一种依靠制度吸引而不是武力威胁的方式。赵汀阳分析指出，周朝发明的天下体系定位了作为整体存在的政治世界，它是一个世界政治体系，"周朝的天下体系是中国政治历史上的第一次革命，也是严格意义上的政治开端。"②如果说希腊城邦政治提出了正义、公共领域、民主等问题，那么周朝提出了天下、民心与德治等重要问题。"天下体系第一次把自然性的大地变成政治性的天下，从而奠定了世界政治的基本意义。"③分封制度、礼乐制度、德治原则等内容是周公创制天下体系的重要组成部分：分封制是对世界一体分治的监督制度；礼乐制度是具有精神性的存在秩序；德治是处理利益分配问题的公正概念。因此，天下作为一种思想落到政治层面，形成了一整套制度安排。

天下作为具有普遍性的世界概念，具有地理学、社会心理学、政治学等多重意蕴。赵汀阳指出，在地理学意义上，天下在地域上囊括了所有的土地，它意味着世界的整体；在社会心理学意义上，天下指的是天底下所有人共同的认同

---

① 赵汀阳：《天下的当代性：世界秩序的实践与想象》，中信出版社2016年版，第30页。
② 赵汀阳：《天下的当代性：世界秩序的实践与想象》，中信出版社2016年版，第56页。
③ 赵汀阳：《天下的当代性：世界秩序的实践与想象》，中信出版社2016年版，第57页。

与选择，它意味着"民心"；在政治学意义上，天下指的是世界政治制度，它意味着一整套制度安排。事实上，天下秩序来源于天的秩序，天下要与天上协调一致，需要"配天"的形而上学想象。老子指出："人法地，地法天，天法道，道法自然。""配天"就意味着天下体系就是一个化天道为人道的思想大业和政治大业。这充分说明，天下与天人是紧密勾连在一起的，天人关系是天下体系的形而上学基础。

天命是中国传统统治正当性的根基，失去天命就会被革命，但真正的革命是制度革命。天命意味着有德者居之，无德者将面临革命。从周朝历史来看，周朝的革命不仅是政治革命，同时也是神学革命。按照赵汀阳的看法，在政治出现之前，自然状态依靠的是武力，但武力是有局限性的，武力无法支配所有的空间与时间，武力起作用的范围是有边界的，因为有不少空间与时间处于武力支配范围的边界之外，于是古人在经验中发现了武力的局限性，"意识到团结的精神生活具有决定性的政治意义。精神生活是集体可分享的经验，控制了精神生活就控制了众人的心灵，而心灵的一致认同是政治权力的基础"[1]。而最具有号召力的精神生活便是宗教，古代部落首领独家垄断了宗教的话语权、解释权和决定权，把宗教官方化，禁止民间宗教发展。然而，发生在古代的"绝地天通"是一个重大的革命性事件，首领意识到话语权或精神政治的重大意义，意识到谁垄断预言，谁就垄断了未来。周朝的革命产生了重大影响，促成了这样几个方面的变化：一是以德行重新定义享有天命的资格，即天命可以变更，有德者居之。二是德行决定天命的降临，那么占卜就不再代表上天的权威。这意味着，未来不是占卜能预言的，而是由人的行动决定的。三是对未来的重新理解，建立以历史性为核心的存在意识，历史的重要性取代了预言的重要性，历史意识胜过启示意识。因此，历史就成为命运的决定性力量，需要以过去的德行来担保未来。"周朝奠定了历史意识在中国思想中的核心地位（所谓'六经皆史'），使中国文化成为一种历史文化而没有成为启示文化。"[2]四是如果天命归为德行，那么德行需要证据来证明，而证据就是民心。"天命以德行为依据，德行以民心为证明，周朝思想为政治合法性建立了一个完整的解释框架。"[3]因此，周朝建立的天下体

---

① 赵汀阳：《天下的当代性：世界秩序的实践与想象》，中信出版社2016年版，第93页。
② 赵汀阳：《天下的当代性：世界秩序的实践与想象》，中信出版社2016年版，第98页。
③ 赵汀阳：《天下的当代性：世界秩序的实践与想象》，中信出版社2016年版，第99页。

系归根结底要回到民心来展开论证，把天下政治还原为一种民心的政治。需要注意的是，天下以民心为衡量政治合法性的标准，以民心把握天下是中国历代王朝统治者的惯用手法。民心包含三个方面：一是人民最关心的生存条件和物质利益，以利惠民是最得民心的方法；二是民心向背体现为人民的追随，即"以脚投票"；三是民心所向是政党正当性的证明，也是革命正当性的证明。

但问题是，如果说天下是非常理想的、完美的理念，为什么如此理想的秩序会走向式微？赵汀阳给出的解释是，周朝不是亡于腐败，而是亡于好秩序的高尚漏洞。"人类虽然有能力创造秩序，却没有能力设计完全无矛盾的秩序；有能力创造历史，却没有能力控制未来。"①赵汀阳进一步指出，对周朝而言，其天下体系逐步退化为霸主的国际政治：在周朝，中国政治发端于世界政治；到了春秋战国，退化为国际政治；到了清朝至清末，最后演化为国家政治。显然，我们可以看到中国历史发展呈现出"世界政治—国际政治—国家政治"的演化逻辑。这意味着，先秦时期处于天下时代，然而周朝的天下体系亡于秦朝，由于秦始皇实行郡县制，原来的天下被收缩为中国。可以这么说，原来的"天下为公"落到"天下为国"上来了。这样一来，传统的"天下故事"就被收缩为"中国故事"。"以中原为核心的'天下逐鹿'博弈游戏，其动力结构是一个有着强大向心力的漩涡模式，众多相关者抵抗不住漩涡的诱惑而前赴后继地'主动'加入游戏成为竞争者，也有许多相关者被动地卷入到游戏中，博弈漩涡逐步扩大，终于达到了稳定而形成了一个广阔的中国。"②赵汀阳以漩涡来形容中原文化的吸引力，通过吸引外来相关者，由此形成了中国。费正清在《中国的世界秩序：传统中国的对外关系》中指出："中国的世界秩序，是一整套思想和做法。千百年来中国统治者们不断将这套东西加以发展，使之永久保存下来。"③这说明，中国的形成其实是一个动态的过程，通过不断吸收异质物而形成相对稳定的结构。

（三）天下秩序的未来性

在论述天下体系的未来图景时，赵汀阳指出，我们所生活的地球只是一个物理意义上的世界，只是一个具有自然属性的世界，还不是一个以世界利益去定义的世界，也还不是一个所有人所共享的世界，即尚未做到"以世界为世界"。

① 赵汀阳：《天下的当代性：世界秩序的实践与想象》，中信出版社2016年版，第119页。
② 赵汀阳：《天下的当代性：世界秩序的实践与想象》，中信出版社2016年版，第147页。
③ 费正清：《中国的世界秩序：传统中国的对外关系》，中国社会科学出版社2010年版，第1页。

这意味着，世界还是一个"非世界"，世界历史尚未开始。"真正的世界史必以世界秩序为开端去叙述人类共同生活。世界秩序不是某个霸权国家或列强联盟统治世界的秩序，而是以世界共同利益为准的世界主权秩序；不是一国为世界建立的游戏规则，而是世界为所有国家建立的游戏规则。……世界至今尚未变成天下，真正的世界历史尚未开始。"[①]显然，如果从近代以来流行的民族国家话语体系来看，以世界为立场的世界尚未开始。在赵汀阳看来，以个人、民族、国家、宗教等作为政治单位所定义的政治逻辑难以发展出普遍共享的世界秩序，也难以解决世界规模问题，原因就在于这些概念所代表的政治单位从一开始就不是为世界着想的，也不是为世界所准备的。对未来社会而言，"如果天下体系将来成为可能，它的基础更可能是全球金融系统、全球技术系统和互联网这些真正有实权的机构或组织。或者说，把全球金融系统、全球技术系统和互联网变成世界共享共有共管的全球系统，才是实现天下体系的一个重要条件。"[②]赵汀阳对未来权力形态给出了一个理论预测：未来的权力可能取决于服务，将形成"服务就是权力"的理念。这意味着，谁能够为更多的人提供服务，谁就能够获得更大的权力，因为最大服务可以兑换为最大权力。但需要注意的是，权力的目的其实并不是服务，而是通过服务以获取专制的权力。因此，在未来社会，人类可能被迫归顺于全面的服务系统，并在服务系统的全面催眠中"自愿地"被体制化。

在全球化时代，权力的载体也在发生深刻的变革。与民族国家不同，"全球化的最大受益者并不是任何国家，而是以网络方式存在于全球的新权力单位。世界金融资本体系、新媒体体系（互联网和手机）以及其他高技术体系才是目前全球游戏的最大受益者，而且有希望成为世界上的最大权力。"[③]赵汀阳分析指出，媒体决定了什么是受欢迎的意见，金融资本决定了什么是可以获利的行动，而高科技决定了未来社会的一切可能性。在全球化时代，全球金融体系、新媒体体系、高科技体系这三者是初步成形的新专制权力，这些新的专制权力以完全不同于主权国家的治理方式统治世界。更重要的是，未来的新权力将明显超过政府和国家的控制能力，如果将其与现代主权国家的"边界权力"进行比较，这

---

① 赵汀阳：《天下的当代性：世界秩序的实践与想象》，中信出版社2016年版，第209页。
② 赵汀阳：《天下的当代性：世界秩序的实践与想象》，中信出版社2016年版，第227—228页。
③ 赵汀阳：《天下的当代性：世界秩序的实践与想象》，中信出版社2016年版，第261页。

种新的专制权力可以称之为"系统化权力"。

当然，新天下体系不是古代天下体系的翻版。它是为了解决当今世界面临的问题而建立的新体系，是一个谋求人类普遍安全以及利益共享的制度，而不是统治世界的一种新体系。更重要的是，它是世界"无外"的监护体系，目的是监护世界共在以避免人类命运失败。在这个意义上，赵汀阳对新天下体系进行设想，认为"新天下体系有可能是一个由世界共有的机构来监护—监管各种全球系统的网络体系，可以想象新天下体系不可能属于某个国家，而只能是所有国家（或权力）共有共享的世界权力"[①]。也就是说，这个新天下体系不再是某个国家所主导，而是一个具有共同体性质的共有系统。这意味着，新天下体系既是平等的，也是共享的，具有"共同体"的特点。

四、新天下主义的内在逻辑

在当代中国学术界，除了赵汀阳从政治哲学视角重思天下体系，许纪霖也旗帜鲜明地主张新天下主义。在许纪霖看来，现代西方社群主义思想家查尔斯·泰勒在《现代性中的社会想象》中指出，从传统社会到近代社会的历史转型发生了一场"大脱嵌"的轴心革命，如果以"大脱嵌"来描述中国近代社会转型，那么中国的"大脱嵌"是一场挣脱家国天下的革命，"所谓家国天下，乃是以自我为核心的社会连续体。……每一个自我都镶嵌在从家国到天下的等级性有机关系之中，从自我出发，逐一向外扩展，从而在自我、家族、国家和天下的连续体中获得同一性"[②]。在家国天下的连续体中，天下处于这一体系的重要位置，中国传统天下观有两个紧密相关的内涵：其一，天下意味着普遍的宇宙价值秩序，这一秩序与天道、天命、天理等同，是自然和宇宙最高价值的代表，它与西方所谓的上帝相似，被视为人类社会的至善所在；其二，在中国传统社会，天下代表着礼治的大同世界，可以视为人类社会按照天道运行的普遍秩序。然而，近代以来，家国天下的秩序受到冲击而面临挑战，从观念史的角度来缝合家、国、天下的断裂，这是全球化时代中国面临的重要课题。对许纪霖的新天下主义论述进行逻辑重建，是我们把握新天下主义的重要切入点。

① 赵汀阳：《天下的当代性：世界秩序的实践与想象》，中信出版社2016年版，第278页。
② 许纪霖：《家国天下：现代中国的个人、国家与世界认同》，上海人民出版社2016年版，第2页。

（一）家、国、天下的断裂

许纪霖在《家国天下：现代中国的个人、国家与世界认同》中对近代以来家、国、天下关系的变迁展开研究。在他看来，在家国天下的连续体中，国家是家和天下的中介，因为它处于家和天下的中间，而不处在核心位置。然而，随着民族国家的崛起，家、国、天下发生了断裂。与古代王朝不同，民族国家作为一个新的政治单位，其政治正当性来源于人的自身意志和历史主体，而不再来源于具有超越性的天命、天道、天理。从制度层面来看，民族国家的制度建构以法治作为基础，把国家法律从传统的礼治秩序及宗法关系中抽离出来，法律具有了相对的品格。民族国家的兴起是世界历史发展进程中的重大事件，也是中国近现代史发展中的重大事件，"传统中国所遭遇的外敌，都是在文明层次上比中国低得多的游牧民族，每一次亡国的同时，又是'天下'的胜利，以中原文明征服外来的蛮夷。但晚清所碰到的西方，却是一个比中国文明还要优越的文明，文明碰撞的结果是，中国虽未曾亡国，却已经亡了'天下'，礼之秩序摇摇欲坠。"[1]在"家—国—天下"的结构中，国家的崛起重塑了个人与家、国、天下的关系，进而也颠覆了家、国、天下秩序本身。

许纪霖进一步指出，这种家、国、天下的断裂是一种双重断裂。一方面，是家与国的断裂。在西方民族国家话语体系的影响下，近代中国知识分子认为中国传统社会缺乏近现代意义的民族国家意识，他们主张"去家化"以建立欧洲式的国家。在"家—国—天下"的逻辑中通过批判家庭，在传统家庭宗法关系中把"国"抽离出来，使国家获得独立性。另一方面，是国与天下的断裂。传统的天下主义是一套以德行、德治为核心的体系，但到了近代，这套以德行为核心的文明体系转向西方的自由民主文明体系，国家富强成为近代民族国家的追求目标。因此，富强与文明之间存在着巨大的冲突和张力。

在家、国、天下连续体破裂之后，个人得到解放。中国传统社会的家族主义受到批判，因此，近代以来的家族主义被视为阻碍个人自主和个性解放的障碍，同时也被视为政治专制主义的载体和温床。事实上，在小农经济占主导的中国传统社会，家是中国人的归属，也是中国文化的重要载体。当年轻人纷纷离家出走，从家庭、乡村走向都市，这对中国传统农业伦理产生了巨大冲击。以家为单

---

① 许纪霖：《家国天下：现代中国的个人、国家与世界认同》，上海人民出版社2016年版，第225页。

位的中国社会是熟人社会,但都市是一个高度流动的陌生人社会,年轻一代离家从农村走向都市,意味着这些新的城市人脱离了各种传统的共同体,开始成为原子化的个体。事实上,家、国、天下连续体的断裂带来了巨大的负面影响。一方面,国家在失去社会和天下的制约之后,其地位和作用就更加凸显,国家权威变得至高无上;但另一方面,在家、国、天下连续体破裂之后,原来生活于共同体之中的人离开家庭之后,成为没有依托的、孤独的原子式个体。"'大脱嵌'之后,家国天下的秩序与现代人的自我,都面临着一个'再嵌化':自我要置于新的国家天下秩序中来重新理解,而家国天下也在自我的形塑过程中得以重新建构。"[①]新天下主义对家、国、天下的关系进行了重塑。

(二)天下与现代国家认同

天下观与中国的大一统传统存在着紧密的联系。如果从帝国的形态来看,秦汉以来传统中国产生了两种不同的帝国形态。一种帝国形态以汉族为主,汉唐和明朝是其中的代表;而另一种帝国形态是异族统治,以元朝和清朝为代表。在以汉族为主的帝国中,华夏与天下在很大程度上是同义语:华夏就是天下,天下就是华夏,即天下与华夏是融为一体的。在这个意义上,以汉族为主体的中原不但是天下的文化中心,也是天下的政治中心,而中原周边的夷狄、藩国则纷纷向中原臣服。在以清朝为代表的异族统治这一帝国形态中,清朝既是一个多民族的帝国,也是拥有多元文化的帝国,实行多元治理体制。清朝进一步拓展了中国的内涵和外延,将过去一直不曾征服过的边疆民族纳入中国的统治范围,极大地扩展了中国的疆域与版图。

在处理中原地区与周边少数民族的关系时,不少王朝通过修建长城实现中原地区与少数民族地区的区隔,因此,长城成为中国农耕民族和游牧民族的一条分界线。在中国历史上,中原王朝虽然在西汉和唐代屡次打败了少数民族,但是对长城之外的控制并没有太多的办法,中原王朝并没有稳定有效地统治过草原地区,也没有真正征服过游牧民族。在清代以前,农耕民族与草原民族难以实现和平共存。然而,到了清代,清朝统治者成功地将农耕民族与草原民族整合到同一帝国秩序之中,进而第一次使中央政权的权力有效地深入到北方的森林、草原,深入到西部的高原、盆地,形成了中国历史上前所未有的大一统天下。事

---

① 许纪霖:《家国天下:现代中国的个人、国家与世界认同》,上海人民出版社2016年版,第16页。

实上，当时所谓的"中国"已经不再是仅指中原的汉族地区，而是指一个多民族的大一统王朝。需要注意的是，与秦始皇建立的大一统王朝不同，清朝所建立的大一统王朝具有自身的独特性：秦朝的大一统是"车同轨、书同文、行同伦"，而清朝的大一统是在一个多民族的帝国内部所创造的大一统。

　　在中国传统天下观的实践中，中国形成了一整套行之有效的制度安排，形成了以礼为中心的朝贡体系。朝贡体系是古代中国在处理国际政治过程中形成的，其主要做法是周边国家和地区通过礼品进贡的方式表达对中原王朝的臣服和效忠。中原王朝在收到贡品之后，为了表达对藩属国的体恤和保护，也会给予藩属国大量的封赏。更重要的是，朝贡体系是一种特殊的贸易体系，这一体系以不对等的物质交易彰显等级秩序。朝贡体系体现为一种文化礼仪，它通过周期性的典礼将汉族文化和礼乐典章推广到周边国家和地区，从而逐步建立中原文明在天下的文化主权。许纪霖指出，中国传统王朝的民族认同或国家认同，存在着这样一个悖论：一方面，中国传统天下观以全人类的天下意识来包容异族，具有帝国的视野；另一方面，中原民族又傲视周边的蛮夷戎狄，具有华夏中心主义的心态。因此，天下主义与"华夷之辨"就成为古代中国进行自我认同的两个向度。杜赞奇在《从民族国家拯救历史》这本著作中指出，在中国历史上存在两种不同的民族主义思想资源：一种是以汉族为中心的排他性种族主义；另一种是以天下为价值的包容性文化主义。这两种民族主义思想资源相互区别但又纠缠在一起。天下主义具有普遍性，而"华夷之辨"具有特殊性。然而，在近代西方的冲击下，天下主义的普遍性发生断裂，进而传统中国产生了认同危机。在中国传统社会，文化认同是天下认同的核心。对周边少数民族来说，东夷、南蛮、西戎、北狄等少数民族只要承认中华文明的文化正统，只要认同以儒家价值为核心的天下秩序，就可以被纳入中华帝国的朝贡体系之中。即使是蛮族入侵中原而建立起异族统治的新政权，只要承认儒家的文化理想及政治理念，就可以获得在中原统治的正当性。从中我们可以看到，天下观形成了以儒家文化认同为主要标志的共同体，传统中国是儒家的天下共同体。许纪霖指出，在前现代社会，中世纪的欧洲建立了基督教共同体，这个共同体以上帝为中心；而在中国则形成了华夏文化秩序的天下共同体，它是一个以儒家文化为核心的共同体。西方的宗教共同体与中国的天下共同体其实都是具有终极价值和精神正当性的文化秩序，这种文化层面的秩序在现实中就呈现为各种各样的王朝共同体。

许纪霖进一步指出,在家国天下的体系中,天道与民意是中国传统社会政治权威的两个重要来源。天道是一种终极的、超越的权威来源,但是天道也要落到人世之中,要通过民意来体现。这说明,在中国传统政治话语中,天意与民意是可以贯通的。近代以来,按照韦伯关于世界"祛魅"的说法,终极的、神圣的事物在通往现代的过程中不断被驱逐而失去魔力,近代中国传统政治权威中的天道与民意也发生分离。一方面,天道转化为公理与公意;另一方面,民意转化为民主。现代政治合法性褪去了神圣的外衣,转而通过民主来获得民意的认可和授权。

需要注意的是,近代中国从天下到民族国家的转换,意味着在中国传统社会占主流地位的儒家思想走向式微。儒家之所以能在传统中国占据主流地位,主要原因在于儒家具有政治和社会的肉身,它通过与普遍王权的结合成为官学。更重要的是,儒家思想渗透于中国传统社会的风俗习惯之中,成为中国社会和中国百姓生活世界的意识形态。但问题是,儒家在清末逐渐失去了官学的地位,也不再是近现代社会的主流意识形态。对儒家士大夫们而言,西方各种新思潮传入中国之后,他们也不再把儒家作为唯一的价值共识,儒家内部也出现价值分化和价值多元的现象。"近代中国人所理解的世界,不再是那个以天命、天道、天理为中心的儒家德性秩序的天下,而是一个中国人比较陌生的以力为中心的、生存竞争的物理世界。"[1]原来中国士大夫们所秉持的传统天下观在西方观念的冲击下随之发生了深刻的转型。儒家的天下观秉持仁义礼智信的大同理想,它是中国传统王朝统治正当性的价值标尺。然而,进入近现代社会之后,支配现代世界的法则是"去价值""去理想"的"丛林法则",以力为核心的竞争被视为现代世界的基本原则。走向富强成为近代中国的不懈追求,而实现中国社会转型被视为实现富强目标的必经之路。也就是说,天下从原来以"礼"为中心的世界秩序转向直面以"力"为中心的世界秩序。

(三)新天下主义的基本主张

在天下式微之后,全球化时代的来临与中国的崛起引发了重建天下的思想讨论。"'新天下主义'新在何处?与传统天下主义相比,新天下主义有两个特点:一是去中心化、去等级化,二是创造一个新的普遍性之天下。"[2]中国传统

---

[1] 许纪霖:《家国天下:现代中国的个人、国家与世界认同》,上海人民出版社2016年版,第416页。

[2] 许纪霖:《家国天下:现代中国的个人、国家与世界认同》,上海人民出版社2016年版,第441页。

天下体系形成了以中国为中心的同心圆结构，这个结构被费孝通描述为"差序格局"，从中心向外围一层层推演，这一圈圈的圆圈具有等级性，预设了中原王朝对周边少数民族地区的优越性。新天下主义批判和否定这种不平等的等级秩序，主张在去除不平等原则的基础上，把现代民族国家所秉持的主权平等原则纳入其中。按照许纪霖的看法，这种新秩序不像传统天下观那样预设中心，不是以中国为中心，也不是以西方为中心，每一个成员都是相互独立的、平等的；同时，新秩序没有等级性的权力安排，没有不平等的支配和被奴役。这意味着，新天下主义是去权力的、去宰制的、平等的和平秩序。许纪霖进一步指出，新天下主义存在一种双重超越。一方面，新天下主义超越了传统天下主义，即超越传统天下主义所秉持的华夏中心主义，但保留了其普遍性的原则和精神；另一方面，新天下主义超越了单一民族国家的狭隘立场，因为它汲取了现代民族国家的主权平等原则，进而以普世主义来平衡特殊主义。"去中心化、去等级化只是新天下主义的消极面，从积极面而言，乃是要建立一种新的天下之普遍性，这就是共享的普遍性。"[①]在这个意义上，新天下主义是去中心的、平等的、普遍的。

在历史上，天下主义的制度肉身是帝国的治理方式，其内部秩序是一种多元的宗教与民族治理体制。在内部秩序之外，天下主义还存在着以朝贡体系为重要结构的外部秩序。这个外部秩序是互惠式的，形成了一个经济、政治与文化深度融合的复合型网络，这与追求同质化、一体化的现代民族国家不同。传统天下主义在吸收现代民族国家话语体系的过程中，也逐步从一种特殊的文明转变为同质化、普遍化的文明，而新天下主义要消解的就是这种同质化的文明构成。按照许纪霖的看法，新天下主义追求各个不同文明所共享的普遍性，它代表的是一种新的普世文明，具有罗尔斯意义上的"重叠共识"的特征。

从特殊性与普遍性的关系来看，按照许纪霖的看法，传统天下主义和轴心文明从某个民族的特殊性升华出普遍性，但新天下主义所追求的普遍性并不秉持某种特殊性至上，即不承认某种特殊性具有超越其他特殊性的品格。换句话说，新天下主义的普遍性以各个文明与文化的"重叠共识"为特点。因此，新天下主义所追求的新普遍性超越了华夏中心论和欧洲中心论，它主张以"主体间性"或者"文明间性"的方式展开文化交流与对话，通过各文明的平等互动形成

---

① 许纪霖：《家国天下：现代中国的个人、国家与世界认同》，上海人民出版社2016年版，第442页。

"重叠共识"来获得普遍性,但同时也保持各大文明的特殊性。新天下主义对全球化时代的文明交往、交流、交融进行理论想象,为思考现代社会提供了中国智慧和中国方案。

五、重建天下的学术反思

天下观念的复兴在中国思想界引起了广泛的关注和讨论。当然,中国思想界对这一问题的看法也是多元的,有赞成的声音,也有质疑甚至是批判的声音。其中,葛兆光、张曙光等学者对天下观所展开的学术反思尤其值得关注。

(一)天下是"非历史的历史"

针对中国思想场域中热议的天下主义,葛兆光教授发表了一篇题为《对"天下"的想象:一个乌托邦想象背后的政治、思想与学术》的长文,从政治、思想与学术等方面对天下所蕴含的乌托邦想象展开批判与反思。在我看来,这是近年来对天下观批判与反思力度最大、影响最大的文章。葛兆光教授指出,近年来随着中国的崛起,"天下"这一乌托邦的想象披着中华优秀传统文化的外衣,借助西方新理论,又重新在中国思想学术场域中流行开来,其表现形式多样,比如有政治上的"天下秩序"、哲学上的"天下体系"、观念上的"天下主义"等。这种关于天下的想象,既有中国传统公羊"三世说"的支持,显得历史悠久以获得历史合法性,同时又有西方新帝国主义批判理论的加持,在学术上显得政治正确。天下观重新流行开来之后,试图成为政治的、政府的、政策的思想依据,试图为现存国际秩序提供替代的思想方案,建立一个具有中国主体性的更公正、更合理的世界秩序。事实上,在讨论中国崛起的过程中,不少学者还预设了中国主导未来世界的思想假定。比如姚中秋教授讨论"世界历史的中国时刻",认为19世纪是世界历史的"英国时刻",20世纪是世界历史的"美国时刻",而21世纪将是世界历史的"中国时刻"。在世界历史的"中国时刻",我们需要重建中国古代的天下,因为中国传统天下观主张中国是世界的中心,从中国自身往外推演,在修身、齐家、治国、平天下的逻辑链条中,中国的普遍性得以彰显。

在葛兆光教授看来,"讨论'天下'观念的历史学者,好像和现在试图以'天下'当新世界观的学者相反,他们都会强调一个关键,即古代中国人心目中的'天下'往往涉及'我'/'他'、'内'/'外'、'华'/'夷',也就是'中国'与'四方'。"①在天下的观念中，既有"内"与"外"的重大区别，也有"华"与"夷"的不同，更有"尊"与"卑"的差异。不过，葛兆光教授指出，理想中的天下秩序只存在于中国古代思想家们的文本典籍之中，天下在历史上是一种"非历史的历史"，而不是中国历史中的政治现实，因为它从未实现过。也就是说，中国传统帝国所建立的政治秩序，并不是按照天下观的道德教化以文明的方式来实现治理的，恰恰相反，帝国的崛起主要靠血与火的武力征服，即使是依托天下观所构建起来的"天下体系"或"朝贡制度"，也是强者制定的游戏规则而已。在这个意义上，天下并不是真的历史，而是一个"乌托邦"。

葛兆光教授进一步指出，在全球化语境下，讨论天下体系或者天下观的当代性这些看起来新的论述，只不过是中国传统儒家思想尤其是公羊学说的现代翻版，把这些儒家公羊学说与现代世界秩序进行勾连。事实上，天下观的复兴其实反映了中国发展起来之后中国思想的变迁——在思想学术上为中国重新成为世界大国寻找哲理的依据和论证。然而，葛兆光教授反复强调，天下作为一种试图为现行世界秩序提供替代的思想和政治方案，如果仅是学者的学术想象或者憧憬，并没有进入到政治和制度的实践领域，还没有太大的问题，但如果"这种天下主义论说总是试图'成为政府的、政治的和政策的依据'，那么就不能不让人担心"②。尤其是，当天下进入当代中国的政治、军事、外交等领域时，天下主义会不会成为在世界主义旗号下所伪装起来的民族主义？

在我看来，葛兆光教授从历史学的视角揭示天下观在中国历史中的实践运作，把天下观从抽象的思想还原为真实的历史，指出了天下观是一个乌托邦式的想象，这为我们深刻理解天下观在中国的历史实践提供了重要参照和借鉴。但需要注意的是，如果从"实然世界"与"应然世界"的区分来看，天下作为一种"应然世界"的理想和想象，它与历史实践确实是有距离的，作为"乌托邦"的天下可能发挥着"范导性"的作用，我们重新认识天下实践的局限性时必须把握"应然"与"实然"之间的互动关系。

（二）从天下到天人

葛兆光教授从历史的角度揭示天下实践的"乌托邦化"，张曙光教授则从哲学的角度指出天下思想的"派生性"。在张曙光教授看来，近年来，中国学术

---

① 葛兆光：《对"天下"的想象：一个乌托邦想象背后的政治、思想与学术》，《思想》2015年第29期。
② 葛兆光：《对"天下"的想象：一个乌托邦想象背后的政治、思想与学术》，《思想》2015年第29期。

界借助中国传统天下观进行世界制度哲学的思考,虽然理论的启发意义很大,但这一观念给出的理论可能性是有限的。张曙光教授给出的理由是,"天下"是从"天人"派生出来的下位概念,而天人关系是中国思想中最具原创性的、根本性的、总体性的概念,在全球化时代中西文化交融的背景下,我们应该从天下重新回到天人关系。"要激活'天下'的普世取向并阐发出新的意义,首先要从传统'天下'观中跳出来,将目光投向'天'和'天人关系',因为天与天人关系,不仅是中国传统思想中更加重要、更为根本的资源,而且蕴含着使传统天下观得以形成并在新的条件下发生创造性转换的思想机理。"①张曙光教授主张,在天人互动中尤其在自我、他者与世界的关系中推进中西思想融通。

从天人与天下的关系来看,天下观具有派生性,而天人关系具有本源性,把对天下与天人的讨论置于"中西关系"之中,可以看到百年中国思想的深层逻辑。近代以来,甚至可上溯至明末清初,镶嵌于中国思想体系之中的基本框架是"中西关系",近代中国思想场域中各种流派,基本上都在"中西之争"的框架之内展开。在我看来,如果我们借用黑格尔"主奴意识"这个概念来思考,那么以往的"中西之争"基本上是从"主奴关系"来看待"中西关系":不是西风压倒东风,就是东风压倒西风;要么是西方中心主义,要么是华夏中心主义。其结果是,在全球化时代,中国人在参与世界历史的进程中缺乏作为"世界公民"的历史自觉。事实上,在全球普遍交往不断拓展的背景下,以"主体间性"而不是以"主奴关系"来看待中西关系,可能会终结"中西之争",当然这种"终结"是黑格尔意义上的"终结",它是逻辑的终结,而不是现实的终结。国内思想界的天下主义论者如赵汀阳、许纪霖、盛洪等试图重提天下主义,在西方世界体系之外,探寻中国思想的普遍性,我认为这些讨论基本上还是在"中西之争"这个范畴内展开,并没有超越"中西之争"。然而,将天下回溯至天人,从"天人关系"出发展开思考,可以为"中西之争"找到了一个开展"主体间性"讨论更本源的逻辑起点。在这个意义上,"天人关系"的思想框架具有超越冯友兰提出的"中西古今"框架的可能性。也就是说,从"天人关系"思考现代中国思想的普遍性,与天下体系的讨论相比,可以为中国思想的普遍性表达奠定更本源的思想起点。

关于传统天下体系的研究,历史学家许倬云先生从"中国历史的内外分际"

---

① 张曙光:《从"天下"到"天人":兼论中国思想的基本问题》,《探索与争鸣》2017年第11期。

讨论传统的朝贡体系。的确，天下体系是以中国为中心而向外展开的世界观及其体系，重点解决的是传统中国"内外之别"的问题，产生了"华夷之辨"，这种关于中国"内外"的讨论，可以称之为对中国的"横向想象"。与这种"横向想象"相对，另外一个长期以来被忽视的维度就是对中国的"纵向想象"——天人关系的维度，从纵向的"上下"维度重思中国，这是有别于天下体系的重要维度。

　　重启天人之思，需要在哲学的维度上把思想与现实打通。中国传统社会是一个熟人社会，是一种"我"和"你"的关系，在家庭之中就是"我们"，把家庭之内的"我"和"你"往外推演，就是家、国、天下。也就是说，在"我—你"之外，中国传统社会没有"他"的维度，因为"天下无外"，在思想上缺乏"他者"这个向度。可以这么说，作为熟人社会的中国传统社会结构是"我"和"你"组成的二人结构，这样的熟人社会重视道德伦理，以道德来维系人际的和谐。但当"他者"出现后，从原来"我"和"你"的熟人社会变成了"我""你""他"的陌生人社会，即从原来的"二人结构"变成了"三人结构"。陌生人出现后，就需要协商和规则，因此"三人社会"是现代社会及其法治的逻辑起点。这意味着，中华文明的现代转型将面临着一个新的"他者"，即中国传统儒家以"我—你"为基础的"仁学结构"面临现代文明"我—你—他"的"法学结构"。重启天人之思，一个重要使命是要思考中国现代法治建构的哲学根基。如果说西方现代法治的建立是通过政教二分的"祛魅"来实现从上帝面前人人平等到法律面前人人平等的转换，那么我认为中国现代法治的建构可能存在着一个如何"复魅"的过程，即为日益世俗化、碎片化的现实社会重构天人合一的基础，也就是重建新的普遍性根基。

第五章

天下与朝贡体系

在中国历史实践中，天下的理论与实践形成了古代中国处理对外关系的世界秩序，在制度层面上形成了朝贡制度及体系。可以这么说，朝贡体系是中国传统天下观的重要载体，形成了一种以中国为中心的贸易体系。朝贡体系在不同时代发展出不同的制度设计，逐渐形成一整套完备的制度安排。透过朝贡体系的实践沿革、制度变迁及历史命运，我们可以从中窥探天下理论的内在结构与制度安排。

一、朝贡体系的历史

在中国历史上，朝贡发挥了重要作用。布罗代尔认为，朝贡关系是理解中国历史的重要钥匙，不理解朝贡关系就无法理解中国，"如果不谈奴隶，不谈附属性经济，欧洲是不可理解的。同样，如果不谈其国内的未开化民族和国外的藩属，中国也是不可理解的。"[1]在中国研究领域，西方学界对朝贡关系及其制度的研究尤为值得关注，费正清对朝贡制度进行了详细梳理，指出朝贡制度是华夏中心意识的集中体现，是集政治、贸易、外交于一体的制度，形成了一种"中国的世界秩序"。在近代中西之争的背景下，以中国为中心的朝贡体系与以西方为中心的"世界体系"发生了冲撞，费正清以此构建了近代中国转型的"传统—现代""冲突—回应"的理论模型。从语词的意义上看，朝贡的"朝"在古代有见天子之义，《周礼·春官宗伯·大宗伯》把诸侯见天子的形式分为六种，"以宾礼亲邦国，春见曰朝，夏见曰宗，秋见曰觐，冬见曰遇，时见曰会，殷见曰同"[2]，形成了"朝、宗、觐、遇、会、同"的"六见"，"朝"指的是在春季见天子。朝贡的"贡"主要是向天子进献贡品。从先秦到清代，朝贡制度及其体系经历了漫长的历史演化和发展，它是中国传统对外关系的载体。

在先秦时期，对朝贡制度产生深远影响的是西周分封所实行的五服制。《国语》对祭公谋父谏周穆公将征犬戎有一段重要的记载："夫先王之制：邦内甸

① 布罗代尔著，顾良、施康强译：《15至18世纪的物质文明、经济和资本主义》，生活·读书·新知三联书店1992年版，第117页。

② 徐正英著，常佩雨译注：《周礼》，中华书局2014年版，第404页。

服，邦外侯服，侯、卫宾服，夷、蛮要服，戎、狄荒服。甸服者祭，侯服者祀，宾服者享，要服者贡，荒服者王。日祭，月祀，时享，岁贡，终王，先王之训也。有不祭，则修意；有不祀，则修言；有不享，则修文；有不贡，则修名；有不王，则修德。序成而有不至，则修刑。于是乎有刑不祭，伐不祀，征不享，让不贡，告不王。于是乎有刑罚之辟，有攻伐之兵，有征讨之备，有威让之令，有文告之辞。布令陈辞，而又不至，则又增修于德，无勤民于远。是以近无不听，远无不服。"①五服的"服"有服务天子之意，甸服、侯服、宾服、要服、荒服的划分标准主要根据与周天子的亲疏远近关系，以天子为中心，像同心圆一样向外层层拓展。离天子越近，关系就越紧密；离天子越远，关系就越疏远。从朝贡制度发展的历史来看，从先秦到清代，朝贡体系可以分成这样几个层面：第一层是核心层，即中央与地方的朝贡关系；第二层是中间层，主要是指中央王朝与周边少数民族之间的朝贡关系；第三层是外层，即中外的朝贡关系。这意味着，五服制度是周天子与诸侯之间由内及外的关系。《周礼·秋官司寇·大行人》对朝贡制度进行了详细记载："邦畿方千里。其外方五百里谓之侯服，岁壹见，其贡祀物。又其外方五百里谓之甸服，二岁壹见，其贡嫔物。又其外方五百里，谓之男服，三岁壹见，其贡器物。又其外方五百里谓之采服，四岁壹见，其贡服物。又其外方五百里谓之卫服，五岁壹见，其贡材物。又其外方五百里谓之要服，六岁壹见，其贡货物。九州之外谓之蕃国，世壹见，各以其所贵宝为挚。"②"六服"对各自进贡的时间和进贡的物品做了明确规定。比如，侯服一年进贡一次祀物；甸服两年进贡一次嫔物；男服三年进贡一次器物；采服四年进贡一次服物；卫服五年进贡一次材物；要服六年进贡一次货物。因此，《周礼》在制度上对朝贡关系提出了详细而明确的要求。

朝贡关系包含着朝贡与封赏两个方面，预设了不对等的关系。一方面，从中央与地方的纵向关系来看，"溥天之下，莫非王土；率土之滨，莫非王臣"，天下的一切都在天子的支配之下，这意味着朝贡关系蕴含着一种支配与被支配的关系。另一方面，从华夷的内外关系来看，外来的民族对天子进贡，承认天子的统治，但这种承认是不对等的，蕴含着华夏中心主义。更重要的是，朝贡制度突出礼仪的重要性。周边少数民族觐见天子，有一套繁琐的礼仪进行规范。"六服"

① 吴楚才、吴调候选编，葛兆光、戴燕注解：《古文观止》，中华书局2008年版，第42—43页。
② 徐正英著，常佩雨译注：《周礼》，中华书局2014年版，第815—816页。

制度强调"九州之外谓之蕃国，世壹见"，对六服之外的藩属国实行"世壹见"，这具有象征的意义。藩属国即使远离中原，距离"天朝"遥远，但只要承认天子的统治，就可以纳入这一体系之中。

秦汉建立大一统之后，中原王朝与周边少数民族的关系发生了新变化。在汉初，由于西北匈奴强盛，西汉处于守势，汉朝运用"和亲"政策维持与匈奴的关系。至汉武帝时，随着国力强盛，与匈奴的关系逐渐反转，汉朝东边讨伐朝鲜，南边征服南越，西边平定西夷，中原王朝版图不断扩大，周边少数民族逐渐遣人进贡。其中，汉朝与匈奴发生了力量对比的变化，推动了朝贡关系制度化。匈奴的呼韩邪单于"称臣入朝事汉"，匈奴赴汉朝觐见、纳贡，而汉朝予以赏赐和册封，确立了朝贡关系。由此，朝贡关系成为汉朝管控西域的重要方式。"朝贡"与"和亲"两者有较大的区别，朝贡关系比"和亲"制度更为正式，"和亲"只是中原王朝处于守势时的临时之策，而汉朝把朝贡作为怀柔远人的重要手段。

唐朝是中国传统社会的鼎盛时期，国力强盛，四夷臣服，万邦来朝。在这一时期，朝贡制度在发展中日益成熟，呈现出贡有定期、封有常制的特点。由于四夷进贡的货物较多，一些藩属国借进贡之名来华开展贸易。为了确保朝贡顺利，唐朝边境地方官还承担着引导四夷来华进贡的重要职责。

到了宋元时期，由于宋朝"积弱"，朝贡制度呈现出新特点。宋朝在北方与辽、金、夏争锋，宋朝曾向辽朝纳银输绢，也曾向金国称臣纳贡。在这个意义上，在北方，宋朝的朝贡关系已然发生倒转。在南方，由于宋代时中国的经济中心南移，海上贸易日趋频繁，来宋纳贡的东南诸国不在少数。

元朝的疆域空前辽阔，是一个世界性帝国。由于元朝统治者对周边藩属国实行高压统治政策，朝贡关系所蕴含的礼仪性逐渐居于次要地位。这意味着，元朝的朝贡关系褪去了"怀柔远人"的政治外衣，而成为元朝统治者收敛财物巩固统治的载体。

明代所处的14至17世纪是世界发生大变局的重要时期，特别是欧洲经过中世纪的漫漫长夜，经过文艺复兴、地理大发现、宗教改革等一系列重大历史事件的洗礼，伴随工业革命的兴起，西方资本主义开始扩张并逐渐席卷全世界。然而，历史悠久的中国王朝仍在原来的轨道上运行，朝贡关系也逐步发展到极致。明朝的朝贡关系可以大概分为以下几类。第一类是地方政府的朝贡，代表的是地方政府与中央的纵向关系。第二类是少数民族土官的朝贡，代表的是少数民族与中原王朝的关系。第三类是藩属国的朝贡，代表的是藩属国与宗主国的关系。第四类是其他国家和地区的朝贡，代表的是藩属国之外的国家和地区与中原王朝的关系，关系相对比较疏远。事实上，在盛唐时期，万邦来朝展现出唐朝的巨大魅力，朝贡关系也成为衡量王朝势力的重要标尺。"如同外交是内政的延续一样，中外朝贡关系也是地方与朝廷的朝贡关系的延伸。自汉武帝以来，'四夷宾服，万国来朝'便成为历代儒家学者臧否帝王、衡量一个王朝强盛与否的标志。"①在明代，朝贡关系空前活跃，在政治上"怀柔远人"与经济上"厚往薄来"并行，当时的朝贡贸易关系极其活跃，来华朝贡的国家络绎不绝、空前增多。需要注意的是，在明代实行"海禁"的时代背景下，朝贡成为维持中外交往的关键管道。朝贡贸易是朝贡关系的重要内容，可以看成一种"以物易物"的交换关系。由于朝贡可以获得中原王朝的大量赏赐，前来朝贡的使团还可以顺便开展贸易，因此前来朝贡的使团规模一般都较为庞大，明朝政府为了边境安全和节省开支，也有意识地对朝贡规模进行限制。朝贡除了四夷向中原王朝纳贡，还包含着中原王朝向四夷赏赐和册封等内容。"四夷朝贡到京，有物则偿，有贡则赏。"②明朝对进贡的使团给予一定的赏赐，除了赏赐，还对藩属国进行册封，这种册封在政治上意味着对藩属国的间接治理。

清朝与历代王朝不同，在礼部之外，设立了理藩院，专门管理边疆少数民族的朝贡事务。清朝在开疆扩土的过程中，也与一些新的国家和地区建立朝贡关系，并将其纳入理藩院进行管辖。

总的来看，朝贡是天下观在制度层面的具体实践。中国传统王朝在处理对外关系的过程中，不同朝代通过设立机构、建立制度、规范礼仪等形式对朝贡关系进行了详细规范。随着近代以来天下观的式微，朝贡关系在近现代国际关系的冲击之下逐步走向瓦解。在从天下到民族国家转换的过程中，中国完成了民族国家建构的历史进程，但朝贡关系的历史实践及其思想对当下处理世界政治关系仍然具有借鉴意义。

---

① 李云泉：《万邦来朝：朝贡制度史论》，新华出版社2014年版，第52页。
② 《明宪宗实录》卷63。

二、天下与中国王权的建构

在中国传统社会,朝贡体系是中原王朝处理对外关系建构起来的重要制度体系,是儒家修身齐家治国平天下这一逻辑外推的结果。从制度层面来看,按照日本学者渡边信一郎的看法,中国近代以前最初的国制,是以法家世界观为基础构筑的皇帝专制国家。这是一种以律令、法制为基础的国制,在不同的朝代虽然有所变化,但一直被继承至清朝。在此国制之上,在两汉交替时,又建构了基于儒家世界观、礼乐/祭祀体系的国家框架,由此形成了将法制与礼乐结合而成的新国制,渡边信一郎以"中国的古典国制"来形容法制与礼乐合一的制度体系。需要注意的是,中国的古典制度是以天下观作为基础的,可以视为"天下型国家"。"中国的古典国制,即天下型国家,与天下观念的完成相应,……其主要内容包括以祭天礼仪为核心而构成的各种礼乐装置、典章服饰制度、畿内/十二州牧制度以及三公制度的定立。其与战国以来秩序累积的源于军事性秩序的令律故事之间形成了独特的相互关系,从而创出了中国所特有的传统上层建筑——礼=法(律)内组结构。"①在渡边信一郎看来,系统考察中国古代经学上的天下观念,存在着三种看法:第一种看法出自《礼记·王制篇》,这篇文献将方三千里的九州等同于中国,并视之为天下;第二种看法出自《尚书》,它将方五千里的九州等同于中国,并视之为天下;第三种看法是由《周礼》《尚书》古文经学构想的由九州与四海所组成的方万里的天下。这些被构想出来的基本认识反映了战国、秦汉时期古代中国政治社会的扩张实态,在其后的传统中国被持续作为参照的典型。这三种看法也可以分为两种类型:一种类型是把天下理解为同一语言圈、同一交通圈、同一文化圈所构成的单一政治社会,这种类型是今文经学所秉持的天下观念;而另一种类型是将天下理解为包含了夷狄与中国在内的复合型政治社会,这是古文经学所秉持的天下观念。②这意味着,天下具有单一政治社会型和复合政治社会(帝国)型两个面相,但其决定性的一面是单一政治社会型。问题是:为什么中国的皇帝能够支配广大土地和民众?渡边信一郎认为,中国的天子或者皇帝需要对支配的正当性进行说明:一方面是权力来源和正统性的说明,即受命于天,这与作为天子的王权有关;另一方面是权力的继承说明,

---

① 渡边信一郎著,徐冲译:《中国古代的王权与天下秩序》,上海人民出版社2020年版,第106页。
② 渡边信一郎著,徐冲译:《中国古代的王权与天下秩序》,上海人民出版社2020年版,第83页。

主要是凭借来自王朝创始者、受命者的血统,这与作为皇帝的皇权有关。天下是为天穹所覆盖的正方形的大地,因此有所谓"天圆地方"之说,天下是天所生民众的政治空间。然而,民众没有自己的治理能力,为了治理这些缺乏治理能力的人,天就委派有德的人来统治,即天子。当然,仅靠天子是无法进行统治的,还需要三公九卿等官僚来协助天子进行治理。因此,中国传统皇帝的权力是借助天的概念而获得的。

需要注意的是,天子的权力是天授予的,如果天子失去了德,天命就会被授予新的有德者,于是王朝发生更替。皇权发生更替,指的是天将天命授给新的有德者,"革命"的"命"在很大程度上指的是天命。然而,这在理论与实践中存在着矛盾,渡边信一郎指出,"天下乃天下之天下"是天下的绝对公共性原理,"天下为公"是天授予有德者或贤人委任统治原理,"天下乃高祖(太祖、大宗)"是血统原理。血统原理主张凭实力取得,应该由私人家族来继承。也就是说,天下的这三个维度所蕴含的逻辑是不同的,为了解决这一矛盾,王朝统治者通过祭天,以德配天。渡边信一郎揭示了"天下型国家"的内在结构,为我们理解天下体系提供了一个域外学者的视角。

三、作为贸易体系的朝贡体系

需要注意的是,朝贡关系既是政治的,同时也具有经济贸易的性质,因为进贡的国家和地区通过进贡,就可以获得与中原王朝进行货物贸易的资格。"永乐时期进贡活动到达顶峰,这时有一个短时期日本以很恭顺的言语公开表示效忠中国,但这被日本统治者仅仅看作是由他们垄断与中国之间有利可图贸易的一种手段。"[①]事实上,那些来华进贡的使团,一般比较庞大,除了进贡,另一个重要活动就是进行商品贸易。因此,朝贡体系也被视为一个独特的世界贸易体系。

要理解朝贡体系所蕴含的贸易体系,需要将其置于传统中国经济发展之中予以把握。中国传统社会发达的经济是朝贡贸易的基础。弗兰克在《白银资本》中指出,西方人一直不假思索地认为,西方自1500年以来成为世界经济中心,并成为现代资本主义发展的发源地和动力,但在弗兰克看来,如果从1400年至

---

① 费正清、赖肖尔著,陈仲丹等译:《中国:传统与变革》,江苏人民出版社2014年版,第172页。

1800年间的世界经济结构来看，当时的中国不仅是东亚朝贡贸易体系的中心，同时在整个世界经济中占据支配性地位，中国吸引和吞噬了全世界生产的大约一半的白银货币。其原因在于中国的生产和出口在世界经济中占据领先地位，比如中国在瓷器生产方面无与伦比，在丝绸生产方面也没有对手。"'中国贸易'造成的经济和金融后果是，中国凭借着在丝绸、瓷器等方面无可匹敌的制造业和出口，与任何国家进行贸易都是顺差。因此，正如印度总是短缺白银，中国则是最重要的白银进口国，用进口美洲白银来满足自身的通货需求。"[1]弗兰克的看法对经济全球化中的欧洲中心论提出挑战，指出中国在近代以前的世界经济结构中处于支配地位，中国经济发展为朝贡贸易这种具有"世界性"特点的贸易奠定了基础。

朝贡体系具有世界性贸易的特征，使中国保持着大量的贸易顺差，可以说中国是其中的重要获益者。按照弗兰克的看法，以中国为中心的国际秩序从"朝贡"网络之外的地区吸收商品，朝贡贸易网络对当时欧洲融入世界经济也产生重大影响。这种以中国为中心的全球多边贸易推动越来越多的欧洲人参与到世界经济之中。弗兰克进一步指出，一直到18世纪，世界经济其实被中国所支配。在世界经济中，当时的中国生产力最强，竞争力最强，处于世界经济的中心地位，在世界贸易中保持着最大的贸易顺差。事实上，在全世界的白银流向中国的过程中，中国几乎永远保持着出口顺差，因为其他地区对中国商品始终有大量的进口需求，中国成了一个永不枯竭的商品供给来源。这说明，朝贡关系是推动传统中国贸易发展的重要抓手。

在西方工业革命以来所形成的现代资本主义世界贸易体系冲击下，以中国为中心的朝贡贸易关系逐渐走向瓦解。问题是，这种已经被终结或被否弃的"旧"制度，在经济全球化时代是否还有现代借鉴意义？马克思曾指出："当旧制度本身还相信而且也应该相信自己的合理性的时候，它的历史是悲剧性的。当旧制度作为现存的世界制度同新生的世界进行斗争的时候，旧制度犯的就不是个人的谬误，而是世界性的历史谬误。因而旧制度的灭亡也是悲剧性的。"[2]如果以当下的眼光重新梳理和反思朝贡关系，我们应该重点把握朝贡关系的主要特征。

首先，朝贡关系是和平的。按照中国传统天下观，中原王朝的统治者把周边

---

① 贡德·弗兰克著，刘北成译：《白银资本：重视经济全球化中的东方》，四川人民出版社2017年版，第114页。

② 马克思、恩格斯：《马克思恩格斯选集（第一卷）》，人民出版社2012年版，第5页。

地区和周边少数民族纳入天下体系之中，以和平的方式而非战争的方式实行治理，这是一种非常温和的方式。虽然在中国历史上也曾发生过游牧民族建立起来的政权对周边少数民族的征讨，但从总体上看，中原王朝的做法是"远人不服，则修文德以来之"①，通过朝贡关系与礼仪维持外交关系。

其次，朝贡关系是互利的。这种互利性主要是一种经济上的互利，朝贡关系充当了世界贸易的角色。日本学者滨下武志指出："以中国为核心的与亚洲全境密切联系存在的朝贡关系，以及在此基础上形成的朝贡贸易关系，是亚洲而且只有亚洲才具有的唯一的历史体系。亚洲区域内的各种关系，是在以中国为中心的朝贡关系、朝贡贸易关系中形成的，这种关系是历史形成的、联结亚洲各国各地区的内在的纽带。"②对朝贡国而言，朝贡是取得外贸合法性的重要手段——通过朝贡关系而获得"市场准入"许可，周边地区和周边少数民族由此获得了进入中原地区贸易的资格。

最后，朝贡关系具有不平等性。朝贡关系是中国传统天下观在制度层面上的具体实践。天下观本身就预设了中原地区对周边少数民族地区的优越性，其背后预设了华夏中心主义，这种不平等性是等级秩序的体现。不过，近代以来，随着民族国家观念的兴起，主权平等的观念逐渐取代了朝贡关系所秉持的不平等理念。

四、作为礼仪原则的朝贡体系

费正清指出："中国人往往认为，外交关系就是向外示范中国国内体现于政治秩序和社会秩序的相同原则。因此，中国的外交关系也像中国社会一样，是等级制的和不平等的。久而久之，便在东亚形成一个大致相当于欧洲国际秩序的中外关系网络。"③显然，费正清把中国的对外关系看成内部关系的反映与延伸，由内而外形成了一种内外结构大体相似的秩序。需要注意的是，传统中国治理呈现出礼法合一的特征，在内部所实行的"礼治"往外拓展，使对外关系也深受礼的影响。

外国使节来华觐见天子，即使外国使团带着贸易营利的目的，中原王朝也

---

① 《论语·季氏》。
② 滨下武志著，朱荫贵、欧阳菲译：《近代中国的国际契机：朝贡贸易体系与近代亚洲经济圈》，中国社会科学出版社1999年版，前言。
③ J. K. Fairbank，ed, Harward University Press, 1968, p2.

以礼待之。利玛窦于明代来华，他指出："为数众多的来宾并不是以真正的使节资格到中国来的。他们来是为了赚钱，带来礼物并希望皇帝赏赐。为了不失伟大君王的尊严，这些赏赐远远超过他所收到的礼物的价值。他们把收到的钱用来购置中国商品，然后拿到他们本国出卖，获取大利。"①利玛窦认为，这些来华朝贡的使节来到中国之后，他们所有费用开支都由中华帝国支付。中原王朝对这些使节如此礼遇的主要目的是"控制邻国"，至于这些使节向皇帝进贡了什么贡品，这其实并不重要。重要的是，中国礼遇这些使节是为了向使节们炫耀中原王朝君主的伟大，因为这些使节的"来朝"其实就意味着朝贡国对中原王朝统治的承认。

需要注意的是，从民族差异来看，汉族与周边少数民族在语言、生活习惯、习俗、生产方式等方面存在着非常大的差异。朝贡关系预设了中原王朝对周边少数民族地区的优越性，这种优越性主要体现为文化上的优越，中国历史上的"华夷之辨"主要是从文化的维度展开，而礼乐制度被视为文化的重要内容。因此，"华夷之辨"的主要衡量标尺就是看其是否尊礼。"中国有礼仪之大，故称夏；有服章之美，谓之华。华、夏一也。"②陆九渊指出："圣人贵中国，贱夷狄，非私中国也。中国得天地中和之气，故礼义之所在。贵中国者，非贵中国也，贵礼义也。"③这意味着，"华夷之辨"的实质是文野之分，即使是夷狄，只要遵从礼仪，就可以成为华夏。相反，如果中国人不行礼仪，将被视为夷狄。

乾隆时期，马戛尔尼使华在中西关系上具有重要意义。1793年，英国使节马戛尔尼使华，来华后，清廷与英使团就是否按照传统朝贡方式行三跪九叩之礼产生了争执。当然，这个争执的结果以英使失败告终。需要注意的是，马戛尔尼访华时的18世纪，英国工业革命正向全世界扩张，亟需打开传统中国的大门进行通商贸易。在这个意义上，马戛尔尼使华具有经济方面的考量。但问题是，传统中国的统治者对当时的世界发展大势所知不多，仍然以"天朝上国"自居，其结果是传统朝贡体系与新的世界秩序发生了巨大冲撞。"因彼此隔膜而产生的文化误解和冲突，是人类文化史上的普遍现象。中英双方都视自己为世界第一，也是事实，而且一个是观念中的世界第一，一个是现实中的世界第一。"④鸦片

---

① 利玛窦、金尼阁著，何高济、王遵仲、李申译，何兆武校：《利玛窦中国札记》，中华书局1983年版，第413—414页。
② 《春秋左传正义·定公十年》。
③ 《象山全集》卷23。
④ 费正清、赖肖尔著，陈仲丹等译：《中国：传统与变革》，江苏人民出版社2014年版，第207页。

战争是中国近代历史的转折点，自鸦片战争以来，朝贡制度逐渐退出历史的舞台，被近现代外交制度所取代。此前，朝鲜、琉球、越南这三个清朝的藩属国都通过定期朝贡和清王朝的册封来保持藩属关系，但在近代"欧风美雨"的冲击下，朝鲜、琉球、越南与清朝的朝贡关系逐渐名存实亡。在对外管理机构方面，在鸦片战争之前，礼部和理藩院是负责朝贡事务的重要机构。但在鸦片战争之后，1861年总理各国事务衙门成立，标志着中国近代意义上的外交机构正式成立，从传统朝贡关系向现代国际政治演化成为不可逆的潮流。

第六章

从天下到国家

在近代西方民族国家话语体系的冲击下，天下观逐渐式微，古老的"天朝上国"经历了从天下到民族国家的历史演化，这一过程对天下观的历史命运产生了重大影响。在现代民族国家建构的语境下，深入把握从天下到民族国家建构的历史逻辑，是推动天下观创造性转化和创新性发展的前提。

一、从民族国家"拯救"天下

西方民族国家话语体系伴随着启蒙运动而逐渐形成，启蒙理性把历史看成线性发展的过程，这种线性史观其实是现代性的进步观念，认为现在比过去进步，假定未来也必定比现在进步。如果把这种线性史观置于民族发展的历史之中，如杜赞奇指出，西方民族国家话语体系把民族看成单一的且不断发展进化的历史主体，为民族虚构了一种统一性。杜赞奇用"物化历史"来描述这类历史论述，指出这种物化历史是从线性的启蒙历史中派生出的看法，这意味着启蒙历史把民族发展置于线性的模式之中。"启蒙历史使民族国家把自己看作是一个存在于传统与现代、等级与平等、帝国与民族国家的对立之间独特形式的共同体。在此框架内，民族成为一个能够推翻历史上被认为仅代表自己的王朝、贵族专制以及神职和世俗的统治者道德和政治力量的新的历史主体。与此相反，民族是一个集体的历史主体，随时准备在现代的未来完成自己的使命。"[1]针对启蒙理性所预设的线性历史，杜赞奇提出了"复线历史"这一概念，试图以复线历史来取代启蒙理性所主张的线性历史。在现代民族主义发展的过程中，民族主义作为一种思潮在全球蔓延，近百年来民族国家遍布全球，而现代世界体系把民族国家看成关于主权的唯一合法表达形式。"民族主义独特和新颖的地方不在于认同形式或意识形态等认识论的范畴，而在于全球性的体制革命。这种革命产生出极强有力的民族国家表述。"[2]也就是说，民族国家所产生的影响来源于其全球性的革命实践，这种革命实践为民族国家话语体系提供了强有力的支撑。

---

[1] 杜赞奇：《从民族国家拯救历史：民族主义话语与中国现代史研究》，社会科学文献出版社2003年版，第2页。

[2] 杜赞奇：《从民族国家拯救历史：民族主义话语与中国现代史研究》，社会科学文献出版社2003年版，第7页。

　　启蒙运动以来的西方把历史看成进化的、线性的历史。从哲学层面来看，黑格尔的《历史哲学》使这种线性的进化史观得到充分彰显。黑格尔把历史的目的及其进化方式看成自我意识的普遍展开，世界历史在东方、希腊、罗马、日耳曼进行逻辑的演进。事实上，黑格尔这种历史观的背后是西方工业革命兴起与资本主义世界扩张的感性现实，黑格尔的历史哲学不过是西方资本主义扩张的抽象表达。对中国历史发展而言，"历史学家梁启超也许是第一个用启蒙的叙述结构来写中国历史的。他宣称，没有线性历史的人民是无法成为民族的。……从那时起，中国知识分子中的许多人迅速地发展了一部线性的、进化的中国历史，基本上以欧洲从中世纪专制制度获得解放的经验为样板。"①我们可以看到，近代以来，中国思想家试图用民族国家话语体系为中国问题开出药方。杜赞奇在批判线性启蒙历史的基础上，指出"复线历史"是一种既把握过去的散失，同时又把握其传播的历史。近代中国历史叙述结构的背后其实潜藏着现代化的线性叙述模式，这种模式受西方线性启蒙历史的影响。传统民族国家话语体系倾向于把民族国家视为由人民、领土、主权构成的正式形式，而杜赞奇把民族国家理解为一种有意义的实体，理解为对于社群的不同看法和不同表述。现代性的线性历史以线性的因果关系看待历史发展，把历史置于现代性的框架之中加以理解，杜赞奇指出："复线的历史不仅用多样性替代了单一体的演化，而且否认历史是因果性、线性发展的，否认只有在因果的链条中才会前因产生后果。复线的历史视历史为交易的，在此种历史中，现在通过利用、压制及重构过去已经散失的意义而重新创造过去。"②以复线历史来认识中国从天下到民族国家的转换，从民族国家拯救天下体系崩溃之后的中国秩序，这为我们理解近代中国社会变迁提供了重要的框架。杜赞奇提出的"从民族国家拯救历史"，在我看来，更准确的表述应该是"从民族国家拯救天下"。

　　中国的历史实践是以天下观看待周边少数民族，并形成了一套行之有效的制度和政策。事实上，以羁縻政策处理与中国周边民族集团之间的关系，是秦汉以来历代中原王朝的传统。羁是马的笼头，縻为牛的鼻绳，对周边民族集团实行"羁縻"，意思就是要像控制牛马一样控制夷狄，使其不对中国构成威胁，又与中原王朝保持一种巧妙的不即不离关系。羁縻政策的突出特点是，它不将周边

①　杜赞奇：《从民族国家拯救历史：民族主义话语与中国现代史研究》，社会科学文献出版社2003年版，第21页。
②　杜赞奇：《从民族国家拯救历史：民族主义话语与中国现代史研究》，社会科学文献出版社2003年版，第226页。

民族集团置于中华王朝的直接统治之下，而是以间接的方式实行管辖。除了羁縻政策，土司制度是天下观的另一个重要实践，它是一种把地方民族集团酋长任命为地方官的制度。在实践中，中原王朝也逐渐推动"改土归流"，废除由当地民族集团酋长所担任的土官，改由朝廷派遣的流官担任地方官。"改土归流"的政治意义在于中原王朝在这些非汉民族地区废除间接统治，而采用直接统治的方式，促进了对少数民族的管辖与治理。

民族问题是大一统国家统治的重中之重，构成"华夷之辨"的重要内容，特别是在异族入主中原的过程中，如何论证异族统治的合法性成为一个政治难题。以清代为例，雍正皇帝在《大清觉迷录》中批判部分汉人思想中的"华夷"认识，主张满人统治中国的正当性，"韩愈有言，中国而夷狄也，则夷狄之，夷狄而中国也，则中国之。……尽人伦则谓仁，灭天理则谓禽兽，非可因华夷而区别人禽也。"①雍正进一步指出，衡量执政者正当性的最主要标志不是所属民族集团的出身而是"德"。"本朝之为满洲，犹中国之有籍贯。舜为东夷之人，文王为西夷之人，曾何损于圣德乎。"②雍正指出，中华王朝的法统和正统在于德，而不在于民族或地域。他借助中国传统天下观关于"革命"的理论，指出满人取得"天下"是因为得到"天命"，强调"上天厌弃内地无有德者，方眷命我外夷为内地主"，而明王朝之所以失"天下"是因为失"德"。言外之意是，"天"之所以给清朝统治者降下"天命"并委以"天下"大任，就是因为"天"相信清朝统治者在成为"天子"之后能够实行"德治"。王柯指出，清王朝在所谓"藩部"地区采用的统治制度和所实施的各种统治政策，在性质上与在其之前已经开始实施于中国西南地区的"改土归流"所显示的中国化的方向完全不同：它不仅是清王朝能够统治当地民族社会的手段，更是清王朝为了可以控制整个中国的政治体制而进行的特殊设计。

近代以来中国民族国家的建构历程，是近现代西方民族国家话语体系在近代中国的实践历程。孙中山先生认为，只有坚持"一个国家一个民族"的原则才能建设出最强大的民族国家，"英国、法国、俄国、美国都是以民族立国。……这种民族在现在世界上是最强盛的民族，所造成的国家是世界上最强盛的国

---

① 王柯：《从"天下"到民族国家：历史中国的认知与实践》，上海人民出版社2020年版，第181页。

② 雍正《大清觉迷录》。

家。"①然而,中国的民族国家建构又与西方的民族国家建构在方法上存在着巨大的差别。对西方而言,民族国家建构是按照国家的规模来形成民族,其基本逻辑是从国家到民族。对中国而言,民族国家建构是按照民族的规模来形成国家,其基本逻辑是从民族到国家。以孙中山先生为首的革命家们提倡民族主义的目的,始终集中于民族国家建设。近代以来中国民族主义发展的历程,就是中华民族的民族意识和国家意识的产生、发展和形成的过程。

二、现代世界体系中的天下

中国从天下到民族国家的转化,是在西方资本主义扩张的背景下逐步完成的,中国的朝贡体系因西方资本主义体系的冲击而瓦解。沃勒斯坦对西方资本主义所形成的世界体系进行了研究,在《现代世界体系》中文版序言中,沃勒斯坦指出,创立资本主义不是一种荣耀,而是一种文化上的耻辱,资本主义是危险的麻醉剂,包括中国文明在内的大多数人类文明一直试图阻止资本主义发展。然而,西方文明却在其最虚弱的时候屈服于资本主义。沃勒斯坦相信"占人类四分之一的中国人民,将会在决定人类命运中起重大的作用"②。沃勒斯坦指出,15世纪末到16世纪初欧洲世界经济体系产生,这个体系像帝国一样辽阔,具有帝国的某些特征,却不是帝国。世界经济体系是前所未有的一种社会体系,是一个经济实体,而不是一个政治实体,这与以往历史上出现的政治实体如城邦、帝国、民族国家等完全不同。为了进一步揭示世界经济体系的结构,沃勒斯坦将世界经济体系与帝国做了对比。他指出,帝国是一个政治单位,依靠暴力与贸易垄断确保世界经济从边缘向中心流动,其弱点是维系政治的官僚制度吸取了过多的利润,帝国是一个征集贡品的机制。然而,现代世界经济体系不是一个政治单位,资本主义提供了另一种更加有利可图地攫取剩余价值的途径。

在资本主义世界经济体系诞生之前,欧洲在中世纪晚期仍然被基督教文明所主导,既不是世界帝国,也不存在世界经济体。当时的欧洲大部分是封建的,由众多自给自足的小经济体组合构成,一个狭小的贵族阶级通过剥削直接占用了庄园经济所产生的少量剩余农产品。沃勒斯坦分析指出,资本主义世界经济体系是欧洲发展和维护占用剩余品的一种新形式。当然,这种新形式不是对剩余

① 王柯:《从"天下"到民族国家:历史中国的认知与实践》,上海人民出版社2020年版,第283页。
② 沃勒斯坦著,罗荣渠等译:《现代世界体系(第一卷)》,高等教育出版社1998年版,第2页。

农产品的直接占用，不是以贡品的形式，也不是以封建地租的形式，而是创造出了另一种攫取剩余品的新形式。这种新形式扩大了社会生产力，运用世界市场机制，并拥有国家机器的协助。在沃勒斯坦看来，三个因素对资本主义世界经济体系具有决定性意义：第一个因素是世界地理大发现；第二个因素是因为分工对不同产品和劳动力管理方法的多样化发展；第三个因素是国家机器的建立。这三个因素共同推动了世界经济体系的形成。

问题是：为什么资本主义在欧洲诞生，而没有诞生在中国？这是中西方学者都试图解答的重大课题。沃勒斯坦侧重于讨论中国为什么不重视海外贸易、不重视扩张这一问题，为此，他分析了欧洲与中国的区别：其一，在农艺方面，欧洲偏重于发展畜牧业，而中国在东南部地区发展稻米生产以谋求建立一个更强大的农业基地。中国南方精耕细作的农业经济发展模式，比欧洲的畜牧业需要更多的人力，这导致中国重视疆域内土地的农业生产，而缺乏向外扩张的动机。"中国实际上也一直在扩张，却是在内部扩张，即在国境以内扩大稻米生产。"[1]其二，中国是一个地域非常辽阔的帝国，欧洲地域没有如此辽阔，而是由许多较小的帝国、民族国家和城邦构成。"如果说乍一看中国似乎具有向资本主义发展的较好条件，如发达的国家官僚体制，在经济的货币化方面以及可能在技术上更加先进，可是毕竟处于较差的地位。它为一个帝国政治结构所制约，它为其价值体系的'合理化'所限制，这个价值体系否认国家才是变革的杠杆（假定它曾想利用杠杆的话），而欧洲的君主们却在欧洲封建忠诚的奥秘中发现了它。"[2]但从形式来看，与欧洲形成的世界经济体系不同，中国属于幅员辽阔的世界帝国，帝国承担着治理和保护广大国土和人口的责任，耗尽了可用于投入发展资本主义的注意力、精力和财力。更重要的是，中国实行俸禄制，而欧洲实行封建制，俸禄制能够将帝国长久地维系，而封建制使欧洲在古罗马帝国之后趋于瓦解。封建化带来了帝国结构的解体，而俸禄制则维持了帝国结构，中央集权为长期维持政权而拒绝技术进步。由此，沃勒斯坦得出结论认为"帝国形式可能已再次成为结构上的束缚"，这种束缚是对技术发展的束缚。因此，沃勒斯坦指出，到1450年，是欧洲而不是其他地方成为创建资本主义世界经济的新舞台，世界范围内的分工和国家官僚机器构成这一新体系的重要基础。

---

① 沃勒斯坦著，罗荣渠等译：《现代世界体系（第一卷）》，高等教育出版社1998年版，第43页。
② 沃勒斯坦著，罗荣渠等译：《现代世界体系（第一卷）》，高等教育出版社1998年版，第50页。

在16世纪，欧洲的世界经济体开始出现，这一新经济体建立在资本主义生产方式的基础之上。"资本主义世界经济体的鲜明特征是：经济决策主要面向世界经济体的竞技场，而政治决策则主要面向世界经济体内的有法律控制的较小组织——国家（民族国家、城市国家、帝国）。"①在沃勒斯坦看来，如果将欧洲世界经济体看成一个整体，在1450年至1640年这一时段资本主义世界经济体创立起来了。这意味着，资本主义不可能在世界帝国的框架之中繁荣起来，但在形成中的世界经济体之内，商人们得到的利益比原来在单一的国家架构内所获得的利益要多得多。因此，这是资本主义发展的一个秘密，即在世界经济体的框架内建立劳动分工，而不是在单一的民族国家框架内建立劳动分工。

需要注意的是，商业扩张和资本主义农业兴起，为不断扩大的国家官僚机构提供了充足的经济基础。因此，国家机构也成为资本主义的基础。"资本主义世界经济体看起来需要并促进了这一增强中央集权与国内控制的过程，至少在中心国家是这样。"②"资本主义世界经济体是以世界范围的劳动分工为基础而建立的，在这种分工中，世界经济体的不同区域（我们名之为中心区域、半边缘区域和边缘区域）被派定承担特定的经济角色，发展出不同的阶级结构，因而使用不同的劳动控制方式，从世界经济体系的运转中获利也就不平等。"③这说明，资本主义世界经济体系的形成奠基于世界范围内的劳动分工，这种分工促进了经济发展，商人由此获得更多利益，因此这一体系具有坚实的物质基础。更重要的是，世界体系拥有有机体的显著特征，它具有生命期。为此，沃勒斯坦对比了两种不同的世界体系。一种世界体系是世界帝国，世界帝国指的是控制大片地域的单一政治体；另一种世界体系是世界经济体。沃勒斯坦指出，前现代社会所出现的世界经济体是不稳定的，这些体系有的已经转化为帝国，其他的都解体了。但已经存续了五百多年之久的现代世界体系并没有转化为世界帝国，这是它的独特性所在。"现代世界体系采取了资本主义世界经济的形式，这种资本主义世界经济在欧洲延长的16世纪便已产生了，它促进了一种特殊的再分配或纳贡式的生产方式，即欧洲的封建生产方式（布罗代尔所说的经济上的旧制度）向一种性质极不相同的社会制度的转化。"④在沃勒斯坦看来，1450年至1750年是封

---

① 沃勒斯坦著，罗荣渠等译：《现代世界体系（第一卷）》，高等教育出版社1998年版，第79页。
② 沃勒斯坦著，罗荣渠等译：《现代世界体系（第一卷）》，高等教育出版社1998年版，第175—176页。
③ 沃勒斯坦著，罗荣渠等译：《现代世界体系（第一卷）》，高等教育出版社1998年版，第194页。
④ 沃勒斯坦著，庞卓恒等译：《现代世界体系（第二卷）》，高等教育出版社1998年版，第6页。

建主义向资本主义过渡的漫长时期,资本主义是作为封建主义危机的解决方式出现的。到1600年时,西北欧成为欧洲世界经济的中心区。在早期,荷兰称霸于资本主义世界经济。在17世纪中叶,英国和法国致力于用武力消除荷兰的优势,试图取而代之。

沃勒斯坦将现代世界体系区分为中心区、半边缘区、边缘区,中心区、半边缘区的统治者为了维持自身的生产和就业而牺牲边缘区,这意味着边缘区在政治上是软弱的。然而,边缘区并没有退出世界经济体之外,仍然在世界经济体之中,主要原因在于边缘区的土地、人口和资源具有巨大的潜能。当中心区处于经济衰退时期,边缘区由于劳动力成本较低,能够提供部分产品。沃勒斯坦指出,不平等的等级性劳动分工是资本主义世界经济的永恒要素。除此之外,世界经济体系中特定区域的变换也是另一个永恒要素。

工业的兴起和资产阶级的兴起是19世纪历史编纂学和社会科学解释现代世界的两个概念。18世纪末和19世纪初发生了历史性的根本性变革,英国工业革命和法国大革命都发生于这期间。霍布斯鲍姆在《革命的年代:1789—1848》中用"双元革命"来形容这两个革命所产生的历史性变革。但在沃勒斯坦看来,这两个概念其实是一回事。在从封建主义向资本主义转变的过程中,法国大革命既不是经济上转变的根本标志,也不是政治上转变的根本标志。"就资本主义世界经济体而言,法国大革命是一个使上层建筑最终与经济基础相适应的时期。它是这种转变的结果,而不是转变的根本原因或者转变发生的时刻。"[1]更重要的是,沃勒斯坦指出法国大革命有更深一层的意义——它预告了未来。"法国大革命是资本主义世界经济体中的第一次反体系的革命,从小的方面来看,它是成功的;从大的方面来说,它是失败的。但是,法国大革命表现出来的'神话',不是资产阶级的神话,而是反资产阶级的神话。"[2]沃勒斯坦进一步指出,法国大革命是完全不同的三件事缠结在一起的。第一,法国革命是占统治地位的资产阶级不同集团的一次尝试,在英国向世界经济霸权地位跃升之后,他们试图推进法国的国家改革。或者可以这样说,法国大革命是试图阻止英国霸权的尝试,但这样的尝试并没有达到目的,反而增强了英国的霸权地位。第二,法国大革命造成了公共秩序的崩溃,在现代世界体系引起了一种反制度的群众运动。在这个

① 沃勒斯坦著,庞卓恒等译:《现代世界体系(第三卷)》,高等教育出版社2000年版,第41页。
② 沃勒斯坦著,庞卓恒等译:《现代世界体系(第三卷)》,高等教育出版社2000年版,第41—42页。

意义上，法国大革命不是一次资产阶级革命。第三，法国大革命对现代世界体系形成了冲击，最终使文化意识形态与经济、政治相适应。在资本主义诞生之后的最初时期，它穿着"封建"意识的外衣，但法国革命的发生标志着封建意识形态最终崩溃。16世纪以来欧洲形成的资本主义世界经济体向外扩张，逐步把广大新地区融入这一经济体系的分工之中。需要注意的是，其他地方融入资本主义世界经济体，并不是以主动的姿态融入的，其边界的扩展也不是一下子形成的，而是一个动态的过程。

事实上，对资本主义的起源，学术界有不同的看法，有的学者指出一些"外部地区"已经有原始的资本主义了，认为资本主义是可以"内生"的，但是西方的入侵打断了这一进程。沃勒斯坦强调，除了资本主义世界体系，并不存在其他各种各样的资本主义体系。"18世纪末期的伟大革命，即所谓的工业革命、法国革命、美洲居民之独立，其中没有一个是对世界资本主义体系的根本挑战，反而标志着这一体系的进一步巩固与确立。"[1]这意味着资本主义世界经济体系具有唯一性，即资本主义只产生于西方。其他国家如果想成为资本主义世界体系的组成部分，就应该加入这一世界体系的生产网络与商品交换链条之中。

三、资本主义与儒家伦理

随着资本主义世界经济体系向全世界扩张，非西方轴心文明被迫卷入其中，对西方现代性的学习与模仿就不可避免了。但问题是：如何理解和把握西方资本主义的深层结构？韦伯在《新教伦理与资本主义精神》的开篇就进行了这样的追问："一个在近代的欧洲文明中成长起来的人，在研究任何有关世界历史的问题时，都不免会反躬自问：在西方文明中而且仅仅在西方文化中才显现出来的那些文化现象——这些现象（正如我们爱认为的那样）存在于一系列具有普遍意义和普遍价值的发展中——究竟应归结为哪些事件的合成作用呢？"[2]韦伯认为西方资本主义兴起与新教伦理存在着紧密的勾连，把资本主义发展追溯至宗教文化之源。如果说西方宗教尤其是基督教的新教在资本主义发展中发挥着重要作用，那么也预设了这样一个问题：为什么非西方的宗教没有成功发展出资本主义？韦伯转而对中国的儒教与道教展开对比研究。

① 沃勒斯坦著，庞卓恒等译：《现代世界体系（第三卷）》，高等教育出版社2000年版，第329页。
② 韦伯著，于晓、陈维纲等译：《新教伦理与资本主义精神》，陕西师范大学出版社2005年版，第1页。

在韦伯看来,西方古代的城市、中世纪的城市、罗马教廷及由此产生的国家是资本主义的承担者。与西方不同,中国的城市缺乏政治上的独特性,既不是古希腊的城邦国家,也没有中世纪的城邦法。中国的城市由于种族关系从未中断过,所以没有西方城市所获得的自由。中国城市的兴盛依赖于皇室的统辖,特别是依赖于政府对河流的治理,而不是依靠城市居民在经济与政治上的冒险精神。更重要的是,中国缺乏像西方那种自由调节商业与手工业的法律基础,这种法律基础是公正的、形式明确的、可信赖的,而正是这样的法律基础推动了小资本主义的发展。韦伯认为:"在中国,由于缺乏一种形式上受到保证的法律与一种理性的管理和司法,加之存在着俸禄体系和根植于中国人的'伦理'里而为官僚阶层与候补官员所特别抱持的那种态度,所以不可能产生西方所特有的理性的企业资本主义。"[1]韦伯指出,虽然在历史上中国的手工业也比较发达,但不意味着这是近代资本主义发展的开端。"西方中世纪城市中朝气蓬勃的市民阶级所发展出的那些风格独特的机构,要么是至今仍根本不存在于中国,要么就是展示出一种完全不同的面貌。"[2]因为中国缺乏资本主义的法律形式和社会基础,而中国的经济也不像欧洲意大利城市中所出现的理性客观化倾向,原因在于中国的家族是一个共同体,这种共同体与理性的经济共同体是背道而驰的。如果从西方现代法律体系来看,韦伯指出,有两股力量同时对西方现代法律的理性化起重要作用。第一种力量是资本主义力量。资本主义依赖严格的形式法与司法程序,主张法律像一台机器一样以可计算的方式来运作;第二种力量是专制主义国家权力及其官僚理性主义的力量,这种力量关注系统地制定法律,并强调由受过合理训练的官僚体系来执行法律。这两股力量缺一不可,如果缺乏其中一种,就无法产生出现代法律。

如果说资本主义诞生于新教伦理,这就产生了一个有趣的问题:新教伦理是理性的,而儒教伦理也是理性的,儒教的理性主义与基督教的理性主义其实非常接近,为什么中国的儒家伦理难以诞生资本主义?韦伯将儒教与基督教的新教进行对比,指出儒教与新教是对立的,两者的差异比较大。随着欧洲宗教改革的兴起,逐渐形成了以路德宗、加尔文宗为代表的基督新教,新教与天主教、东正教并称为基督教的三大教派。在新教中,激进的加尔文宗信徒被称为清教徒,

① 马克斯·韦伯著,洪天富译:《儒教与道教》,江苏人民出版社2003年版,第111页。
② 马克斯·韦伯著,洪天富译:《儒教与道教》,江苏人民出版社2003年版,第92页。

韦伯所谓的新教主要是以清教徒来展开分析的。第一，新教通过理性来改造此世；而儒教的任务是为了适应此世。第二，儒教主张人要进行严格的自我控制，以维护完美无缺的圣人尊严；对新教而言，虽然它有严格的自我控制，但其自我控制的目的在于把人的意志统一于神的意志。第三，儒教伦理让人处于自然形成的、具有尊卑等级的个人关系之中，这种个人关系由君臣、父子、兄弟等人际关系所组成，但新教认为这种人际关系是可鄙的，因为新教把与上帝的关系置于优先的位置。儒教与新教在伦理观念上所存在的差异也体现在政治结构上。中国的儒教伦理强调政治和经济的组织形式完全依赖个人，但这些组织形式缺乏理性的客观化。在中国的城市里没有纯粹以营利为目的的经济社会化形式与经济企业形式，即缺乏真正的社团，因为中国人所有的共同行为均受到个人关系特别是亲缘关系的约束。也就是说，在中国真正起作用的是传统、地方习俗和官员的恩惠。然而，对清教来说，清教将所有一切都客观化为理性的"企业"和"商务"关系，主张用理性的法律与契约来取代传统。

中国传统社会人口稠密，为了生存需要发展出肯定现世的功利主义，相信财富是实现道德完善的重要手段，进而发展出了一种"精打细算"的心态。比如中国的小商贩分文必争，每天都清点现钞，但韦伯指出这种极端的功利主义并没有发展出理性的经营观念。"中国缺乏中世纪后期的以及完全与科学相结合的欧洲资本主义工业'企业'的理性形式。在中国，看不到欧洲式的'资本'构成。"①因此，韦伯认为中国不存在欧洲那样的企业理性组织的管理方法，没有真正的、具有技术价值的商业文书、计算和簿记系统。此外，在宗教方面，中国虽然也存在着对异端的裁判，但是中国人对宗教是宽容的，不像清教那样对异端持不宽容的态度。"中国人享有广泛的货运自由、和平、迁徙自由、职业选择与生产方法自由，并且也不嫌恶商业精神。然而，这一切却没有导致现代资本主义在中国兴起。"②韦伯给出的主要理由是中国人缺少西方清教徒所秉持的理性生活方式。在西方基督教的观念中，清教徒不是把商业成功当成终极目的，而是当成一种证明手段。更重要的是，儒教为了适应现世，却不信任别人，也不相信别人会信任自己，而这种不信任会妨碍商业的运作。相反，清教徒在经济上信任他人，这种信任逐渐发展成为对资本主义发展不可或缺的信用。

① 马克斯·韦伯著，洪天富译：《儒教与道教》，江苏人民出版社2003年版，第248页。
② 马克斯·韦伯著，洪天富译：《儒教与道教》，江苏人民出版社2003年版，第249页。

资本主义的发展与扩张把人的欲望充分调动起来了,但新教又是主张禁欲主义的伦理,问题是,这种禁欲主义的伦理为什么会成为资本主义无限欲望的基础?韦伯分析指出,近代资本主义企业家具备禁欲主义的伦理,具有一种肯定日常商业经营的冷静以及有节制的理性。当然,这种无情的、宗教上系统化的禁欲主义,生活于此世但又不依赖于此世的功利主义,有助于创造优越的理性才智和职业精神,而这是儒教所缺乏的。儒教以理性的生活方式来适应现世,但这一理性是由外到内被决定的。这种理性受外在力量所影响,它不是一种自觉的行为。相反,新教的生活方式是由内到外被决定的,是新教徒自觉的行为。在中国社会,儒教徒运用自己及家族的积蓄从典籍中获得教养,并通过科举考试获得名利地位。但在西方社会,典型的新教徒是挣得多、花得少,他们把自己的所得作为资本参与企业投资。韦伯进一步指出,儒教伦理和新教伦理都具有理性主义的特质,但新教的伦理具有超越的取向,是彻底的、现世的经济理性主义,因为新教徒把现世的劳作视为追求超验目标的表现。这意味着,新教徒认为现世的努力只不过是为了接近上帝而做的努力。正是在这个意义上,韦伯认为新教的理性主义区别于儒教的理性主义,"儒教的理性主义旨在理性地适应现世;而新教的理性主义旨在理性地支配这个世界。"①也就是说,儒教认为现世是给定的,既然是给定的,人们就应该"适应"现世的生活而不是将其改变,这预设着儒家是反对改革社会现实的,韦伯举王安石变法失败的例子说明理性的改革措施受到儒教官僚集团的反对。相反,新教徒要"支配"世界,这种对世界的支配就意味着对现世进行改革。

在《儒教与道教》中,韦伯除了重点讨论儒教,还讨论了中国本土的道教。韦伯认为道教具有冥想的、神秘的性质,这种伦理缺乏"职业伦理"。道教主张节俭,把节俭作为道家的美德,但是不具有禁欲主义的性质,在本质上具有冥思的性质。道教对巫术持宽容的态度,"道教压根儿没有自己的'伦理',对它而言,是魔法,而非生活方式决定人的命运"②。对商人而言,商人信奉道教,是因为商人所信奉的财神是道教所培植的。中国道教的重点放在神对此世与来世的财富、健康、幸福生活等世俗需求的许诺上。但韦伯也指出,道教的伦理要求处于萌芽状态,缺乏系统性。道教拥有以巫术为取向的"救世技术",而那些掌握巫

---

① 马克斯·韦伯著,洪天富译:《儒教与道教》,江苏人民出版社2003年版,第253页。

② 马克斯·韦伯著,洪天富译:《儒教与道教》,江苏人民出版社2003年版,第206页。

术的巫师为了维持自己的经济生活,就始终维持这一神秘的巫术传统,特别是维持传统的鬼神论,道教比正统的儒教更具有传统主义的特征。道教主张宇宙中存在着和谐的自然和社会秩序,它是反对变革的,把"切莫提倡变革"作为自己的原则。因此,道家的巫术成为理性生活的最严重障碍,这与新教伦理形成过程中的"祛魅"完全不同,道教并没有西方那样的理性主义,没有鞭策人们对现世进行变革的力量。经由对儒教与道教的分析,韦伯得出结论认为,儒教和道教阻碍了资本主义的发展,而新教伦理则促进了西方资本主义的发展,他从另外一个侧面回答了《新教伦理与资本主义精神》中所提出来的为什么资本主义产生于西方这一重大学术问题。

四、后天下时代的新帝国

在中国历史中,天下体系与王朝帝国的政治实践是紧密勾连在一起的,中国传统帝国的历史命运其实就是天下体系的历史命运,传统帝国的消亡与天下观的式微是同步的。甚至可以说,不理解中国的传统帝国,就难以理解天下观。

随着近代民族国家兴起,帝国已经消亡了。然而,在全球化的语境下,帝国又展现出新的面相。哈特在《帝国——全球化的政治秩序》序言中提到:"帝国正在我们的眼前物质化。"[1]在哈特看来,在苏联对资本主义世界市场的这一障碍坍塌之后,经济与文化方面的交流呈现出不可抗拒、不可逆转的全球化趋势。随着生产全球流水线和全球市场的形成,一种全新的主权形式正在形成,并作为一个政治体的帝国有效控制着全球,它成为统治世界的最高权力。伴随着全球化的发展,商品、人才、资金、技术等要素跨越了民族国家的界限,虽然民族国家的主权仍然有效,但是已经不可避免地衰落下去了,对经济和文化交流的控制力正在减弱。政治仍控制着生产和交换,形成了帝国这一新的全球主权形式。"通往帝国之路出现在现代帝国主义的衰落之时。与帝国主义相比,帝国不建立权力的中心,不依赖固定的疆界和界限。它是一个无中心、无疆界的统治机器。"[2]哈特进一步指出,在全球化时代,第一、第二、第三世界的空间划分已经显得过时,因为第一世界在第三世界之中,而第二世界无处不在。流动的资本在全球化的世界畅通无阻,现代世界是一个被新的、复杂的差异、同质、非疆界

---

[1]　哈特、奈格里著,杨建国、范一亭译:《帝国——全球化的政治秩序》,江苏人民出版社2003年版,第1页。
[2]　哈特、奈格里著,杨建国、范一亭译:《帝国——全球化的政治秩序》,江苏人民出版社2003年版,第2页。

化、再疆界化的体制所限定的世界，而世界财富的创造倾向于生态政治的生产，即社会生活的生产。许多人将全球化和新世界秩序的最高权威放在美国，认为美国已经穿上了全球权力的外衣，认为世界已经从19世纪的英国世纪转为20世纪的美国世纪。但哈特认为，帝国主义已经成为过去式，那种像过去欧洲帝国主义国家成为世界领袖的情况在现代世界已不复存在，因为一种新的主权帝国形式已经出现。

哈特对帝国这一概念进行说明，认为帝国的隐喻并不意味着今天的世界秩序像传统的罗马、中国帝国那样，帝国只是一个概念，这个概念的特征是没有边境，它的规则没有限定。第一，帝国的概念假定了一个体制，这个体制包括空间的整体性，包含整个文明的世界。第二，帝国是一个成功终止历史并因此永远固定正在存在的事态的秩序。第三，帝国的规则操纵着所有延伸到世界每个层面的社会秩序，它不仅管理疆域和人口，也创造安置自身的世界，既统治着人类的相互交往，也直接寻求统治人性。第四，帝国的概念一直用于和平，寻找一种历史之外的永久和平。在哈特看来，霍布斯从社会契约的角度认为超国家主权实体的构建是一种契约协定，契约的缔造过程就是造就一个新的、单一的国家力量，洛克则认为实现超国家主权实体的过程将会以分散权力、以多极化的方式进行。然而，哈特认为，这些思想都没有意识到帝国主权已经发生了范式转向。在现代性向后现代性发展的过程中，新的超国家秩序界定着国家内部秩序。也就是说，这种对应关系不是"由内及外"即从内部秩序推演出国际秩序，恰恰相反，而是"由外及内"，以超国家秩序推演出国家内部的法律体系。"今天，帝国正作为一种中心出现于世界，它支撑起生产全球化之网，试图把所有权力关系都置于它的世界秩序之下。可同时，它又运用强有力的警察功能，压制威胁到它的秩序的新野蛮人和具有反抗意识的奴隶。"[1]新帝国的诞生意味着原来由西方主导的现代性正呈现出新的面貌。

在中世纪之后，欧洲现代性起源的一个突出特点是产生了世俗化过程，即韦伯所谓世界的"祛魅"，这个过程拒绝了神圣和超验对世俗事务的权威。哈特指出，政治处在形而上学的中心，而现代欧洲形而上学是为了应付个体解放与民众革命而逐步兴起的。需要注意的是，现代性危机与种族征服、殖民紧密相连。

---

① 　哈特、奈格里著，杨建国、范一亭译：《帝国——全球化的政治秩序》，江苏人民出版社2003年版，第20页。

对民族国家而言，它在内部以意识形态创造出同质的人民，在外部则创造出种族差异的他者。"殖民主义的结束和国家力量的式微显示出一场由现代主权范式到帝国主权范式的普遍转变已经到来。"[①]福山在《历史终结及最后之人》中所谓的"历史终结"实际上指的是现代性核心危机的终结，黑格尔把历史视为自我意识矛盾运动的辩证过程。哈特指出，资本主义市场反对内外之分，其希望达到的最理想的形式是，整个地球都属于资本主义大市场的领域，除此之外再无其他领域。显然，全球化时代所形成的"新帝国"正在改变着人们对世界图景的想象。

五、从天理到公理

从天下到民族国家的转换既是制度的转型，同时也是思想的转型，从天理到公理的转换是其中的内在逻辑。汪晖在其四卷本著作《现代中国思想的兴起》中重点讨论现代中国如何从天下转向民族国家，揭示这种转向背后所蕴含的逻辑。汪晖这四卷本著作的内容十分庞杂，在其繁复的论述背后，设置了两条基本线索来讨论现代中国思想的生成：第一条线索是从帝国到民族国家的转换；第二条线索是从天理世界观到公理世界观的转换。这两条线索不是截然分离的，而是在论述的过程中相互交叉。汪晖在长达百页的"导论"部分主要围绕第一条线索来展开，其论述的要点是：现代中国是在清朝的基础之上建立起来的（如疆域、行政区划等），现代中国同时兼具帝国和民族国家的部分特质，既非帝国又非民族国家的这一悖论性事实使源自西方以"帝国—民族国家"二元对立为基础的任何知识谱系及其理论变种都值得质疑。在"总论"部分，汪晖主要围绕从天理世界观到公理世界观的转换展开叙述。

在汪晖看来，现代中国思想的兴起可以表述为从天理世界观到公理世界观的转变，这一转变使以原子论和实证主义为基础的科学主义获得了霸权地位，但公理世界观内部包含着一种自我批判的逻辑。他将中国研究中的科学主义观念追溯至哈耶克，认为哈耶克对科学主义的批判和对"自然/社会""市场/计划"的二分是一种攻击计划经济和社会主义的意识形态。布罗代尔、波兰尼等人的理论研究以及中国近现代的史实都表明，市场与社会的形成是国家建构的结

---

① 哈特、奈格里著，杨建国、范一亭译：《帝国——全球化的政治秩序》，江苏人民出版社2003年版，第166页。

果,而非像哈耶克所说的那样是自生自发的产物。

天理世界观转换为公理世界观是现代思想转变的重要逻辑。公理世界观以实证主义和原子论为基础,它对现代中国产生了深远的影响:一方面,它将个人从各种血缘、地缘和其他社会网络中抽象出来,从而瓦解了天理世界观与宗法、血缘及地缘共同体之间的内在联系;另一方面,它改变了政治主权的构成原理,即以原子论和抽象个人为前提的法权关系使科学世界观成为现代国家合法性的基础。此外,科学的公理世界观也重构了教育体制,它在教育领域的专业性分工和知识谱系的分类使知识生产走向专业化,促成了专业性的科学研究体制。汪晖意在说明,公理世界观取代天理世界观使科学取得了霸权地位。

需要注意的是,科学世界观的蜕变造成了科学霸权的进一步扩张。科学世界观有两个危机:一是科学世界观具有形而上学和整体论的特点,实证主义在瓦解天理世界观的同时也挑战了公理世界观的形而上学和整体论基础。二是科学世界观与国家的制度性实践存在着悖论——科学被赋予了道德的功能,但分科的知识谱系及制度化实践与道德没有任何关系。在这个意义上,汪晖认为,反对科学主义的道德中心论或文化论仍然是以承认科学主义的分类原则为前提的,对公理世界观的批判不是削弱了而是强化了科学主义。因此,自然科学和社会科学的方法论差异没有瓦解科学的普遍主义,而是在另一个分类原则上扩张了普遍主义的适用范围。这说明,对科学主义的批判造成了科学主义的进一步扩张。

汪晖进一步指出,面对科学世界观的公理,晚清思想围绕公理与反公理提供了三种现代性方案,即对公理世界观的不同看法产生了三种不同的公理观:一是严复以理学、易学和实证主义为背景建立的公理观。二是梁启超以心学、今文经学和德国唯心主义为背景建立的公理观。三是章太炎以唯识学和庄子思想为背景建立的反公理观。严复与梁启超的公理观对公理持肯定的态度,是"肯定的公理观";而章太炎则是公理的批判者,持"否定的公理观"。这意味着,晚清公理观内含着一种自我否定的逻辑,这种自我否定是对现代性及其危机的反思。

中国学者对公理的研究与科学主义有关,在中国思想史视野中的科学主义呈现出批判性的反思。在20世纪80年代后期,中国研究者开始对科学主义进行批判性的反思,试图以"科学/科学主义"的二元框架反思一元论的科学主义。

在汪晖看来,对科学主义的反思应该将其置于一定的社会和历史背景之中。从思想史的角度看,现代中国思想的科学概念专注于具体的历史问题。自由主义者和某些左翼理论家认为科学主义是极权主义和计划经济模式的思想方法根源,把自由市场、个人权利等概念作为国家的对立物,但他们并没有反思市场、个人等概念是否同国家一样,也是一种科学的谋划。因此,对科学主义的认识应该置于一定的社会和历史之中,需要将其历史化,即需要对西方科学主义进行历史化处理。

在《现代中国思想的兴起》中,汪晖重点对哈耶克的科学主义认识进行讨论。哈耶克对实证主义的批判建立在"自然/社会"二元论之上:自然科学的方法不能运用于社会领域。哈耶克认为,科学认识的对象其实不具有客观性,它是人们的主观建构,因而科学主义的谬误在于将(只能运用于自然领域的)实证主义运用于社会领域,从而产生"理性的滥用"。哈耶克对"自然/社会"予以二分,主要目的就在于把社会和市场设想为一个自生自发的领域,批判对社会和市场的计划和控制,进而批判采取计划经济的社会主义。汪晖试图说明,哈耶克把科学主义与计划经济勾连起来的目的是以自由主义的意识形态攻击社会主义。需要注意的是,"国家/社会""市场/计划"的二元对立是西方思想的重要预设与假定,这种二元对立的论述贯穿于西方思想之中。布罗代尔、波兰尼等人的研究表明,西方市场的形成离不开国家的干预——自由放任是精心计划的结果,而计划经济却是自然产生的。晚清思想家为了批判和否定一家一姓的传统王朝,运用"公""群"等理念来建构现代社会与国家。因此,"社会"和"市场"是经由部分改革知识分子的设计,并在晚清和民初所形成的结果,甚至可以说,市场和社会其实是国家计划的产物,西方思想家所主张的具有自主性的市场和社会其实是虚构出来的。因而,国家与社会、国家与市场不是截然对立的。汪晖意在说明,国家/社会、市场/计划的二元论是西方资产阶级用来对抗封建国家以争取权力的话语表达。因此,当我们运用这种二元论来理解近代中国的社会变迁,它的解释力其实是有限的。对这些二元论的质疑隐晦地批判了中国的新自由主义及其所依凭的西方古典自由主义的基本理论预设。

西方思想对现代性持科学主义的解释模式,但科学主义可能导致对现代性问题的遮蔽。在汪晖看来,在"科学主义的解释模式"中,所暗含的自由与计划二元论难以描述当代世界的预设。"科学主义的解释模式"集中讨论了社会科学对自然科学方法的误用，这种讨论看似是增强科学主义，但其实际效果反而强化了启蒙运动以来的科学意识形态。在这个意义上，汪晖指出，需要检讨的是科学作为一种社会关系的特性，如果在"科学主义"的范畴之内解释极权主义与总体计划的起源，并把这一解释运用于现代社会主义的实践，那么它会遮蔽现代性问题的总体性特征。在中国近代以来的社会转型中，从天下到民族国家的变迁，从天理到公理的转换，中国社会的转型与现代中国思想的兴起其实是一致的。现代中国思想要研究和回应中国社会的急剧变迁。汪晖在四卷本《现代中国思想的兴起》中表达的观点，在我看来，有几个方面亟待进一步思考。

一是现代汉语与理论建构。在四卷本《现代中国思想的兴起》如此庞杂厚重的著作中，汪晖不时回应两种相互交锋的理论。譬如，在讨论哈耶克的时候，同时讨论《大转型：我们时代的政治与经济起源》的作者波兰尼。哈耶克主张市场是自生自发的，反对国家干预；波兰尼主张市场是国家干预的结果。汪晖通过分析不同理论之间的交锋以发现各自理论的局限性。从文字表述来看，汪晖在展露中国思想从天理到公理转化的过程中，对文本的解读与文字论述是比较艰涩的。当然，我相信，在作者的心中，其论述和逻辑安排是清晰的，这种论述上的艰涩可能与论题的庞杂有关，也与研究的反思性有关。《现代中国思想的兴起》上承宋明理学，下接晚清以来的思想论争，如此宽阔的研究视野使读者哪怕是专业领域的研究者都深感知识的贫乏。

二是重新发现国家。受改革开放之前泛政治化的影响，20世纪80年代以来的中国学术界盛行"去国家化"的学术潮流，试图重新发现个人和社会。80年代的"文化热"借用康德的理论资源重新解读马克思，引起了一场关于人道主义和主体性的讨论，后来又引入西方的市民社会概念。这种"去国家化"的学术潮流与80年代以来的市场化改革相呼应。值得注意的是，在学理层面上，中国学术界试图强调个人和社会为市场化改革所起的作用，但在实践层面上，中国的市场化改革是一场自上而下由国家倡导和展开的改革，即中国的市场化本身也是一个"国家化"的行为。因此，这就存在着一个悖论："国家化"的市场实践与"去国家化"的市场表达之间的背离。这种背离意味着，如果中国研究者运用西方古典自由主义的基本理论预设，即运用国家/社会、计划/市场的二元框架来研究中国，就有可能背离中国的实际情况而陷入形式主义的泥潭。在我看来，这需要我们在学理的层面重新讨论国家与市场的关系，在理论上回答"国家化的市场化"

是如何成为可能的,而不是引用西方理论来抽象地论证"去国家化的市场化"。也就是说,改革开放的实践需要我们重新发现国家——思考国家对市场建构的作用。

三是重思科学主义。李约瑟曾经这样追问:"为什么现代科学没有在中国(或印度)文明中发展,而只在欧洲发展出来?……为什么从公元前1世纪到公元15世纪,在把人类的自然知识应用于人的实际需要方面,中国文明要比西方文明有效得多?"[1]这一追问被称为"李约瑟难题"。学界对"李约瑟难题"的解答众说纷纭,但无论其答案是什么,有一点不容否认——近现代中国的科学是学习西方的,科学主义也是源于西方的。在这个意义上,公理世界观对天理世界观的瓦解其实是科学奠定霸权的过程。当代中国充斥着各种科学话语,科学原来是用来解构宗教神话的,是一种解放的力量。当科学解构了宗教的神秘力量之后,科学反而获得了一种类似于神话的霸权地位,变成了一种宰制的力量。换言之,科学在解构神话之后把自己建构为另一种神话,科学披上了"神学"的外衣。由于近现代中国的科学是源于西方的,科学霸权在中国的确立其实也隐含着西方霸权在中国的确立。一如汪晖指出,我们需要检讨的是"科学作为一种社会关系的特性",需要重新对其进行反思。

四是重构"中国"。汪晖对现代中国思想的讨论置于世界历史的视野之中,不是就中国来讨论中国,而是把中国对现代性的探寻当成世界历史的一部分。的确,以历史的眼光来看,中国的近现代转型是一个不断融入世界历史的过程。《现代中国思想的兴起》展现了中国这个概念不是凝固不变的,中国自身的内涵随时代变迁而变化,对中国的不同理解就意味着有不同的中国观。当然,中国处于世界历史这一事实意味着对现代中国的思想重构需要世界历史的视野,需要重新打开中国这个概念的普遍性空间,重思天下是探寻普遍性的思想之路。

六、重思民族国家话语

近代中国从天下到民族国家的转型,西方民族国家话语体系发挥了极其重要的作用,对西方话语体系的反思是理解天下观历史命运的钥匙。萨义德在《东方学》的开篇就引用马克思在《路易·波拿巴的雾月十八日》中的一句话:"他们

---

① 李约瑟著,张卜天译:《文明的滴定:东西方的科学与社会》,商务印书馆2018年版,第176页。

无法表述自己；他们必须被别人表述。"萨义德通过对西方与东方之间的关系进行话语考察，认为东方不是一个自然的存在，而是西方为了自我理解而建构起来的他者。如果我们参照马克思的论述来加以演绎，那就是"东方无法表述自己，他们必须被西方表述"，它实际隐含着西方对东方的话语霸权，即东方学在话语层面上是一种西方对东方进行权力支配和控制的意识形态。东方与西方这种知识学上的二元划分其实潜藏着西方强势的权力支配。因此，从天下到民族国家的转型，我们需要反思西方话语尤其是民族国家话语体系的强势支配作用。

《东方学》的核心主题是指出西方根据自己的经验、需要来假定东方，把东方视为西方的殖民地，东方是西方建构出来的他者。萨义德区分了东方学的不同含义：其一，把东方学作为一个具体的学科，指的是西方关于东方及其东方人的学说。其二，把东方学视为一种思维方式。这种思维方式在本体论与认识论上区分了东方与西方，即预设了东方与西方的二元对立。其三，把东方学视为一种权力话语。东方学是西方控制东方、君临东方的一种支配方式。对西方来说，不同国家在不同时期主导了东方学，比如英法在19世纪早期到"二战"结束这一时段中占主导地位，但在第二次世界大战后美国主导了东方学。

东方学存在一个假定，假定东方是西方的主观建构而非自然存在，即东方与西方看似属于地理的客观概念范畴，它其实是西方人主观建构起来的。对这一假定，萨义德做了详细阐释。第一，那种认为东方在本质上没有现实对应物的观念是错误的：东方有许多不同的文化和民族，他们的生活、历史和习俗比西方更为悠久。第二，应该从力量关系或权力结构来理解东方：西方与东方之间存在着支配关系、权力关系、霸权关系。第三，东方学是人为创造出来的一套理论及实践体系。在萨义德看来，西方在进行殖民统治之前，东方学就为其进行了合理论证，而不是在实行殖民统治之后。从18世纪中叶开始，东西关系开始出现两大特征：一是欧洲东方知识的日益增长和系统化；二是在东方与欧洲的关系中，欧洲总是处于强力的、优势的地位。东方学其实预设了诸多的二元对立。一方面，是东方与西方的对立。西方被视为理性的、成熟的、正常的，但东方则被认为是非理性的、幼稚的、不正常的。东方人的世界之所以被人理解，并不是基于其自身的努力，而是由于存在着一套行之有效的被西方控制的操作机制，东方经由这套机制来获得西方的认可。另一方面，是亚洲与欧洲的对立。亚洲通过欧洲的想象才得到表述，欧洲给予亚洲的是绝望、失败与灾难感，这为此后东方责难西方留下了依据；同时，对亚洲辉煌已逝的哀悼意味着欧洲的胜利。对西方而言，亚洲是一个陌生的、遥远的异域。对西方基督教来说，伊斯兰是难以驯服的对手。因此，东方学是西方学者的一种话语。

事实上，在东方与西方、亚洲与欧洲二元对立的背后，东方学蕴含着这样的政治意蕴，即西方君临东方。萨义德认为，东方学具有政治性，它蕴含着对不同世界进行控制、操纵、吞并的意图，是对整个世界利益体系的精心谋划。更重要的是，它是一种权力话语体系。因此，东方学是现代政治学术文化一个至关重要的组成部分。如果我们把东方学看成西方统治东方的愿望，或者当成西方对东方的投射，那么对其所作所为就不会感到大惊小怪。"东方学本身就是——而不只是表达了——现代政治/学术文化的一个至关重要的组成部分，因此，与其说它与东方有关，不如说与'我们'的世界有关。"[①]如果东方只是西方的投射，那么现代东方学家所谓的东方已经不是现实的东方，而是一种被西方通过话语建构实现了"东方化"的东方。到第一次世界大战结束时，非洲和东方所构成的与其说是西方的学术场景，还不如说是西方的特权范围——东方学的范围与帝国的范围完全吻合。

需要注意的是，东方学有自身的局限性。萨义德指出，在书写东方的过程中，东方学获得了巨大的成功，导致东方的一切被看成对西方的被动回应，即东方被视为西方的消极回应者。诚然，如果我们参照萨义德的这段论述，那么我们可以把费正清对中国研究所运用的"冲突—回应"模式看成典型的东方学，即"冲突—回应"模式的背后其实蕴含着东方对西方强势冲击的回应，这种回应是全方位的，包括器物、制度、思想等方面的回应，近代以来中国向西方的学习也可以看成这种回应的具体体现。

在《东方学》中，萨义德从关系性的视角揭露了东方学是西方在话语层面上对东方的支配，即东方不是地理意义上的东方，东方是被西方建构起来的，是一个具有浓厚的政治立场的概念。萨义德在论述东方学这个概念时，分析了东方学的三层含义：东方学是一个学科、一种思维方式、一种话语霸权。这种分析采取了法国思想家福柯所主张的"知识/权力"的分析进路，即分析话语背后的权力关系，揭示了不在场的在场者。东方学的思维方式以东方与西方在本体论

---

① 萨义德著，王宇根译：《东方学》，生活·读书·新知三联书店1999年版，第16—17页。

与认识论的区分为基础，这意味着，东方学把东方当作认识的客体或对象，而把西方当作认识的主体。这种看法在认识论上是以"主体—客体"二分为基础的。因此，作为客体的东方是没有话语权的，只有作为主体的西方才有话语权。这样一来，只有西方才有主体性，东方从属于西方而没有主体性，这是东方学的要害之所在。

　　对中国学人而言，不能像移植论者那样把"西方的自我理解"当作是中国人的自我理解，更不能把"西方对中国的理解"当作是中国人的自我理解。重建中国文化的主体性，在认识论上就要打破"主体—客体"二分的思维方式，应该以"主体—主体"的"主体间性"思维方式来重新思考中国与西方的关系。在这个意义上，哈贝马斯所提出的"交往理性"概念是一个可借用的理论资源，即东方与西方在"主体—主体"（主体间性）的层面上进行交流与对话，这或许是东方获得主体性的思想出路。

第七章

天下想象与文化认同

天下观是中国人对世界的想象，是中国人以自我为中心看待世界的方法，同时也是中国人的文化认同。在中原王朝的历史实践中，周边少数民族对中原王朝的认同，主要是基于天下观的政治和文化认同。重思天下观需要对天下所蕴含的观念、制度、文化等丰富内涵进行思想层面的重建。在西方哲学史上，黑格尔从自我意识出发，强调世界历史不外是人的理性向外推演的结果，查尔斯·泰勒秉持黑格尔的哲学传统，从自我认同的角度对西方近代思想做了系统的研究。在查尔斯·泰勒看来，认同问题是现代社会和道德哲学的中心，是西方哲学对人类主体性的理解，"这就是内在感、自由、个人和被嵌入本性的存在，在现代西方，它们就是在家的感觉"[1]。他通过追溯现代性和社会转型的道德起源，研究人类对自我如何进行理解。查尔斯·泰勒指出，自我不是一种状态，而是一种不断生长的、无限的可能性。这种以道德的视角来展述人类自我认同的图景，为我们讨论天下观及其认同问题提供了参照。

一、天下想象与普遍性知识

在全球化时代，"全球性/地方性"成为认识现代世界的一个重要框架。文化人类学者吉尔兹在研究西方法律时提出了"地方性知识"这一概念，他通过对伊斯兰法律、印度法律、马来亚法律这三种不同的法律认识在事实与法律关系上的阐释，认为法学就像航行术、园艺、政治与诗歌等事物一样，都是具有地方性意义的技艺，因为它们凭靠地方性知识来运作。法律是一种地方性知识，具有建构性而非反映性，他倡导用寻求意义的方法而非寻求功能的方法来解释法律，主张法律的多元性而非单一性。事实上，吉尔兹主张知识是地方性的，这对主张普遍知识的现代主义构成了有力批判。不过，吉尔兹所谓的地方性知识不是依凭现代主义所预设的线性史观来论证的，即不在"时间"的范畴来展开论述；相反，吉尔兹的地方性知识是在"空间"的范畴来论述的，即主张知识的"地方性"。也就是说，吉尔兹是以"空间"为基础的地方性知识来消解以"时

---

[1]　泰勒著，韩震等译：《自我的根源：现代认同的形成》，译林出版社2008年版，第1页。

间"为基础的现代主义普遍知识。对于号称具有普遍性的西方现代性话语而言，吉尔兹把普遍性知识还原为地方性知识，这对西方文化进行"祛魅"具有重要意义。

西方现代性的扩张把西方的地方性知识建构为普遍性知识，这一建构的过程是在西方现代性全球扩张的历史中形成的。随着工业革命的兴起，西方资本主义打破了地域的局限而快速扩张，作为一种"地方性知识"的西方文化被描述成普遍的文化。从特殊与普遍的关系来看，西方文化实现了从特殊到普遍的转化。与此相反，在中西关系上，中国天下观的普遍性逐步被消解，进而中国文化的普遍性被还原为特殊性。在全球化时代，经济和技术的全球化使西方文化披上了普遍主义的外衣。在学习西方的过程中，对西方文化普遍性进行批判与还原，这是重塑中国思想文化主体性和普遍性的前提。如张旭东指出："现在，中国任何一个现象都只能在别人的概念框架中获得解释，好像离开了别人的命名系统，我们就无法理解自己在干什么。我们生活的意义来自别人的定义，对于个人和集体来说，这都是一个非常严重的问题。……本来我们是作为中国人求生存发展，然而最后求得了生存和发展，达到了'小康'，但却不知道自己是什么人，不知道自己是为什么活着的。那我们当初不如直接去做美国人、日本人、新加坡人算了，又何苦去追求一个'现代中国'呢？"[①]诚然，现代性发端于西方，西方现代性随着资本主义的世界扩张而成为理解现代社会的解释框架，西方式现代化被描述成对全球化都普遍适用的模式，但这种普遍性把非西方国家和地区描述为特殊性的存在，进而消解了非西方国家和地区的文化主体性。

文化的背后存在着话语/权力的关系，文化与政治是紧密勾连在一起的。因此，文化、政治就要从政治哲学、法哲学的视角来思考。把西方文化描述成普遍性的文化，这预设了非西方是特殊性的文化，潜藏着西方的文化霸权。西方现代性以普遍性宰制非西方的特殊性，"对当代中国文化意识来说，普遍性/特殊性问题，实际上就是如何处理当代中国生活世界的基本形式和现代性普世主义意义—价值体系的关系。"[②]因此，对西方文化普遍性进行反思与批判，在更根本的意义上是为了重塑中国思想文化的主体性。

西方现代性的主流话语体系是在普遍性与特殊性的二元框架之下展开的，

---

① 张旭东：《全球化时代的文化认同：西方普遍主义话语的历史批判》，北京大学出版社2005年版，第5页。

② 张旭东：《全球化时代的文化认同：西方普遍主义话语的历史批判》，北京大学出版社2005年版，第3页。

从黑格尔的《历史哲学》到马克斯·韦伯的《新教伦理与资本主义精神》，西方思想家把西方的特殊性转换为普遍性。黑格尔的历史哲学认为中国、印度等东方国家外在于世界历史，世界历史从希腊、罗马到日耳曼进行演化，这种论述预设了浓厚的西方中心论。马克思把西方资本主义经济描述成一种普遍的物质力量，韦伯则在《新教伦理与资本主义精神》中进行这样的追问：为什么普遍的资本主义生产方式唯独在欧洲产生？韦伯的看法是，资本主义的诞生并不是普遍的，它植根于西方所特有的理性化社会生产系统。因此，韦伯以理性化解释资本主义在欧洲的起源，用文化的特殊性来论证普遍性，主张西方资本主义的理性来源于西方基督教的新教。在西方现代性的话语体系中，现代性预设了现代与传统的二元对立，同时也预设了现代优于传统。这意味着现代性把"好/坏"的价值判断置换为"现代/传统"的"新/旧"的标准：越是现代的、新的，就被认为是好的；相反，越是传统的、旧的，就被认为是坏的、不好的。因此，现代性使人们的价值评判标准发生了重大改变。韦伯把资本主义兴起追溯至基督教伦理，把西方历史在思想史的维度上串联起来了，对断裂的历史进行"思想缝合"，进而转化为一种连续的叙述：西方既是古老的，有悠久的历史，但同时也是现代的。对现代中国而言，这种从普遍性与特殊性的视角看待"传统与现代"的关系，促进了对"旧邦新命"的想象。我们在反思西方普遍性的同时，更重要的是重塑中国思想文化的普遍性。

对中国传统天下观而言，西方文化是一个"他者"的文化，即西方是中国进行自我认识、自我认同的他者。这意味着，我们在学习西方文化时，不能无条件地盲从于西方。"中国文化的自我认同不在于如何勘定同现代性和'西方文化'的边界，而在于如何为界定普遍性文化和价值观念的斗争注入新的因素。"[1]也就是说，中国文化要重新获得主体性，就要不断参与全球化时代的文化之争，在中西文化的互动中不断注入中国因素，在话语权的争夺上重新彰显中国的主体性。在这个意义上，对西方文化的普遍性进行还原，把那些看似具有"普遍性"的政治、历史、价值等还原为地方性知识，对西方文化展开系统的反思和批判，最终要回到"我们如何做现代文明的中国人"这一问题上来，在重塑中国文化主体性的同时，重建中国文化的普遍性。也就是说，我们需要认识到，西方文化的

---

① 张旭东：《全球化时代的文化认同：西方普遍主义话语的历史批判》，北京大学出版社2005年版，第3页。

自我认同，西方关于全球经济、政治、文化等方面的话语表达，这些并不是现代性唯一的真理性论述，而是一套价值的、文化的论述。

二、认知想象与社会发展

天下是中国人对世界的想象。从人类发展史来看，想象在人类的生存和发展中扮演着重要的角色。赫拉利在《人类简史》中指出，在人类发展的历史上，认知革命、农业革命、科技革命是从古至今人类发展的三个重要革命，在这三个事关人类发展的革命中，想象作为一种隐性的力量推动人类社会发展。透过赫拉利对人类想象的论述，我们可以从中把握天下想象的巨大力量。

（一）认知革命与想象

从认知革命来看，人类语言具有独特性。语言的独特性不在于它能够表达诸如人或狮子这样的真实事物的信息，而在于它能够表达一些根本不存在的想象事物的信息。因此，"虚构"事物就成为语言最独特的功能，或者可以这样说，语言的独特性就在于"虚构"的能力。"'虚构'这件事的重点不只在于让人类能够拥有想象，更重要的是可以'一起'想象，编织出种种共同的虚构故事，……甚至连现代所谓的国家其实也是种想象。这样的虚构故事赋予智人前所未有的能力，让我们得以集结大批人力、灵活合作。"[①]智人是如何进行合作，创造出数万居民的城市、上亿人口的大国的呢？赫拉利指出，人类所虚构的故事潜藏着人类合作的秘密。对于一群彼此陌生的人，只要他们都相信某一个故事，那么就能够共同合作。但事实上，人类要说出有效的能让别人都相信的故事，这并不容易。真正的困难不在于讲故事本身，而在于所讲出来的故事能够让别人相信。因此，在人类历史上，人们不断地围绕着一个问题而打转，这个问题就是某个人究竟如何说服成百上千万人去相信神、民族、有限公司这些故事。别人为什么会相信这样的故事？又是怎么相信的？这可以说是人类发展之谜。事实上只要把故事讲成功，就会让人类拥有无比巨大的力量。这种力量能够使数以百万甚至千万计的陌生人彼此合作，为了共同的目标而一起努力。

赫拉利进一步指出，自认知革命发生以来，人类就在这样一种双重的现实中生活。一种现实是客观的现实，比如河流、树木、狮子等客观存在的现实；另

---

① 赫拉利著，林俊宏译：《人类简史：从动物到上帝》，中信出版社2017年版，第23页。

一种是"想象的现实",比如神、国家、企业等想象中的现实。赫拉利突出强调"想象的现实"。所谓"想象的现实",指的是只要人人都相信某件事,而且只要相信某件事的共同信念一直存在,就能够影响全世界。有趣的是,想象的现实甚至可以决定客观现实的存亡。"时至今日,河流、树木和狮子想要生存,有时候还得仰赖神、国家和企业这些想象现实行行好、放它们一马。"[1]想象的现实是通过文字所创造出来的,它能让一大批彼此不认识的人开展有效合作。"正由于大规模的人类合作是以虚构的故事作为基础,只要改变所讲的故事,就能改变人类合作的方式。"[2]正是在这个意义上,赫拉利认为,人类和猩猩的区别就在于人所虚构的故事,那些虚构的故事像胶水一样,可以把成千上万的个人、家庭与群体紧密地结合在一起,也正是虚构故事让人类成为万物的主宰。"整个动物界从古至今,最重要也最具破坏性的力量就是这群四处游荡、讲着故事的智人。"[3]人类所具有的虚构故事能力或者说想象能力,让人类成为地球的主宰。

(二)农业革命中的想象

在赫拉利看来,大约1万年前,人类开始几乎用全部精力操纵几种动植物的生命,以获得更多的肉类、谷物和水果。这改变了人类的生活方式,赫拉利称之为农业革命。其中,小麦、稻米和马铃薯等几种植物发挥了重要作用,"人类以为自己驯化了植物,但其实是植物驯化了智人。"[4]以麦子为例,因为农业需要花费大量的时间,人类被迫定居在麦田旁边劳作,人类的生活方式被彻底改变,这样一来不是人类驯化了小麦,而是小麦驯化了人类。

在农业时代,虽然人类的空间缩小了,但时间得以延长。前农业时代的采集者不会花费太多的时间考虑未来的事情,但是农民会想象未来几年或者几十年的事情。这意味着,在农业革命之后,人类"未来"的重要性被充分彰显出来了。农业成为大规模的政治和社会制度形成的基础。"正是这些征收来的多余食粮,养活了政治、战争、艺术和哲学,建起了宫殿、堡垒、纪念碑和庙宇。……他们生产出来的多余食粮养活了一小撮的精英分子:国王、官员、战士、牧师、艺术家和思想家,但历史写的几乎都是这些人的故事。于是,历史只告诉了我们极

---

① 赫拉利著,林俊宏译:《人类简史:从动物到上帝》,中信出版社2017年版,第31页。
② 赫拉利著,林俊宏译:《人类简史:从动物到上帝》,中信出版社2017年版,第31页。
③ 赫拉利著,林俊宏译:《人类简史:从动物到上帝》,中信出版社2017年版,第60页。
④ 赫拉利著,林俊宏译:《人类简史:从动物到上帝》,中信出版社2017年版,第77页。

少数的人在做什么,而其他绝大多数人的生活就是不停挑水耕田。"①赫拉利指出,虚构故事的强大力量超越了任何人的想象。随着农业革命的发展,人类创造出了强大的帝国与拥挤的城市,然后人类又虚构出神灵、祖国、有限公司等故事,以更好地实现社会交往与合作。赫拉利作了一个形象的对比:虽然人类基因的演化慢如蜗牛,但人类想象力的发展却极速向前,进而建构了地球上从未有过的大型合作网络。

赫拉利进一步指出,无论是城市还是帝国,都是"由想象所构建的秩序"来支撑的。比如,公元前1776年的《汉谟拉比法典》是几十万古巴比伦人的合作手册,古巴比伦人通过《汉谟拉比法典》来形成秩序。与此相似,公元1776年的美国《独立宣言》把美国人联合起来了,它成为数亿现代美国人的合作手册。"不管是汉谟拉比还是美国的开国元勋,心中都有个想象的现实,想象着这个世界有着放之四海皆准、永恒不变的正义原则(例如平等或阶级),但这种不变的原则其实只存在于智人丰富的想象力里,只存在于他们创造并告诉彼此的虚构故事中。这些原则,从来就没有客观的正确性。"②需要注意的是,人们相信某种秩序,并不是由于这种秩序是客观现实,人们相信它的主要原因是它可以提升合作效率以创造更美好的社会。在这个意义上,这种由想象所建构起来的秩序绝不是毫无用处的空谈,而是能够让一大群人彼此合作的唯一的救命仙丹。因此,想象的秩序发挥着重要作用。然而,由想象所构建起来的秩序并不是一劳永逸的,它也有崩溃的风险,因为它是以虚构的故事为基础所构建起来的,只要人们不再相信那些虚构的故事,虚构的秩序就立即风云变幻。在这个意义上,为了维持这种秩序,就要投入大量的精力来维持虚构的故事,甚至需要军队、监狱、法院等不舍昼夜地发挥作用。

在现代社会,无论是人文科学还是自然科学,都要花大量的时间和精力来解释想象所构建的秩序如何融入生活,但在现实生活中,人们并不会发觉自己所生活的秩序是由想象虚构出来的,主要原因有三个:一是想象建构的秩序与真实世界深深结合。虽然想象只存在于人们的脑海之中,但是想象与真实的结合很紧密。比如个人主义认为每个人都是独立的个体,都有独立的价值,这种认知已经深深融入现代人的生活之中。二是想象建构的秩序塑造了人们的欲望。人

---

① 赫拉利著,林俊宏译:《人类简史:从动物到上帝》,中信出版社2017年版,第98页。
② 赫拉利著,林俊宏译:《人类简史:从动物到上帝》,中信出版社2017年版,第104页。

们出生之后就生活于各种想象之中, 甚至连人的欲望其实也深受想象的影响, 或者说物质的欲望在很大程度上来源于想象。三是人与人之间的思想连接要依靠想象所建构的秩序, 这意味着想象是主体间性的。赫拉利指出, 法律、金钱、神、国家等这些历史上最重要的驱动因素, 其实都存在于主体间的想象, 形成人们共同的想象与愿景。"身为人类, 我们不可能脱离想象所建构出来的秩序。每一次我们以为自己打破了监狱的高墙、迈向自由的前方, 其实只是到了另一间更大的监狱, 把活动范围稍稍加以扩大而已。"①需要注意的是, 以历史的眼光来看, 每一种想象建构出来的秩序, 都不会承认这一秩序是想象出来的, 都会称之为自然形成的秩序。

(三) 科学革命中的想象

在农业革命之后, 人类社会的规模变得越来越大, 而维系社会秩序的虚构故事也更为精致。事实上, 人类从出生到死亡, 都被各种虚构的概念所包围。这样一来, 人们就一直按照这种人造直觉进行合作, 赫拉利指出, 这种人造的直觉其实就是"文化"。如果从人类的普遍性合作来看, 人类逐步发展出了"世界一家"的理念, 在公元前1000年间, 出现了三种"世界一家"理念所形成的秩序, 分别是经济上的货币秩序、政治上的帝国秩序、宗教上的全球性秩序。

从货币秩序来看, 不管是古老的贝壳还是现代的美元, 这些货币的价值都只存在于人类共同的集体想象之中。"千百年来, 哲学家、思想家和宗教人物都对金嗤之以鼻, 称钱为万恶的根源。但就算真是如此, 钱同时也是人类最能接受的东西。比起语言、法律、文化、宗教和社会习俗, 钱的心胸更为开阔。所有人类创造的信念系统之中, 只有金钱能够跨越几乎所有文化鸿沟, 不会因为宗教、性别、种族、年龄或性取向差异而有所歧视, 也多亏有了金钱制度, 才让人就算互不相识、不清楚对方人品, 也能携手合作。"②金钱制度有两大原则, 一是万物可换, 二是万众相信。从帝国秩序来看, 帝国作为一种秩序, 有两个特征, 一是帝国统治着不同的民族, 而不同的民族拥有不同的文化和独立的领土。二是帝国的疆域可以灵活调整, 可以无限扩张。从宗教秩序来看, 赫拉利指出, 因为所有社会秩序都是人类想象建构出来的, 具有脆弱性。社会规模越大, 由想象所联结起来的秩序就越脆弱。宗教的意义就在于让这些脆弱的秩序有了超越人类的

---

① 赫拉利著, 林俊宏译:《人类简史: 从动物到上帝》, 中信出版社2017年版, 第113页。
② 赫拉利著, 林俊宏译:《人类简史: 从动物到上帝》, 中信出版社2017年版, 第176页。

合法性。由于有宗教的存在，人类的法律就找到了绝对的神圣性。

有趣的是，赫拉利强调科学革命其实不是"知识的革命"，而更多是一种"无知的革命"。如果按照古希腊思想家苏格拉底所提出的"我自知我无知"的看法，对无知的"知"构成了知识的起点和基础。事实上，那些在人类历史上推动科学革命进步的伟大发现，其重要贡献就在于发现人类对于某些重要的问题其实一无所知。对科技革命而言，学术界反复讨论的一个问题是：为什么近现代科技革命发生在欧洲，而不是发生在欧洲以外的地区？赫拉利指出，中国和波斯并不缺制造蒸汽机的科技，至少从郑和下西洋的历史实践来看，当时欧洲并没有在科技上占优势。然而，西方之外的地区缺少西方的价值观、故事、司法系统和社会政治结构，这些是西方花了数个世纪才形成并逐步成熟的，即使西方以外国家照抄也非一朝一夕能完成。法国、美国之所以能赶上英国工业革命的步伐，就在于他们共享西方的一套文化价值系统和社会结构。

亚当·斯密的《国富论》强调，人类财富的增长奠基于增加个人利润的自私心理，认为如果私人业主的利润高于养家糊口的基本所需，就会雇用更多的人来进一步提高自己的利润。换言之，私人业主获得的利润越高，就会雇用更多的人。这样一来，民间企业的获利是社会整体财富和繁荣的基础。赫拉利指出，亚当·斯密的这一看法是革命性的，这不仅是从经济学的角度，还从道德和政治的角度论证这样一种道德："贪婪是好的，而且我们让自己过得好的时候，不只是自己得利，还能让他人受益，'利己'就是'利他'。"[1] 这意味着，亚当·斯密推翻了传统观念认为的财富与道德彼此对立的看法，论证了有钱就是有道德，人变富不是剥削邻居，而是做大了整块"蛋糕"，"蛋糕"做大之后使每个人都能受益。

工业革命产生了巨大影响，促成了人类历史上最大的社会革命。这种社会革命导致了家庭、地方社群逐步式微，并被市场和国家的力量所取代。因为工业革命在短短两个多世纪的时间里将家庭和地方社群粉碎成原子，原来家庭和社群的功能被国家和市场取代，而国家和市场都是"想象的共同体"。赫拉利指出，民族和消费大众是现代所兴起的两大想象社群。其中，民族代表着国家的想象社群，具有政治的属性；而消费大众则代表着市场的想象社群，具有经济的属

---

[1] 赫拉利著，林俊宏译：《人类简史：从动物到上帝》，中信出版社2017年版，第291页。

性。"消费主义和民族主义可说是凤夜匪懈，努力说服我们自己和其他数百万人是一伙的，认为我们有共同的过去、共同的利益以及共同的未来。这并不是谎言，而是一场想象。不论是民族还是消费大众，其实都和钱、有限公司和人权相同，是一种'主体间'的现实，虽然只存在于我们的集体想象之中，但力量却无比巨大。"①显然，想象在消费主义和民族主义中扮演着重要角色。在数万年前，人类还是微不足道的动物，但几千年前，人类就成为地球的主人，像神一样拥有了创造和毁灭一切的能力。如果从人类发展的历史来看，人类拥有了强大的力量，但还不知道如何使用这种力量。在《人类简史：从动物到上帝》结尾处，赫拉利忧心忡忡地指出，人类"拥有神的能力，但是不负责、贪得无厌，而且连想要什么都不知道"②。从现代性发展的历程来看，人类是不是如马克斯·韦伯在《新教伦理与资本主义精神》结尾处所担心的那样，在现代性的"铁笼"里，专家没有灵魂，纵欲者没有心肝？人类向何处去？这是现代性有待进一步回答的追问。

三、民族国家作为想象的共同体

近代以来，随着威斯特伐利亚和约的签订，民族国家作为一个新生事物登上世界历史的舞台。从此，在世界范围内，在殖民与反殖民的斗争中，民族国家陆续出现。近代中国也发生了从天下到民族国家的演化，对民族国家的想象取代了原来的天下想象。安德森写作的《想象的共同体》揭示了民族国家想象的内在逻辑。安德森指出，第二次世界大战之后不少国家都发生了革命，而每一次成功的革命其实都与民族国家话语体系存在着紧密的联系，比如中国、越南等国家的革命就是通过民族来进行自我界定的。这种通过民族来进行自我确证的做法为革命提供了正当性。也就是说，近现代的革命都是以民族国家话语体系来展开的，而目标是建立现代民族国家。然而，安德森进一步指出，民族国家其实是一种人造物，它是一种由想象所创造出来的观念。民族国家之所以在18世纪末被创造出来，是各种各自独立的力量复杂地"交汇"在一起的结果。但是这种人造物一旦被创造出来，它们就会变得"模式化"，可以复制、可以移植、可以推广，然后被移植到众多形形色色的领域之中，也可以吸纳各种各样的政治和意识形态组合，然后被这些力量吸收。在这个意义上，安德森强调民族国家是一种想象

①　赫拉利著，林俊宏译：《人类简史：从动物到上帝》，中信出版社2017年版，第340页。

②　赫拉利著，林俊宏译：《人类简史：从动物到上帝》，中信出版社2017年版，第392页。

的政治共同体。

民族国家作为想象的共同体，有这样几个方面的内涵。其一，民族是想象的。对一个民族而言，即使是人数最少的民族，其民族成员也不可能认识同一民族的其他大多数同胞，但这种关于民族想象的意象存在于每一个民族成员的心目中。其二，民族被想象为有限的。即使是人数最多的民族，比如是十几亿人的民族，他们也是有边界的、有限的，不会把自己的民族想象等同于全人类。其三，民族被想象为拥有主权。其四，民族被想象为一个共同体。安德森对此有一个非常形象的表述："民族被想象为一个共同体，因为尽管在每个民族内部可能存在普遍的不平等与剥削，民族总是被设想为一种深刻的，平等的同志爱，最终，正是这种友爱关系在过去两个世纪中，驱使数以百万计的人们甘愿为民族——这个有限的想象——去屠杀或从容赴死。"①安德森追问的问题是，为什么在民族主义被创造出来的短短两个世纪里，这么多人为之作出了如此大的牺牲。安德森认为只有探寻民族主义的文化根源才能找到解答。

在安德森看来，我们应该从一些大的文化体系来理解民族主义，而不是简单地把民族主义与各种政治意识形态联结起来。事实上，民族主义是由文化体系孕育出来的，即文化体系先于民族主义，并成为民族主义诞生的背景，而宗教共同体和王朝就是两个重要的文化体系。从宗教共同体来看，"18世纪不只标志了民族主义的降生，也见证了宗教式思考模式的衰颓。这个启蒙运动和理性世俗主义的世纪同时也带来了属于它自己特有的、现代的黑暗。尽管宗教信仰逐渐退潮，人的受苦——有一部分乃因信仰而生——却并未随之消失。天堂解体了：所以有什么比命运更没道理的呢？救赎是荒诞不经的：那又为什么非要以另一种形式延续生命不可呢？因而，这个时代所亟需的是，通过世俗的形式，重新将宿命转化为连续，将偶然转化为意义。……很少有东西会比民族这个概念更适于完成这个使命。"②安德森强调，只有在三种根本性的、非常古老的文化概念失去对人的心灵的控制力之后，想象民族的可能性才出现，这三个古老的文化概念分别是宗教、王朝、时间性概念。

安德森进一步指出，在积极意义上，资本主义生产体系与生产关系、人类宿命的多样性、以印刷品为代表的传播科技这些因素是相互作用的，正是这三个

① 安德森著，吴叡人译：《想象的共同体：民族主义的起源与散布》，上海人民出版社2011年版，第7页。
② 安德森著，吴叡人译：《想象的共同体：民族主义的起源与散布》，上海人民出版社2011年版，第10页。

因素的相互作用促成了新的想象共同体。尤为重要的是,印刷语言奠定了民族意识的基础,它呈现为三种不同的方式。其一,在拉丁文之下,口语方言创造了统一的交流和传播的领域,那些被印刷品所联结在一起的读者,形成了民族想象的胚胎。其二,印刷资本主义用文字的形式把语言固定下来,这种固定性可以把语言塑造成古老的形象,因为历史上的语言可以通过文字固定下来并长久保存。其三,印刷资本主义创造了权力语言,这种权力语言与旧的行政方言是不同的。"资本主义、印刷科技与人类宿命的多样性这三者的重合,使得一个新形式的想象的共同体成为可能,而自其基本形态观之,这种新的共同体实已为现代民族的登场预先搭好了舞台。"①在这个意义上,安德森指出,从起源上看,最后一波民族主义是对工业资本主义所造成的新式全球帝国主义的反应。随着印刷品的广泛传播和扩散,资本主义在欧洲创造了以方言为基础的、群众性的民族主义。在民族主义之后,它反过来腐蚀了历史悠久的王朝存在的基础。安德森把民族国家视为想象的共同体,这为理解现代民族国家的起源、形成和发展提供了新思路。

四、西方对中国形象的想象

天下观是以中国为中心看待世界的世界观和方法论,这也涉及中国之外的其他国家和地区以何种视角来看待中国的问题。周宁教授在《天朝遥远:西方的中国形象研究》中研究西方视野中的中国形象,指出西方对中国的认知有历史的转换:一开始,西方认为中国是美好的孔教理想国,但后来变成了臭名昭著的东方专制帝国;从发明造纸术、火炮的文明民族变成被奴役的、愚昧落后的、野蛮的民族。这种转变反映了西方对中国认知的历史变迁,周宁借用曼海姆提出的"意识形态"与"乌托邦"这两个概念来形容西方对中国形象的认知与想象变化。在西方现代性确立之前,西方的中国形象是乌托邦式的,对中国进行持续的美化。然而,随着西方启蒙运动的不断推进,尤其在西方现代性确立之后,"中国形象从乌托邦转化为意识形态,西方社会想象不再是用中国形象衡量并批判西方现实,而是以西方现实为尺度衡量并贬低中国,确证现存的西方现代性的合法性"②。这说明中国其实是西方建构自我意识的"他者",西方通过对中国

---

① 安德森著,吴叡人译:《想象的共同体:民族主义的起源与散布》,上海人民出版社2011年版,第45页。
② 周宁:《天朝遥远:西方的中国形象研究》,北京大学出版社2006年版,前言第7页。

的想象来进行自我确证。

西方对中国的认识与想象存在着一个历史的发展过程。按照周宁的看法,如果从乌托邦化的中国形象来看,西方先后在不同时段形成了"大汗的大陆""大中华帝国""孔夫子的中国"这三种形象,它们对应着不同的时段:"大汗的大陆"对应1250—1450年,"大中华帝国"对应1450—1650年,"孔夫子的中国"对应1650—1750年。在中西方接触的过程中,在1250—1450年这个时段,西方对中国的最初认知是把中国描述成"大汗的大陆"。在蒙古帝国打通欧亚大陆之后,西方一批冒险家来到中国并写了游记,其中《马可·波罗游记》家喻户晓。马可·波罗描绘了中国元朝地大物博、十分富饶的景象,突出中国在物质文明方面的意义,彰显了作为世俗财富与王权象征的中国形象。在1450—1650年,随着西方文艺复兴的兴起,中国被描述为"大中华帝国"的形象,侧重从中华文明制度完善的角度展露中国的优点,比如形容中国皇帝英明、官吏廉洁、百姓勤快、历史悠远、科技发达、民风朴实等。"'大中华帝国'的中国想象类型,表达了文艺复兴时代西方开放自由的精神,人们关注现世生活,试图在中世纪基督教神权瓦解后,建立一个合理的世俗政治秩序,发展商业贸易与科学技术。任何时代西方的中国形象的意义,最终都要到那个时代西方的社会文化精神中去寻找。"[1]事实上,如果结合近代西方文艺复兴、宗教改革、资本主义兴起等重大历史事件来看,近代西方在走出中世纪漫漫长夜的过程中,逐步从中世纪教会控制社会的权力结构中解放出来,近代西方社会在不断地分化与重塑,对大中华帝国持羡慕与向往的态度,大中华帝国成为西方认识自我的他者。从"大汗的大陆"到"大中华帝国"的转换,具有历史的延续性,都描述和彰显了中国的伟大与繁荣,秉持对中国的美好描述,但其意义已经发生了变化,即从物质层面过渡到制度层面。

周宁进一步指出,在17世纪的西方思想界,开始出现"孔夫子的中国"这一形象。随着西方启蒙运动的兴起,西方思想家们在中国文化中寻找思想的他者,他们以"孔夫子的中国"来描述中国的伟大,如果说"大汗的大陆""大中华帝国"分别从物质、制度层面来想象中国,那么"孔夫子的中国"则侧重从思想文化层面来表达。西方思想家如伏尔泰等推崇儒家的道德哲学,通过西方传教士

---

[1]　周宁:《天朝遥远:西方的中国形象研究》,北京大学出版社2006年版,第5页。

们所翻译的中国儒家经典，他们把孔夫子的道德哲学作为批判欧洲世俗社会的思想武器，如伏尔泰所说，西方的哲学家们在东方发现了一个全新的精神世界，而这个精神世界是由孔夫子的儒家思想居于主流的。在西方启蒙运动兴起的过程中，伏尔泰等启蒙思想家笔下的中国对思想启蒙具有重要的隐喻意义，中国成为西方思想家进行思考的理想参照物。理想的中国形象分别对应不同的参照对象："大汗的大陆"对应物质，彰显中国物质丰裕；"大中华帝国"对应制度，彰显中国制度先进；"孔夫子的中国"对应思想，彰显中国文化优越。在物质、制度、思想的逻辑链条中，13世纪以来西方对中国的认知或者说西方对中国的学习是逐步深入的。需要注意的是，近代以来，西方文明进入中国或者说中国人学习西方都是从物质、制度、思想这三个维度上逐渐深入的。如果从中国参与西方文化建构的角度来看，西方视野下的中国想象以西方现代性的自我建构和自我确证为基础。当然，中国作为西方现代性的他者，在这三个形象中，西方对中国的想象其实是正面的，中国成为西方学习和向往的目标。

随着西方启蒙运动的推进，伏尔泰在1750年前后写了《风俗论》，对中国历史悠久、政治清明予以高度赞扬。周宁分析指出，对中国的美化在1750年前后达到了顶峰，比如孟德斯鸠写作《论法的精神》，指出实行开明君主统治的中华帝国其实是一个专制的帝国。我们就可以看到，伏尔泰和孟德斯鸠这两个同时代的启蒙思想家对中国的认知是不同的，有美化中国的，也有丑化中国的，即对中国的认知开始发生偏差。如果说在此之前，西方主要是美化中国，侧重于展现中国良好的面相，从"大汗的大陆"到"大中华帝国"，再到"孔夫子的中国"，都贯穿着这样的逻辑，那么在1750年之后，西方丑化中国的形象开始陆续出现。"后启蒙运动时代西方的中国形象逐步被丑化，出现了完全相反的中国形象类型：停滞的中华帝国、专制的中华帝国、野蛮的中华帝国。这三种形象类型，经过孔多塞、赫尔德、马戛尔尼等著名思想家政治家的叙述，到黑格尔的历史哲学中被充分'哲理化'获得完备的解释，从而作为标准话语定型。"[①]在停滞的中华帝国、专制的中华帝国、野蛮的中华帝国这三种形象中，中国被描述为停滞的民族、专制的暴政、野蛮的蒙昧，对中国的丑化与否定与西方启蒙运动以来所确证的进步、自由、民主等价值相关。也就是说，西方通过把中国描述为停滞、专制、

---

① 周宁：《天朝遥远：西方的中国形象研究》，北京大学出版社2006年版，第287页。

野蛮的他者，来确证西方是进步、自由、民主的。其一，"专制的帝国"被视为西方自由秩序的他者；其二，"停滞的帝国"被视为西方进步秩序的他者；其三，"野蛮的帝国"则被视为西方文明秩序的他者。在这个意义上，西方把中国描述为历史上停滞的、政治上专制的、精神上愚昧的国度，归根结底是为了论证西方现代性的进步、自由、文明。

我们可以看到，在启蒙运动之前，"大汗的大陆""大中华帝国""孔夫子的中国"所呈现出来的是美化中国的形象，将中国的形象描述为幸福的、美好的、智慧的，这是一种对中国的乌托邦式想象。但在启蒙运动之后，"停滞的中华帝国""专制的中华帝国""野蛮的中华帝国"所呈现出来的是丑化中国的形象，对中国进行丑化、贬低、仇视，构建了一个落后、停滞、野蛮、邪恶的中国形象，这种形象其实是西方现代性有意识建构起来的——以意识形态化的眼光来看待中国。因此，如果从韦伯提出的"理想型"来看，"乌托邦化"的中国与"意识形态化"的中国是西方认知中国的两个主要范式和框架。以西方启蒙运动尤其是1750年为分界点，西方对中国的认知和想象存在着从"羡慕中国"到"仇视中国"、从"美化中国"到"丑化中国"的转折。当然，这种观念的转变不是一朝一夕完成的，这种转折也不是偶然出现的，而是与西方现代性的发展存在着紧密的联系，其背后展现了西方文化发展过程中的思想认知及其观念历史。这充分说明，在西方现代性的自我认同与建构中，中国扮演着一个"他者"的角色。

如果我们从中国现代性发展的历程来看，西方对中国形象的建构具有重要的参照意义。在西方对中国形象进行丑化的过程中，中国对西方的认知也在发生深刻的变化，这种变化恰恰呈相反的方向。伴随西方文艺复兴、宗教改革、地理大发现等重大历史事件的发生，西方工业革命迅速兴起，并向全球扩张。在鸦片战争之前，中国是"天朝上国"，西方不过是中国的化外之地，在中国传统天下观的视野下，西方是被怀柔的"远人"。但在工业革命兴起之后，西方依靠坚船利炮打开了传统"天朝上国"的大门，当中西双方在近代遭遇之后，西方的中国形象与中国的西方形象分别发生了逆转：西方对中国从美化转为丑化；而中国对西方从原来的丑化转为美化。在"欧风美雨"的影响下，中国逐步学习西方，洋务运动学习西方的器物，维新变法学习西方的制度，"五四运动"学习西方的思想文化，中国对西方的学习是一个逐步深入的过程。这一过程所蕴含的逻辑与启蒙运动之前西方对中国的认知想象是相似的，但与启蒙运动之后西方对中国的想象认知是相反的。

在西方现代性的框架之下，西方对中国形象的描述预设着东方与西方、野蛮与文明、传统与现代等二元论述的巨大割裂。当西方把中国描述成停滞的、野蛮的、专制的时，西方进步的、文明的、自由的形象就不断被确立起来了。事实上，这种二元对立的传统植根于西方哲学之中。可以这么说，西方之所以为西方，是通过作为非西方的中国建构起来的。近代以来中国的现代性之路也与西方现代性的扩张紧密相关，我们对现代性的认知和探索，也要经由西方来进行自我确证。在过去一百多年的历史发展进程中，西方其实深深地参与了中国现代性的生成与建构。由于西方的中国形象与中国的西方形象是紧密地交织在一起的，这意味着，深入了解和把握西方的中国形象，其实也是科学认识和把握中国的西方形象的重要抓手。在从天下到民族国家转换的过程中，尤其在当下构建人类命运共同体的具体实践中，如何在更宽广的视野中审视世界，如何超越"中西之争"，这仍然是一个重大的时代课题。

五、新天下的新想象

当今世界面临百年未有之大变局，国际格局在多重因素作用下正发生重大变化，世界新秩序处于重构之中，重新认识中国与世界的关系成为一个重大的学术问题。从历史的维度来看，这一问题存在一个长期发展和演进的过程。事实上，近代以来，传统中国被西方以坚船利炮打开了国门，长期封闭的"天朝上国"被完成工业化的西方列强纳入了殖民体系之中。可以这么说，自晚清以来，中国与世界的关系尤其是"中西关系"成为理解中国社会发展的重要理论框架，"中西之争"作为一个范式已经深深地镶嵌在百年中国的话语体系之中。近代中国从原来闭关锁国的状态开始融入近现代世界，但与世界的联系还不是很紧密，而且这种联系还是外在的。德国哲学家黑格尔在研究中国问题时曾提出过一个著名的观点，他认为中国在历史上有较大的影响，但这种影响是地域性的而不是世界性的，因此，他认为中国其实在世界历史之外，还没有融入世界历史。不过，近代以来，经过一代又一代中国人的奋斗，现代中国已经逐渐从黑格尔所谓的"在世界历史之外"融入世界历史。这意味着中国与世界的关系其实已经从原来外在的关系转化为一种内在的关系，即中国的就是世界的，中国就是世界的重要组成部分。

在中国与世界的关系发生重大变革的背景下，重新思考中国在世界中的定位成为学术界关注的重要课题。不少学者从中国传统思想文化资源的角度讨论中国问题，对中国传统文化进行创造性转化成为一个重要的学术潮流。其中，"新天下主义"是近年来在思想学术界引起重大影响的学术热潮。赵汀阳指出，当中国成为世界的重要组成部分，就必须思考中国对世界的贡献尤其是对世界的思想文化贡献，如果中国仅仅是一个经济大国而不是一个知识或思想的生产大国，缺乏自己知识体系和解释体系的中国是难以承担世界责任的。在这个意义上，赵汀阳对中国传统的"天下观"进行创造性转化，构建新的"天下体系"，进而从中国自身来认识和理解世界，他指出："以'天下'作为关于政治/经济利益的优先分析单位，从天下去理解世界，也就是要以'世界'作为思考单位去分析问题，超越西方的民族/国家思维方式，也就是要以世界责任为己任，创造世界新理念和世界制度。"[①]显然，赵汀阳所构建的"天下体系"试图克服西方近代形成的民族国家框架，从世界政治的维度重新思考中国思想的世界意义，这种"以中国解释中国"或者"以中国解释世界"的方式是试图恢复中国思想主体性的有力尝试。

实际上，如何对中国传统文化进行现代性阐释不仅是一个纯学术的工作，也是一个有重大社会现实意义的工作。中国作为一个大国，如果还延续近代以来无条件地学习西方、追随西方的模式，我们很难对现代中国社会产生思想或学理层面的自我认同。这意味着，当中国在经济上取得成功的同时，我们需要在学术上或思想上去构建自己的话语体系。赵汀阳直率地指出："'重思中国'的历史意义就在于试图恢复中国自己的思想能力，让中国重新开始思想，重新建立自己的思想框架和基本观念，重新创造自己的世界观、价值观和方法论，重新思考自身与世界，也就是去思考中国的前途、未来理念以及在世界中的作用和责任。"[②]

除了赵汀阳从政治哲学重思天下体系，不少学者纷纷从各自的专业领域研究中国传统"天下观"的当代意义。比如，华东师范大学许纪霖教授先后出版了《新天下主义》《家国天下现代中国的个人、国家与世界认同》，主张对传统天下主义进行"去中心"和"去等级化"，在人类普遍文明基础上构建新的普遍

---

① 赵汀阳：《天下体系》，江苏教育出版社2005年版，第3页。

② 赵汀阳：《天下体系》，江苏教育出版社2005年版，第7页。

性；大陆新儒学的主要代表蒋庆教授从儒家"王道政治"研究"天下秩序"，提出"政治儒学"；北京大学干春松教授出版了《重回王道：儒家与世界秩序》，强调儒家天下秩序比民族国家制度优越，应从"以民族国家为中心"回归到儒家强调的民心民意，等等。这些研究在一定程度上掀起了当代中国思想界的"新天下主义"热潮。诚然，"新天下主义"是从学术的层面思考中国崛起，主张超越西方的民族国家框架来重构中国与世界的关系。

中国学习西方的过程是逐步融入世界的过程。对近代西方社会而言，资本主义的发展与其向世界的扩张相伴随，进而构建了一个严密和复杂的世界经济体系。沃勒斯坦在《现代世界体系》中的研究表明："资本主义世界经济体系是以世界范围的劳动分工为基础而建立的，在这种分工中，世界经济体的不同区域（我们名之为中心区域、半边缘区域和边缘区域）被派定承担特定的经济角色，发展出不同的阶级结构，因而使用不同的劳动控制方式，从世界经济体系的运转中获利也就不平等。"[1]按照沃勒斯坦的观点，这意味着资本主义的产生和发展并不是民族国家领域内存在的一个孤立现象，而是一个具有世界性的体系，这个体系在形成过程中产生了中心区、半边缘区和边缘区，这样的区域划分及其角色定位是以劳动分工为前提的。这说明，资本主义的发展其实是一个世界性的存在。马克思在思考资本主义发展及其未来时，深刻地洞察到资本主义的世界性，并在世界历史的维度展开研究和批判。

马克思深刻地认识到了资本主义的发展及其所引发的世界性变革，他在研究资本主义时指出："它首次开创了世界历史，因为它使每个文明国家以及这些国家中的每个人的需要的满足都依赖于整个世界，因为它消灭了各国以往自然形成的闭关自守的状态。"[2]显然，资本主义在扩张过程中不断突破原有的民族国家疆界，使封闭社会变成开放社会。这种开放性既有经济层面的，也有思想层面的。马克思指出："资产阶级，由于开拓了世界市场，使一切国家的生产和消费都成为世界性的了……过去那种地方的和民族的自给自足和闭关自守状态，被各民族的各方面的互相往来和各方面的互相依赖所代替了。物质的生产是如此，精神的生产也是如此。"[3]一如马克思所言，世界市场的形成使国家内部的生产与

---

① 沃勒斯坦著，罗荣渠等译：《现代世界体系（第一卷）》，高等教育出版社1998年版，第194页。
② 马克思、恩格斯：《马克思恩格斯选集（第一卷）》，人民出版社2012年版，第194页。
③ 马克思、恩格斯：《马克思恩格斯选集（第一卷）》，人民出版社2012年版，第404页。

消费具有了世界性，即民族国家内部的事情其实成为世界事务的一部分。从这个意义上来说，马克思深刻洞察到了资本主义大工业突破了民族国家的疆界，资本主义的发展必然推动全球化时代的来临。马克思主义在中国的传播与发展过程中，虽然中国传统的"天下观"在近代以来逐步消隐，但其超越民族国家的世界大同主张与马克思的世界历史理论及共产主义理想逐步融合。可以这么说，不是天下观消隐了、不在场了，恰恰相反，在马克思主义中国化时代化的过程中，中国传统天下观融合到了马克思世界历史理论中，它以创造性转化的方式发挥着作用。

第八章

天下为公与大同世界

对大同社会的向往是人类的共同目标，也是古今中外的思想家共同关注的议题。中国传统典籍《礼记·礼运》这样写道："大道之行也，天下为公。选贤与能，讲信修睦。故人不独亲其亲，不独子其子，使老有所终，壮有所用，幼有所长，矜、寡、孤、独、废疾者皆有所养，男有分，女有归。货恶其弃于地也，不必藏于己；力恶其不出于身也，不必为己。是故谋闭而不兴，盗窃乱贼而不作，故外户而不闭。是谓大同。"①《礼记》所描述的大同世界是中国古人对美好社会的想象，从大同世界、小康社会、太平天国等中国历史上的重要概念来看，中国人对理想社会的探寻从未止步。事实上，西方也是如此，从柏拉图的理想国到莫尔的乌托邦，从康德的永久和平到罗尔斯的万民法，西方思想家不断对理想社会进行思考和构建，西方现代学者哈特、奈格里合著《大同世界》讨论在全球化时代如何创造一个具有共同性的世界。近代以来，在救亡图存的紧要关头，中国的志士仁人在参与中国社会变革的历史进程中对理想社会进行了不懈探索。孙中山指出："我们要将来能够治国平天下，便先要恢复民族主义和民族地位。用固有的道德和平做基础，去统一世界，成一个大同之治，这便是我们四万万人的大责任。"②在中国传统社会，天下大同是天下观所蕴含的重要目标，对大同社会的想象与实践是把握天下观的重要内容。

一、中国社会的内在结构

天下是传统中国处理对外关系的世界秩序，也是中国人看待世界的世界观。从"应然"与"实然"的关系来看，天下作为一种应然的理想，它深深影响着实然的中国传统社会及其结构，比如中国的天子来源于天的概念，"差序格局"的形成也受天下观影响。金观涛指出中国社会具有超稳定结构，这个结构的形成，需要从中国思想的内在结构来把握。在《兴盛与危机：中国社会的超稳定结构》这本书中，金观涛、刘青峰进行韦伯式的追问：西方资本主义文明为什么能够在欧洲高度自给自足的封建庄园及规模不大的城镇中诞生，而在中国封建社

① 《礼记·礼运》。
② 孙中山：《孙中山全集：第9卷》，中华书局1985年版，第253页。

会里，城市和商品经济其实已经相对发达，但为什么中国无法产生和发展出资本主义？这需要追溯到中国社会的独特性。金观涛、刘青峰指出："中国封建王朝的改朝换代，只需要10年到30年。对于一个巨大的社会机体的更新，这种修复速度之快是惊人的。这种剧烈而又高效率的王朝更迭，说明了中国封建社会结构内部存在一种生命力及其顽强的修复机制。"①如果说中国封建王朝具有内在更替和修复能力，那么其内在机制是什么？金观涛认为农民起义作为一个重要因素起着调节作用，理由是在中国社会，无组织力量以农民作为剥削对象，而农民起义是对无组织力量的扫荡。这意味着一旦经济和政治结构中的无组织力量被农民起义剪除，就会形成一个由一批新贵所组成的国家机器，进而出现人心思定的潮流——"农民战争是执行着清除无组织力量的功能，或者说是发挥了除旧布新的调节作用。"②但金观涛、刘青峰也强调，农民起义剪除无组织力量只是起到调节作用，它不具有建设性，中国传统社会内部还有一套非常有效的修复机制。在这套修复机制中，第一块修复模板是宗法同构发挥着非常重要的作用。在中国传统社会，国家和家庭是两个共同体。在家庭关系中，父慈、子孝、妇从形成了君仁、臣忠、民顺的社会关系。在修身、齐家、治国、平天下的结构中，家与国是同构的。因此，在旧王朝发生改朝换代之后，由于家族保存了国家组织机构的信息，家族就成为重建新王朝国家机构的重要力量。需要特别注意的是，与现代社会的原子化个人不同，中国传统社会以家庭为共同体。也就是说，在现代社会，原子化的自然人构成了现代法律调整的对象，但对中国传统社会而言，中国社会及其法律是以户（家庭）作为基本对象的。因此，"宗法组织作为中国封建社会的基础单元，具有相当大的稳定性。这种稳定性使得宗法家族组织在动乱中得以维系。这就使得宗法同构体在大动乱时能起到对封建国家修复的模板作用。"③这说明，以家户制为基础的宗法结构具有稳定性，在中国传统社会具有修复功能。

　　不过，中国传统社会的农民起义具有皇权主义特点，中国农民起义的首领往往称孤登帝，这种独特的现象是西方所罕见的，其原因在于家国一体的宗法结构。在这一结构中，小农是社会上的生产者，同时也是被剥削者和被压迫者，但

---

① 金观涛、刘青峰：《兴盛与危机：中国社会的超稳定结构》，法律出版社2010年版，第146页。
② 金观涛、刘青峰：《兴盛与危机：中国社会的超稳定结构》，法律出版社2010年版，第150页。
③ 金观涛、刘青峰：《兴盛与危机：中国社会的超稳定结构》，法律出版社2010年版，第155页。

在家庭关系中，他们是拥有父权、夫权的封建家长。在家国同构的体系中，父权和皇权其实是对应的。因此，在农民起义中，农民会建立以家庭组织形式为基础的政权，这种同构效应就会转化为以皇权为中心的政权。

在金观涛看来，宗法家庭结构保留了国家组织的一些基本原则，但对中国如此巨大的疆域，仅凭宗法家庭结构是不够的。传统中国地域辽阔，如果要建立跨地域的政权，辽阔的地域超越了狭隘的家庭和村落，需要由信奉儒家学说的儒生来组建国家机器，进而控制小农经济所带来的贵族化趋势，从而始终保持大一统的状态。因此，第二块修复模板是一体化。"第一，儒家国家学说对国家机构起着理论指导作用；第二，广大儒生在新王朝建立过程中起着组织作用。"[1]在历史上，中国传统王朝的修复，需要第一块模板与第二块模板拼合在一起才能获得成功。

金观涛进一步指出，中国历史上从来不缺乏伟大的思想，其实也不缺乏卓越的思想家，但是中国传统社会缺乏新思想诞生的土壤。因为中国传统宗法一体化结构像一棵盘根错节的古老大树，这棵古老的大树把自己的枝叶布满了整个空间，遮蔽了新因素的萌芽，使其得不到充足的阳光。因此，中国的新思想难以在布满了大树根毛的土壤中真正生根。"中国封建社会城市属于旧社会结构基本框架，而西欧中世纪城市则属于旧社会结构中产生的异物（这一点只要考虑这些城市不存在时是否会导致原有社会组织系统紊乱就可判定）。西方中世纪城市能成为潜结构生成之温床，和它不属于封建社会框架这一特点密切相关。"[2]从中国历史来看，虽然中原文化处于主导地位，但也不乏外来文明特别是游牧文明的挑战，而中华文明对外来文明具有强大的消化和吸收能力。金观涛提出了一个十分形象的说法："在外来文明冲击下，中国会经过一段痛苦的时期甚至会出现混乱和衰落，同时又缓慢而顽强地消化着外来文明。这是一个漫长的过程。表面看上去，它似乎被征服了，但那古老而强韧的精神不断地浸润着外来文明。就如珍珠分泌液体包容异物那样。这种消化过程柔韧而持久，迫使征服者最终被同化。"[3]金观涛以珍珠的产生过程来形象描述中华文明对待异质文明的融合过程，这是对中华文化强大磁力的形象描述。事实上，也正是这

① 金观涛、刘青峰：《兴盛与危机：中国社会的超稳定结构》，法律出版社2010年版，第160页。
② 金观涛、刘青峰：《兴盛与危机：中国社会的超稳定结构》，法律出版社2010年版，第223—224页。
③ 金观涛、刘青峰：《兴盛与危机：中国社会的超稳定结构》，法律出版社2010年版，第259—260页。

种强大的融合能力，使中国文化在漫长历史中从未中断。

作为一种未曾中断的轴心文明，中华文明具有长期稳定的特点。恩格斯在《家庭、私有制、国家的起源》中曾经讲过一句名言："只有野蛮人才能使一个在垂死的文明中挣扎的世界年轻起来。"在近代异质的现代工业文明强势冲击之前，中国社会结构之稳定是罕见的。在金观涛、刘青峰看来，中国社会是一个超稳定结构，这个超稳定结构的形成和发展大体上经历了四个阶段。第一个阶段是秦汉时期。这一阶段开始建立并形成了超稳定系统。秦始皇横扫六国统一天下，建立了强有力的中央集权，并实行郡县制。到了汉武帝，实行"罢黜百家、独尊儒术"，使这一结构趋于稳定。第二个阶段是魏晋南北朝时期。这一阶段是封建一体化结构受到冲击和大融合的阶段。第三个阶段是封建大国的鼎盛、成熟，慢慢趋于僵化的阶段。这一阶段是隋、唐、宋、元、明、清时期。从超稳定结构的三个子系统来看，特别是在宋朝以后，在经济上，传统的庄园制逐渐瓦解；在政治上，封建割据势力基本被剪除；在意识形态上，程朱理学作为新儒学出现了。但到了明清两代，超稳定系统趋于僵化，隋唐时期对外开放的开明风气消失，转变为老态龙钟的巨人，中国开始落后于西方。第四个阶段是超稳定系统在外来冲击下的对外开放时期，这一阶段始于1840年鸦片战争。如果从中西社会结构对比来看，金观涛、刘青峰指出，"中国封建社会内经济、政治、意识形态三个子系统是相互适应的，表现为统一的君主专制主义的封建大国的形态。欧洲封建社会内的三个子系统也是相互适应的，表现为封建领主分裂割据的形态。"①金观涛、刘青峰追问的问题是：中国和欧洲这两者的生产力水平大致相当，为什么中国和欧洲会出现两种截然不同的社会结构？他们给出的回答是中西社会结构内部子系统相互作用及其调节的方式截然不同。对中国封建社会而言，实行的是一体化调节方式，政治结构与意识形态结构调节着经济结构，能够维系经济的稳定。中国封建大一统的经济基础是地主经济，大量中小地主和自耕农为封建国家提供了源源不断的税收以供养庞大的官僚机构。这一从上到下的统一官僚机构对中国封建社会至关重要，它可以削弱地方割据势力以遏制贵族化倾向。更重要的是，中国传统社会确立了儒家思想的正统地位，并以这一思想作为意识形态建立了庞大的官僚体系。也就是说，经济、政治、意识形态三个子系统互为

---

① 金观涛、刘青峰：《兴盛与危机：中国社会的超稳定结构》，法律出版社2010年版，第46页。

因果、相互调节，在相互作用中保持了中国封建社会的大一统。

　　小农经济是中国传统社会的基础，在小农经济的汪洋大海中，如何将那些彼此分散的小农组织起来，是中国传统社会面临的难题。马克思对法国小农进行研究，认为小农人数众多，他们的生活条件相似，但小农彼此之间缺乏有机的横向联系。小农相同的生产方式无法使他们相互联系在一起，反而导致了小农之间的彼此隔离。如果说小农之间存在联系的话，那这种联系其实是地域性的联系。因此，马克思用了一个形象的比喻来描述小农这种缺乏组织的联系，指出小农"便是由一些同名数相加形成的，好像一袋马铃薯是由袋中的一个个马铃薯所集成的那样"①。马克思强调小农之间应该通过交往而联系起来，但为了使松散的部分联结为一个整体，必须存在使各个部分能够保持密切联系的稳定通信系统。这意味着，必须有一个内在结构来维系彼此。金观涛、刘青峰运用政治结构和意识形态结构一体化的概念来描述中国社会的内在结构。所谓的"一体化"主要指把政治结构与意识形态结构中的组织力量予以结合。对中国传统社会而言，这个一体化结构把小农经济社会整合成一个稳定的大国。一方面，国家利用那些认同统一意识形态的知识分子来建立官僚机构，同时保持官员在这个机构中的流动状态，防止官僚的贵族化和封建割据。另一方面，由于国家官僚机构的官员人数较少，中国传统社会的管理机构一般设置到县一级，有所谓"王权不下县"之说，县级以下的基层治理需要依靠处于官僚体系之外的知识分子来治理，这群人认同统一的意识形态，他们通常由退休的官员或者有功名但未当官的士绅、文人所组成。"这种渗透于基层的非官僚的社会化组织力量，形成了国家官僚机构枝干下的广泛而稳固的根基，从而把一个巨大的农业社会不可思议地有效组织起来了。"②需要注意的是，利用知识分子来建立统一的政府机构，在世界史上，这是到了近代才出现的。西方在近代通过考试建立了文官体系，而中国传统社会很早就通过科举考试把人才选拔到国家官僚体系之中，这种"早熟性"是西方所没有的。中国社会结构的早熟性、稳定性是我们理解中国社会历史演变的关键。

---

① 马克思、恩格斯：《马克思恩格斯选集（第一卷）》，人民出版社2012年版，第762页。
② 金观涛、刘青峰：《兴盛与危机：中国社会的超稳定结构》，法律出版社2010年版，第33页。

二、康有为与大同社会

近代以来，中国传统社会的超稳定结构在西方现代性的冲击下发生变迁，面对异质的西方文明，超稳定结构被置入异质的因素。探索中国的现代性之路，既要看到那些相对稳定不变的结构，同时又要看到那些新的要素。在近代，从天下到民族国家的转向是时代大势，但中国传统社会的天下大同理想也被重新彰显出来，从洪秀全的太平天国到康有为的大同世界，再到孙中山的"天下为公"，对大同世界的想象成为近代中国人直面时代危机的思想方案。

作为推动戊戌变法的核心人物，康有为是近代中国思想史难以绕过去的人物。清末中国社会面对三千年未有之大变局，在传统中国转向现代中国的过程中，在中华法系向现代法治转型的关口，主张变法的康有为呈现出一个充满悖论的面相，成为一个复兴儒学的传统主义者。萧公权指出："作为一个'不设防'的人，康氏自有其缺点与错误，他并不是圣人。他的努力失败，不能说是英雄。……一个先知的预见不能成为事实，便得不到掌声。但是在思想的领域内，现实的裁判并不很相关。康有为的改革与乌托邦思想毕竟对中国思想史有重要贡献。因为此一贡献，他将长受学界的重视。"[①]萧公权进一步指出，晚清知识人对待西方文化冲击大体上有三种态度。第一种是不认为中国传统有问题，对学习西方十分厌恶；第二种是认为中国一无是处，要求无条件西化；第三种是认为中国有些问题，建议部分西化。如果以这三类知识人来划分的话，康有为可以称为"半西化派"。康有为所想象的现代中国是一个独立自主的国家，主张中国经由现代化而获得更充分的财富和武力，但与此同时，又主张中国保持特殊的文化风格。这说明康有为与全盘西化论者是不一样的。为了充分阐发自己的思想，康有为写作了《大同书》，这是中国近代思想史上的重要著作，其学生梁启超比喻康有为《大同书》的影响"其火山大喷火也，其大地震也"[②]。

（一）康有为的时代诊断

在《大同书》中，康有为对传统儒学进行重释。在萧公权看来，康有为重建或重释儒学的主要目的是带动影响深远的思想维新，进而要为近代中国的制度革新奠定哲学基础。"当康氏作为一乌托邦哲学家，他是超越儒家的；但作为一

---

①　萧公权著，汪荣祖译：《近代中国与新世界：康有为变法与大同思想研究》，江苏人民出版社2007年版，第29页。

②　梁启超：《清代学术概论》，四川人民出版社2018年版，第103—104页。

实际的改革家,他仍然在儒家的范围之内。"①也就是说,我们可以把康有为看成一名儒者,是儒学的修正者,而不是泥古者,因为在儒学发展史上,孟子、荀子、董仲舒、朱熹、陆九渊、王守仁等思想家都是修正派,在解释经典的时候赋予儒家传统以新的内容。"康氏不接受当时的儒家传统。他坚持要回到原来的、真正的儒家,在当时已经式微的儒家,真正的儒家可经由对经籍的考证与清理错误的解释而重现。"②萧公权指出,1911年辛亥革命之后情势大变,康有为急切想通过变法来保存中华帝国和儒家的教条,而这些早已被民国所取代,在情感上和理智上康有为难以接受新的政体。当时的康有为不再像早期那样致力于变法,而是试图恢复中国的儒家传统和君主立宪。因此,对康有为而言,他关心的问题已不再是对真经或伪经进行分辨,而是关心如何重新建立中国古典的权威,并以此作为中国人的道德规范。在这个意义上,康有为对儒家不再持批判的态度。中国古代的公羊学派对康有为思想具有重要影响,特别是公羊学所秉持的"三世说"。"三世说"主张人类历史发展的演进按照"据乱世""升平世""太平世"的发展逻辑演化。到了"太平世"这一最后阶段,全天下的人都生活在和谐的大一统之中,即大同世界没有斗争和歧视。

康有为在完成《新学伪经考》之后,立即写作《孔子改制考》,该书的主题强调,作为学术与道德主宰的孔子,不是历史传统的传承者,而是一位掌握了一切永恒真理的教主。"儒家经典既是康氏哲学的泉源,也是他表达自己思想的媒介。大体而言,公羊《春秋》学配之以佛学与西学,使康氏放弃早年的传统学问和思想见解,变成解经诸贤中的'野狐禅'。其他的儒家经典如《大学》《中庸》《论语》《孟子》以及《礼记》中的'礼运篇',主要作为他二十年间借自《春秋》以及大乘佛教和西学所得哲学的工具。"③康有为致力于将儒学转化为变法的哲学,不过,萧公权指出,康有为所赞美的孔子并非中国传统中的孔子,而是将孔子世界化,孔子不再是中国的至圣先师,而是全人类大同理想中的先知,康有为最重要的工作就是致力于使儒学适应现代需要。萧公权对康有为在儒学上的贡献评价非常高,指出康有为是一个儒家修正主义者,如果从儒学发展的历程来看,儒家经过了几个大的发展阶段:第一个阶段是秦朝统一中国后不久,孟子和

---

① 萧公权著,汪荣祖译:《近代中国与新世界:康有为变法与大同思想研究》,江苏人民出版社2007年版,第37页。
② 萧公权著,汪荣祖译:《近代中国与新世界:康有为变法与大同思想研究》,江苏人民出版社2007年版,第37页。
③ 萧公权著,汪荣祖译:《近代中国与新世界:康有为变法与大同思想研究》,江苏人民出版社2007年版,第73页。

荀子将儒学带到了两个不同的方向；第二个阶段是汉朝董仲舒及其他公羊学者的兴起；第三个阶段是宋明理学的兴起；康有为可能开启了儒学发展的第四个阶段。当然，康有为对古经的怀疑，也无意间开启了怀疑和否定整个儒学传统的大门。梁启超在《清代学术概论》中指出："康有为、梁启超、谭嗣同辈，即生育于此种'学问饥荒'之环境中，冥思枯索，欲以构成一种'不中不西即中即西'之新学派，而已为时代所不容。"[1]诚然，在一面倒向西学的过程中，在"孔家店"被推倒之后，中西学问已易势，构建"不中不西即中即西"的新学派在当时已不可能，而康有为的疑古论加剧了这种趋势。

然而，戊戌变法的失败使康有为救国的努力遭到挫折，他逐渐从现实中超拔出来，转向超越的领域——对大同世界进行哲学想象。萧公权指出，康有为一生努力的目标从未改变，他的目标就是以西方模式来推动中国政治、经济、学术思想的改变。从达到这一目标的方法来看，康有为也从未改变过，他希望以西方为榜样，通过渐进方式使古老的中国融入近代世界的主流价值体系之中。这意味着，康有为认为西方模式适合于所有非西方国家和地区。这样一来，康有为呈现出不同形象，"他可说扮演了双重角色：实际的改革家与向往乌托邦的思想家"[2]。一方面，他是一个非常富有想象力的理想主义者，在思想上做超前的、无比大胆的想象；但另一方面，他又是一个渐进主义者。在这个意义上，他成了反对变革的保守派和主张快变的激进派共同鄙视的对象。因此，康有为的思想有两个层次，一个是关注实际事务，试图挽狂澜于既倒、扶大厦之将倾，试图为晚清王朝续命；另一个是超越现实进行理论想象。

从康有为思想的两个主要层面来看，一方面他关注实际事务，试图为晚清帝国力挽狂澜，并在民国时抨击风雨飘摇的时局，这一面是务实的、实践的；另一方面他又神驰于思想领域，这一面是超脱现实的、想象的。冯友兰在《新事论》中指出，在民初人的心目中，康有为是一个国粹论者，是一个"老顽固"。然而，在清末人的心目中，康有为是一个维新论者，是一个叛徒。康有为所呈现出来的不同面相其实源于他思想的多维性和复杂性。当然，这两种面相在康有为不同的思想发展时段和人生阶段是相互交织在一起的。早年康有为熟读儒家经典，精于哲思，为大同世界的想象奠定了思想基础。后来，他关心时局，主张清王朝

---

① 梁启超：《清代学术概论》，四川人民出版社2018年版，第128页。

② 萧公权著，汪荣祖译：《近代中国与新世界：康有为变法与大同思想研究》，江苏人民出版社2007年版，第323页。

变法，这时候的他以改革家的面相呈现出来。在变法失败后，他又从务实回到了思想层面。"戊戌以后的政局对康有为打击甚大，他的救国努力一再遭到挫折，终感到心灰意冷。他乃逐渐漠视迷惘的世界，而转向超脱的领域，甚至超越'大同'。至此，他不再是一个社会思想家或乌托邦思想家，而扮演了无邦（outopia）的先知角色。"[1]萧公权解释说，"无邦"指的是完全没有道德价值和人际关系的牵挂。因此，我们可以看到一个有意思的悖论。一方面，康有为推动维新变法，积极主动参与清末政治实践，试图通过变法改制把传统大国改良为民族国家，这种务实主义取向在维新变法中得到充分彰显。但另一方面，康有为在思想理论上思考一个更宏大的问题，即如何克服国家边界来超越民族国家以达到世界大同。在这里，我们可以看到康有为的大同理想具有世界主义/普遍主义的特质。"康有为力图寻找一种超越'中国'问题的视野来看待'中国'与世界，其方式是把几何学和地理学知识与佛教世界观结合起来，对世界'众苦'进行平面分类，……乐和苦这类抽象的概念取代了现实世界的历史关系，构成了康有为对世界进行叙述的基调。"[2]事实上，在《大同书》中，康有为对理想社会的设想，既不是以帝国作为基本分析框架，也不是以民族国家作为分析单位，而是以人类作为讨论的基本框架。在这个意义上，大同理想是对民族国家话语及其体系的系统批判和否定。

晚清以来，中国知识人面对西方思想文化的冲击存在着不同的态度，有反对西化的保守派，有主张无条件西化的西化派。在这两派之间还有两个群体，一个群体主张部分西化，另一个群体主张把中国文化提升到世界水平的世界化。萧公权强调，康有为是一个世界主义者，而不是非西化论者。所谓的世界化是指人类和谐地生活在一起，说共同的语言，在同一政府的治理之下。"康氏不是一味只关心其本国利益的民族主义者。儒家学说以及外国历史的影响，使他成为一国际主义者，以至于大同主义者。"[3]因此，康有为所主张的大同世界，是一个没有亲属、民族、阶级之分的平等社会，是一个在民主政府领导之下的世界国，是一个没有资本主义弊病、通过发达的机器来实现最大利益的经济体。

[1]　萧公权著，汪荣祖译：《近代中国与新世界：康有为变法与大同思想研究》，江苏人民出版社2007年版，第325页。
[2]　汪晖：《现代中国思想的兴起》，生活·读书·新知三联书店2008年版，第706页。
[3]　萧公权著，汪荣祖译：《近代中国与新世界：康有为变法与大同思想研究》，江苏人民出版社2007年版，第471页。

（二）康有为的《大同书》

近代中国社会的急剧变迁促使康有为思考中国社会存在和面临的种种苦难。在《大同书》的绪言，康有为指出：“盖全世界皆忧患之世而已，普天下人皆忧患之人而已，普天下众生皆戕杀之众生而已；苍苍者天，抟抟者地，不过一大杀场大牢狱而已。”①康有为借鉴佛教的苦海理论，在《大同书》第一部分主要谈“入世界观众苦”。“入世界观众苦”主要有人生之苦、人道之苦等六种苦，康有为对每一种苦还进行了细分，比如人生之苦分为投胎之苦、夭折之苦、废疾之苦、蛮野之苦、边地之苦、奴婢之苦、妇女之苦等。在康有为看来，这些苦有其根本原因，“总诸苦之根源，皆因九界而已。”这些困难的根源在于所谓的“九界”，而要摆脱这些苦，康有为给出的思路是破界：“吾救苦之道，即在破除九界而已。”萧公权进一步指出：“康氏再次并不关注维护中国价值或移植西方思想，而是要为全人类界定一种生活方式，使人人心理上感到满足，在道德上感到正确。在此，他的社会思想中的‘世界化’阶段表露无遗。”②这种所谓的“世界化”其实就是从全人类的视野来思考人类的苦难，为破除苦难而提供思想方案。

在《大同书》丙部“去级界平民族”中，康有为对人类不平等进行批判，主张人人平等，为男女平等鼓与呼。古往今来，男女不平等是一个重要社会现象。对女性而言，不得仕宦、不得科举、不得充议员、不得为公民、不得预公事、不得自立、不得自由已成为妇女之苦的重要表现。康有为论证指出，妇女其实最有功于人道：“凡此皆世化至要之需，人道至文之具，而其创始皆自女子为之，此则女子之功德孰有量哉，岂有涯哉！”③康有为主张，在未至太平世之前，可以先设女子学校，女子可以读书；可以允许女子参加科举考试，为官为师；可以允许女子参加选举，做议员。同时，在法律上应承认女人的独立人格，废除欧美风俗妇随夫姓的做法，允许女人按本名，主张女子婚姻自由，等等。这些关于妇女权利的主张，在清末是开风气之先的，对清末思想解放产生了非常大的影响。在中国传统社会，家庭是维系社会的基本单元，中国传统的农业伦理是以家庭为基础而展开的，康有为主张“去家界为天民”，这样的看法在当时是石破天惊之语。

---

① 康有为著，汤志钧导读：《大同书》，上海古籍出版社2019年版，第2页。
② 萧公权著，汪荣祖译：《近代中国与新世界：康有为变法与大同思想研究》，江苏人民出版社2007年版，第344—345页。
③ 康有为著，汤志钧导读：《大同书》，上海古籍出版社2019年版，第153页。

但问题是，家庭消解之后怎么办。康有为主张设立人本院、怀幼院、育婴院实行公养；主张设立蒙学院、小学院、中学院、大学等实行公教；同时主张设立医疾院、恤贫院、养老院、养病院、化人院实行公恤。这些设想为走出农业伦理束缚提供了新的思考。

康有为强调，国家自分而合、民权自下而上是大同之先驱。为实现大同，康有为设想了三种体制，分别是：各国平等联盟之体，对应"联合之据乱世之制"；各联邦自行内治而大政统一于大政府之体，对应"联合之升平世之制"；削除邦国、各建自立州郡而统一于公政府之体，对应"联合之太平世之制"。到了最后一个阶段，康有为心中的大同世界是"无邦国、无帝王、人人相亲、人人平等、天下为公，是谓大同，此联合之太平世之制也"①。实现世界大同，需要设立一个公议政府。如果各国的力量、体制大体相同，那么联邦政府的体制可以不设总统，而设议员。这样的政府不称为"公政府"，而是称为"公议政府"。公议政府不设总统，也不设总理，但设立议长，由各国进行推选。公议政府主要讨论各国法律、交涉、关税、度量衡、语言文字等如何一致的难题。应该注意的是，康有为在公羊三世说的框架之下对理想社会进行了想象，与此同时，他对国家、阶级、家庭、性别甚至私有财产进行了批判。事实上，民族国家、阶级、私有财产等是资本主义所蕴含的基本观念，康有为的批判是以普遍主义视角来展开的。因此，我们可以看到一个有趣的现象，康有为以"前资本主义"的思想即儒家思想来批判资本主义的内在逻辑，这反过来说明康有为试图彰显传统儒家思想的普遍主义向度。

汉代学者在注疏《春秋》《礼记》等传统典籍的过程中，把人类社会的进化发展引申为三个阶段，创立了"三世说"，即据乱世、升平世、太平世。康有为用"三世说"来解释近代社会的演化。冯友兰指出，"这部书如此大胆，如此革命化，以致最大胆的未来社会空想家都为之吃惊，而康有为自己并不是一个乌托邦主义者。他坚持认为，他的理想只有到了人类社会发展最高阶段时，才能实施。而目前阶段，他所主张的只是君主立宪制。康有为在世时，保守派首先憎恨他，因为他太激进；后来，激进派憎恨他，因为他太保守。"②在康有为所处的时代，儒家思想传统正面临着重大危机。在清末的政治实践中，儒家思想在制度、教

① 康有为著，汤志钧导读：《大同书》，上海古籍出版社2019年版，第77页。
② 冯友兰著，赵复三译：《中国哲学简史》，生活·读书·新知三联书店2009年版，第355—356页。

育、思想文化等方面逐步被驱逐，在这样的时代氛围下，重新主张儒学为儒学续新命，是需要极大的思想勇气的。康有为最主要的工作是使儒学适应现代社会的发展需要，萧公权指出，在儒学发展过程中，儒学与帝制是逐渐融合在一起的，而帝制不过是中华帝国在与世界孤立时发展出来的。"帝国的一再挫败使康有为相信，不论行政或思想面的帝政都到了山穷水尽的境地。因为那种制度只适合过去闭关时期的中国，而不适合今日与西方交通之世。……要作适当的制度与思想上的改革。康有为可能是当时清楚见及此种需要并努力促进改革的第一人。他又独能理解到，儒学若不与过时的帝制分开，则将与那腐朽的制度同归于尽。"[①]事实上，康有为变法的主要目的是参照西方体制寻求中国在政治、经济、思想方面的改变，通过变法使传统中国融入近代以来西方现代性所展露出来的普遍价值秩序之中。

三、天下为公与大一统

在家、国、天下的序列中，"天下为公"是中国人所向往的理想，是天下观的理想境界。在中国传统政治实践中，天下为公落到"天下为家"上，以"家天下"的面相呈现出来。在近代向民族国家转型时，天下为公又落到"天下为国"上。在现代政党政治中，执政党成为天下的担当者。诚然，天下为公是中国传统政治哲学绕不开的思想主题。

吴稼祥的《公天下：多中心治理与双主体法权》重点对天下为公进行研究。在他看来，中国传统政治可以分为三种境界：第一种境界是"公天下"的境界，这可以视为最理想的政治，称之为"大道政治"。第二种境界是"大一统"境界，大一统境界可以细分为相对较好的西周体制，可以称之为"王道政治"；以及不那么好的帝国体制，可以称之为"霸道政治"。第三种境界是"大乱"境界，这是最差的"无道"政治。从孔子以来，凡是反对中央集权的中国政治家和政治思想家，都试图争取最好的大道政治（公天下），或者争取较好的王道政治（家天下），而不是追求较差的霸道政治（朕天下）。相反，凡赞成中央集权的思想家，其赞成中央集权主要是为了避免最差的无道政治，因为无道政治的结果是"国家分裂、天下大乱"。吴稼祥进一步指出，大禹一生做了两件大事：一是"平天

---

① 萧公权著，汪荣祖译：《近代中国与新世界：康有为变法与大同思想研究》，江苏人民出版社2007年版，第97—98页。

下"，二是"家天下"。对他的"平天下"，几乎无人不赞；但对他的"家天下"，则讳莫如深。为什么？因为他此举似乎击碎了华夏民族最久远最美好的一个梦：公天下。而到了秦朝，秦始皇实行一元化的政策，主要包括时间一元化与空间一元化，对天下实行无差别统治。时间一元化即统一纪元，从始皇帝起，至二世三世以至万世；政治一元化，实行郡县制；思想一元化，焚书坑儒。事实上，除了这些一元化，还有经济规则一元化，即统一度量衡。这种大一统使天下同质化，实现了中央集权的统一、国家力量的强大。

从公天下的经济基础来看，井田制是公天下的重要制度创造，它涵盖了公与私的二分。九宫格的中间部分是公有的，其他部分则是私人的。这种制度性创造确保了大一统在经济上的可行性，既确保了中央集权，又激励了多元中心的存在，它是一元与多元的统一。"在当代条件下，一个超大规模国家，多中心治理，是优良政治（活力与稳定兼得）的必要条件——非多中心治理，要稳定必须牺牲活力，要活力必须牺牲稳定，所谓'一稳就死，一活就乱'是也；而民主与多中心治理，又互为必要条件——非民主的多中心治理，如果不是假的，就必然导致分裂；非多中心治理的民主，必然滑向专制。"[1]从公天下的历史与实践来看，当代社会治理应从公天下的理念中汲取智慧和力量。

实际上，天下观与大一统的形成息息相关。按照李零教授的看法，从古至今中国之所以这么大，主要原因是中国的东南部对西北部拥有强大吸引力，这种力量会形成一个巨大的漩涡，在中国历史上总是吸引周边的少数民族一次次征服和融入，进而形成了大一统。春秋时代是中国历史四分五裂的时代，正因为四分五裂，才会主张大一统。李零教授进一步指出，西周的大一统和秦始皇的大一统是两个重要的大一统，这两个大一统是不一样的：西周大一统是靠热乎乎的血缘纽带和亲戚关系来维系的，而秦始皇的大一统靠冷冰冰的法律制度和统一标准。因此，"中国，从秦代起，一直是'大一统'的帝国。'大'是国土大，疆域大，'一统'是制度统一、政令统一、文化统一。"[2]李零强调，中国大一统有两个标志性的大事件：一是西周封建，它继承了夏、商而合为"天下"，这意味着三代的终结。二是秦并天下，统一了六国，这是对周的继承，将战国七雄的领土合为"天下"。

---

① 吴稼祥：《公天下》，广西师范大学出版社2013年版，第338页。
② 李零：《茫茫禹迹：中国的两次大一统》，生活·读书·新知三联书店2016年版，第12页。

在中国历史上，中原地区对周边少数民族地区具有吸引力，不断地以文化同化周边少数民族，在民族交流、交往、交融中"化夷为华"。对中华文明而言，"文明像漩涡。中国是个文明漩涡。漩涡，周围的水会朝中央流。文明是一种吸引力。"①诚然，从中国历史实践来看，中原王朝与少数民族的关系是互动的，比如，西周之兴是靠戎狄打天下，而西周之亡也是亡于戎狄之手。"秦代周，秦始皇的心里有三个大一统：制度大一统、学术大一统、宗教大一统。"②事实上，秦设郡县制，统一了文字、法律、度量衡等，奠定了制度大一统；汉代独尊儒术，是学术大一统；兴立祠嗣可以视为宗教大一统。大一统与天下观相辅相成，丰富了中国传统政治哲学的理论内涵和历史实践。

四、儒家思想的现代命运

从天下到民族国家的转换是近代中国发生的历史巨变。这一历史巨变对中国传统思想形成了巨大冲击，作为中国传统文化内核的儒家思想也面临着历史命运的考验。列文森在《儒教中国及其现代命运》的开篇就指出，主张天理的宋明理学属于唯心主义，这在宋明时期成为显学，然而到了十七八世纪，原来居于统治地位的宋明理学却被中国的大多数思想家所抛弃。列文森追问的主要问题是：假设没有西方工业主义催化，传统的中国社会可以走向科学主义的现代社会吗？诚然，列文森对这一问题的追问与韦伯对西方资本主义诞生的追问如出一辙。

近代以来儒家思想逐渐式微，从"五四运动"打倒"孔家店"再到改革开放之前出现的"批孔"运动，列文森用"博物馆"之喻形容近代儒家思想已经成为过去式。"一个掌握、控制了科学的中国也正是控制了孔子的中国，孔子受到限制，不能成为主宰。凡是科学无孔不入之处（甚至渗透到描绘社会控制的言语中），孔子都被妥善地锁藏在玻璃橱柜里。现在是博物馆馆长而不是历史的创造者在看着孔子。与儒家推崇的孔子不同，共产主义者时代的孔子只能被埋葬、被收藏。现在，孔子对传统主义者已不再起刺激作用，因为传统的东西已被粉碎，孔子只属于历史。"③在百年的历史剧变中，被收纳到博物馆的儒家思想被视为

---

①　李零：《茫茫禹迹：中国的两次大一统》，生活·读书·新知三联书店2016年版，第22页。
②　李零：《茫茫禹迹：中国的两次大一统》，生活·读书·新知三联书店2016年版，第64页。
③　列文森著，郑大华、任菁译：《儒教中国及其现代命运》，广西师范大学出版社2009年版，第324页。

思想的"文物"，在西方现代思想中被视为传统的、旧的、被抛弃的思想。当然，把儒家思想放到博物馆中不是为了保护它，而是为了驱逐它。"保护孔子并不是要复兴儒学，而是把他作为博物馆中的历史收藏物，其目的正在于把他从现实的文化中驱逐出去。"①事实上，近代以来对儒家思想的驱逐是全方位的，是在政治、教育、文化等各个方面进行驱逐，比如废掉科举开办新式学堂，把儒家思想从教育领域进行驱逐。在这一过程中，儒家思想成为反传统潮流中被否弃的对象。

从政治层面来看，儒家在中国传统政治中发挥了重要作用，儒家思想是论证传统政治正当性的思想理论基础。列文森指出，秦朝的君主制度建立在法家的原则基础上，法家是反对儒家的，但充满悖论的是，儒学却由于君主制度的建立而成为显学。因此，儒学与君主主义一开始就存在矛盾，这种内在矛盾一直延续了下来。在中国历史发展过程中，儒家与君主制度既相互吸引又彼此排斥，当这两者之间的张力丧失，将导致中国君主制度的瓦解。

需要注意的是，中国对待传统的态度，并不是为了反传统而反传统，而是通过反传统而走向现代。"中国人在使中国的传统文化走进自己的博物馆的过程中，在不妨碍变革的情况下，又保持传统文化的连续性。他们的现代革命——在反对这个世界的同时又加入这个世界，在抛弃中国过去的同时又使过去成为他们自己的过去——是一个建造他们自己的博物馆的长期奋斗的过程。"②按照列文森的表述，把儒家放进博物馆的过程又试图保持与传统的连续性，这本身就充满了悖论，但近代以来的中国就是在这种悖论所蕴含的巨大张力中前行。

在天下观逐渐式微的过程中，中国思想界对西方现代性不断地接纳和学习，西方现代性以新和旧作为价值评判标准。但是当中国受到西方严重威胁时，中国思想界的第一反应就是抛弃谁旧谁新的争论，因为在西方现代新文化面前，他们都是旧的，只有西方文化才是新的。因此，现代性以"新旧"替代"好坏"的标准成为中国思想界评判中国传统文化的标尺，儒家思想被视为旧思想而被抛弃。在学习西方的过程中，如何在器物层面学习西方先进技术成为摆脱窘困的重中之重，而"体用"成为一个重要的思考框架，"中体西用"成为"洋务一代"的重要选择。列文森指出，近代中国把体用模式作为工业化运动的一件思想外衣，但从中国实践来看，中国历史并没有将工业化作为一种价值的基础或准备，

---

① 列文森著，郑大华、任菁译：《儒教中国及其现代命运》，广西师范大学出版社2009年版，第320页。
② 列文森著，郑大华、任菁译：《儒教中国及其现代命运》，广西师范大学出版社2009年版，第362页。

正是缺乏这种准备,导致了19世纪中国物质上的"自强运动"的失败。

从中西关系来看,在儒家思想式微而西方文化强势的背景下,"中国文化也许一直在拓展,在现代中国与现代西方之间的对话过程中,它的词汇丰富了,但中国文明则保持它的样子,仍然用它自己的语言来表达自己。"①不过,儒家的理想与现代的工业文明所主张的专业化具有较大的差距,对现在工业文明而言,专业化是其重要特征,但儒家文明所推崇的是一种非专业化人文理想。列文森进一步指出,儒教的"中庸"特性在现代世界里已没有存在的余地,因为它不再是一种可供选择的方法,反而成为新精神和新价值的对立物。也就是说,儒家所蕴含的内在价值其实是西方现代性所排斥的。在《儒教中国及其现代命运》一书中,列文森用翔实的内容和敏锐的视角分析了儒家思想的历史命运。

需要注意的是,在东亚国家现代化的过程中,中国传统文化尤其是儒家思想文化发挥了重要的作用。作为"亚洲四小龙"之一的新加坡就深受儒家思想文化的影响,显然,中国具有独特的历史与文化传统,特别是儒家传统与现代性的关系需要我们重新认识。

---

① 列文森著,郑大华、任菁译:《儒教中国及其现代命运》,广西师范大学出版社2009年版,第132页。

第九章

天下与世界历史

改革开放以来，随着国门重新打开，中国与世界的经济文化交往日益密切，中国与西方、中国与世界的关系面临着深刻的变革。在全球化时代，如何想象世界？如何想象中国？如何想象关于世界的理想图景？这是时代思想的重要主题。在百年未有之大变局的时代背景下，中国构建人类命运共同体的理论与实践既植根于中国传统天下观，也奠基于马克思世界历史理论。推动这两者的融通是理解现代中国与世界关系的必由之路。

一、德国古典哲学语境中的"世界历史"

中世纪之后，随着美洲地理大发现和工业革命的兴起，生产与交往的扩大超越了部落、地区或国家的地域性，世界范围内的经贸交往日益密切。生产与交往在世界历史的场景中展开，它具有了世界性意义，德国古典哲学家们开始从哲学层面讨论历史的普遍性问题。

康德的三大批判分别回答"我能知道什么、我应该做什么、我希望什么"这三个问题。从欧洲启蒙运动的旨趣来看，这涉及"人是什么"这一更根本的问题。按照何兆武先生的看法，在康德的三大批判之外，其实还存在着第四批判——历史理性批判。如果说康德的三大批判从纯哲学的层面展开讨论，那么历史理性批判则是从哲学的视角讨论现实政治问题。事实上，在康德晚期的著作中，康德写作了《答复这个问题："什么是启蒙运动"》《永久和平论》等著名篇章，对当时德国乃至欧洲的现实政治进行哲学思考。康德的重要工作是重建形而上学，但康德哲学呈现出来的并不仅仅是纯哲学的色调，法哲学既是康德思考的现实起点，其实也是康德哲学的归宿，甚至可以说，康德是"用哲学讲政治"的典范。

在《世界公民观点之下的普遍历史观念》一文中，康德讨论历史的合目的性与合规律性问题。对于历史学而言，历史学家总是希望在人类自由意志的作用中找到历史规律，希望在杂乱无章的历史事件中看到历史在不断地前进。因此，合目的性与合规律性就交织在一起。一方面，人具有自由意志，如果每个人都根据自己的自由意志来行动，就会形成彼此冲突；另一方面，当人类在彼此冲突中追求自己目标的时候，却不知不觉地推动着历史朝着一个自然的目标前进。康德对与此相关的哲学命题展开讨论。

在康德看来，一个事物被自然创造出来，其自然禀赋必然会充分地展现出来，这是自然的合目的性使然。人作为自然中唯一具有理性的被造物，有两个重要的维度：一方面，人是自然的产物，受自然规律所支配，在现象界，人是不自由的；但另一方面，人是理性的存在者，在道德实践领域，人是自由的。自然的禀赋在人身上必然会充分地展现出来，但这种展现不是展现在个人身上，而是展现在人作为一个物种的整体身上。康德指出："大自然绝不做劳而无功的事，并且绝不会浪费自己的手段以达到自己的目的。"①这意味着，既然大自然把理性、自由意志赋予了人类，那么人就会充分把理性、自由意志的天赋发挥出来，人就会运用自己的天赋去创造一切。康德指出，大自然将人的禀赋发挥出来，所需的手段就是人在社会中的对抗性，理由是每个人都是自由的，具有自由意志的人与人之间就会有冲突、有对抗，要解决这种对抗性，方案就是建立一个普遍法治的公民社会。

康德得出的看法是，人类的历史其实是大自然隐蔽计划的实现，但只有在世界公民状态下，人类物种的全部禀赋才得以发挥出来。因此，康德讨论的第九个命题是："把普遍的世界历史按照一场以人类物种的完美的公民结合状态为其宗旨的大自然计划来加以处理的这一哲学尝试，必须看作是可能的，并且甚至还是这一大自然的目标所需要的。"②这说明，在人类自由意志作用的过程中，大自然不是没有规划的，大自然有合规律性，也有合目的性，这是两者的统一。

与康德从自由的视角讨论普遍历史相似，黑格尔秉承启蒙运动以来的观念论，对历史的看法也从自由的维度来切入。黑格尔的基本观点是，思想自由是哲学和哲学史起始的条件。不过，在黑格尔看来，世界历史不是从东方开始，因为东方还在世界历史之外，他给出的理由是：东方属于专制阶段，只有主人与奴隶的关系，在这个阶段中，主要范畴是恐惧而不是自由。所谓的恐惧意味着思维还不是自由的，自由意志还没有从有限性中解放出来。因此，黑格尔认为，东方与东方的哲学还不属于哲学史，中国是在世界历史之外的。显然，在黑格尔的论述中，我们可以看到这位德国古典哲学集大成者背后所潜藏的"西方中心主义"论

---

① 康德著，何兆武译：《历史理性批判文集》，商务印书馆2010年版，第5页。
② 康德著，何兆武译：《历史理性批判文集》，商务印书馆2010年版，第19页。

调。在黑格尔看来，在希腊，自我意识开始得到发展，人们知道自己是自由的，这与东方不同。在东方，只有专制君主一个人是自由的。当然，一个人的自由也是不自由的，因为这个人的自由有私欲、任性的因素，但自由的内在本质就包含着别人也是自由的。对希腊而言，少数人是自由的，黑格尔把希腊少数人的自由看成世界历史开始，只有到了日耳曼世界，所有人都是自由的，才实现了人之为人的自由。由此我们可以看到，黑格尔对世界历史的看法是从自由的视角展开讨论的，把世界历史的展开看成人的自我意识的展开过程。

按照黑格尔的看法，在人的自我意识不断外化的过程中，形成了世界历史。从东方一个人的自由不断演进，到了日耳曼世界成为每个人都是自由的，世界历史成为理性精神的展开与形成过程。与黑格尔的看法不同，马克思对世界历史的看法从生产发展与世界交往的视角展开，其哲学方法是历史唯物主义。

二、马克思世界历史理论的形成

在资本主义兴起之后，生产与交往在世界历史的场景中展开，历史的普遍性作为一个重要的问题被凸显出来。同时，人们也开始现实地思考一些关于世界交往的普遍性问题。正是基于对生产力发展和社会交往扩大的实际以及对同时代哲学思想的批判性继承，马克思世界历史理论得以形成。在工业革命发展的时代浪潮中，马克思洞察到资本主义发展对世界历史形成的巨大推力，在《共产党宣言》等系列论著中，马克思、恩格斯详细阐述了世界历史。

欧洲工业革命开辟了人类历史发展的新篇章，工业革命所创造的财富比以往所有时代所创造的都要多得多。随着社会生产力的快速发展，发展超越了地域性的局限，经济活动在世界历史的场域中展开。其中一个重要因素就是生产的发展推动了社会分工。马克思这样论述："各民族的原始封闭状态由于日益完善的生产方式、交往以及因交往而自然形成的不同民族之间的分工消灭得越是彻底，历史也就越是成为世界历史。"[1]马克思举例说明他的世界历史观与黑格尔世界历史观的不同之处，他举例说，英国发明了一种机器，这种机器导致中国和印度的劳动者失业，这个发明出来的机器就是世界历史性的事实，这个机器就具有世界历史意义。马克思接着强调，历史在向世界历史转变时，其转变绝不是黑

---

① 马克思、恩格斯：《马克思恩格斯选集（第一卷）》，人民出版社2012年版，第168页。

格尔所主张的自我意识或世界精神这样的抽象行动，而是可以通过物质的经验来验证的，世界历史就体现在每个人的吃、喝、穿等实际生活之中。

在马克思看来，人通过自己的劳动实践，在改造自然的过程中，自然向人生成。因此，历史本身就包含着自然史，是自然向人生成的过程，而历史在生产与交往不断展开的过程中，逐步走向世界历史。马克思强调："对社会主义的人来说，整个所谓世界历史不外是人通过人的劳动而诞生的过程，是自然界对人来说的生成过程，所以关于他通过自身而诞生的、关于他的形成过程，他有直观的、无可辩驳的证明。"①诚然，我们可以看到，世界历史其实内在地包含了自然史，甚至可以说，是被扬弃了的自然史。自工业革命以来，自然史与世界历史其实是可以打通的，其勾连的桥梁是人的实践。

欧洲工业革命的兴起，引发了生产力的巨大发展和人类前所未有的革命性变革。从工业品的销售来看，工业品不仅向本地区、本国人销售，也向全世界销售，在世界范围内流动的原料与商品打破了民族国家的边界，推动一个跨越民族国家边界的世界市场快速形成。"随着商品发展成为世界货币，商品所有者也就发展成为世界主义者。人们彼此间的世界主义的关系最初不过是他们作为商品所有者的关系。商品其本身来说是超越一切宗教、政治、民族和语言限制的。"②马克思对工业革命以来形成的世界市场作了理论描述，事实上，在经济全球化日益紧密的21世纪，因经济交往而形成的世界市场各市场主体之间的联系也越来越紧密。我们重新回到马克思的世界历史理论，不是为了回顾历史，而是为了直面当下，也预示未来。

生产与交往是马克思展开讨论的两个核心概念。随着生产力的不断发展，人的普遍交往也随着日益紧密的物质交往建立起来了。因此，在交往中，"地域性的个人为世界历史性的、经验上普遍的个人所代替"③。诚然，在工业革命前的传统社会，人们的生产、生活局限在狭小的区域之中，甚至过着自给自足的生活。不过，在工业革命时代，随着商品交往的扩大，商品成为交往的先锋，形成了世界市场，人的地域性被普遍交往的世界性所取代。对此，马克思对大工业的进步意义给予了积极评价："它首次开创了世界历史，因为它使每个文明国家以及

---

① 马克思：《1844年经济学哲学手稿》，人民出版社2000年版，第92页。
② 马克思、恩格斯：《马克思恩格斯全集：第三十一卷》，人民出版社1998年版，第347页。
③ 马克思、恩格斯：《马克思恩格斯选集（第一卷）》，人民出版社2012年版，第166页。

这些国家中的每一个人的需要的满足都依赖于整个世界，因为它消灭了各国以往自然形成的闭关自守的状态。"①显然，普遍交往的确立不但打破了传统社会闭关自守的状态，也在人与人之间建构了新型的交往关系与交往形式。

马克思还进一步指出，随着交往的扩大，人们的交往超越了地域的局限，地域性的共产主义将被取代。因此，共产主义也就具有了世界历史的意义："共产主义只有作为占统治地位的各民族'一下子'同时发生的行动，在经验上才是可能的，而这是以生产力的普遍发展和与此相联系的世界交往为前提的。"②从中我们可以看到，按照马克思的看法，作为一种运动的共产主义要得到实现，有三个条件：一是生产力高度发展；二是世界的普遍交往；三是占统治地位的各民族同时发生行动，这三者缺一不可。这意味着，马克思所预想的共产主义"同时革命论"的实现是有条件的，如果离开具体的条件去讨论共产主义，那可能偏离马克思的原初语境。马克思指出，共产主义不是应该确定的状况，它既不是一种既定的事实，也不是一种现实与之确定的理想。恰恰相反，共产主义是一种消灭现存状况的运动。我们可以看到，马克思对共产主义的理解以世界历史的视角展开，在《共产党宣言》的结尾处，马克思号召："全世界无产者联合起来！"这种联合预设着无产者只有在世界历史的维度上才能够联合起来。在这个意义上，马克思分析指出："无产阶级只有在世界历史意义上才能存在，就像共产主义——它的事业——只有作为'世界历史新的存在'才有可能实现一样。而各个人的世界历史新的存在，也就是与世界历史直接相联系的各个人的存在。"③显然，作为一种运动的共产主义被后来的国际共产主义运动所实践。从普遍性的视角来看，共产主义依凭无产阶级的世界历史意义才得以实现，全世界无产者的联合是共产主义理论推导的结果。

理论是实践的产物。以科学技术进步与生产力发展为基础的世界交往实践，为马克思世界历史理论的形成奠定了物质基础。欧洲工业革命的兴起，推动了社会生产力的巨大发展，引发了人类社会的革命性变革。马克思在《共产党宣言》中这样论述："资产阶级，由于开拓世界市场，使一切国家的生产和消费都成为世界性的了。……物质的生产是如此，精神的生产也是如此。各民族的精神

① 马克思、恩格斯：《马克思恩格斯选集（第一卷）》，人民出版社2012年版，第194页。
② 马克思、恩格斯：《马克思恩格斯选集（第一卷）》，人民出版社2012年版，第166页。
③ 马克思、恩格斯：《马克思恩格斯选集（第一卷）》，人民出版社2012年版，第166—167页。

产品成了公共的财产。民族的片面性和局限性日益成为不可能,于是由许多种民族的和地方的文学形成了一种世界的文学。"①马克思分析指出,资产阶级在工业革命中挖掉了工业脚下的民族基础,传统的民族工业被新工业所取代。在新工业中,工业加工的原料来源于其他地区,不是来源于本地,马克思对工业革命以来形成的世界市场作了理论描述。

三、马克思世界历史理论的发展

马克思对世界历史的探索并不仅仅局限于欧洲,他把目光投向了东方社会,创建了作为世界历史理论重要组成部分的东方理论。事实上,马克思的世界历史理论对东方社会产生了巨大影响。无论是俄国的十月革命,还是中国革命,东方的实践显示出了马克思世界历史理论的深刻洞见,但实践也呈现出与原初理论设想之间的巨大差异。马克思主要以欧洲工业革命及早期资本主义为对象,这是他研究西方资本主义的基点,他对东方社会的关注到晚年才逐步增多起来。从实现共产主义运动的路径来看,马克思早期主张在生产力高度发展与普遍交往的前提下,共产主义会在几个发达国家同时发生。不过,共产主义在几个发达国家"同时胜利"是有前提条件的,如果不从具体的语境来理解,可能就难以把握马克思言说的内在逻辑。实际上,马克思对世界历史的认识也存在一个不断深化的过程,他对东方发展道路的探索也推动了其世界历史理论的不断深化。

(一)认识东方与西方的历史关系

马克思在早年认为随着西方资本主义的快速发展,落后的东方难免被纳入先进的、发达的西方所主导的世界市场和世界体系之中。马克思、恩格斯在《共产党宣言》中这样描述:"正像它使农村从属于城市一样,它使未开化和半开化的国家从属于文明的国家,使农民的民族从属于资产阶级的民族,使东方从属于西方。"②从中我们可以看到,马克思对西方与东方的认识基本上持二分法,在"农村与城市""未开化与文明""农民与资产阶级"等二元对立之中,东方与西方的区分被置于线性的对比中,东方与"落后""农村""农民""未开化"等内涵紧密地勾连在一起,而西方则被赋予了"先进""城市""文明"等内涵。因此,

① 马克思、恩格斯:《马克思恩格斯选集(第一卷)》,人民出版社2012年版,第404页。
② 马克思、恩格斯:《马克思恩格斯选集(第一卷)》,人民出版社2012年版,第405页。

"东方"从属于"西方"。在这里，我们可以看到，马克思早期对世界历史的理解深受黑格尔的影响。黑格尔认为东方在世界历史之外，从东方到希腊，到罗马，再到日耳曼，东方是被扬弃的对象。

值得注意的是，资本主义在东方的拓展并不是纯粹经济层面的交往，而是伴随着西方的坚船利炮。因此，东方进入西方主导的世界历史在很大程度上是被迫的、非自愿的，伴随着征服与被征服的血泪史。东方社会因此对西方常常有一种复杂的情感。一方面，近代以来的西方是先进、文明的象征，是东方学习的对象；另一方面，西方是破坏者，西方对东方的征服基于赤裸的利益，东方感受到了西方所强加的屈辱，体会到了西方在道义上的"虚伪"。马克思将目光投向东方社会时，对西方殖民者在东方的暴行进行了谴责，充满了义愤和同情，但与此同时，马克思也认为西方资本主义的扩张具有正面的世界历史意义。在《不列颠在印度统治的未来结果》一文中，马克思谈到，在西方扩张的过程中，东方无数以宗法制度维系的社会组织土崩瓦解，很多成员被迫失去自己的谋生手段，从个人感情上来说，对这些事件感到很难过。这些东方社会的宗法制是东方专制主义的基础，虽然英国在印度造成的社会巨变受利益所驱使，但马克思指出，英国的征服只不过是"历史的狡计"使然。"如果亚洲的社会状态没有一个根本的革命，人类能不能实现自己的使命？如果不能，那么，英国不管犯下多少罪行，它造成这个革命毕竟是充当了历史的不自觉的工具。"[1]诚然，马克思认为，西方在东方的扩张虽然从手段上而言是残暴的，但从世界历史发展的视野来看，它"充当了历史的不自觉的工具"，资本主义在世界范围内的拓展是历史的必然趋势。

在资本主义世界体系中，西方在东方的扩张具有世界历史意义，具有历史进步性。换言之，马克思认识到了西方资产阶级的进步作用。比如，他指出，英国资产阶级在印度的殖民统治，既不会解放印度人民，也不会改善其社会生活状况，因为人的解放和生活状况的改善既依赖生产力的发展，也取决于生产力是否归人民所有。不归人民所有的生产力，即使再进步、发达，对人民的影响也是有限的。然而，马克思也指出，虽然西方资产阶级改变不了印度人民的状况，但是可以为潜在的改变准备物质前提。马克思认为，资产阶级的进步意义在于它肩负着为新世界和新秩序创造新的物质基础的重要使命。也就是说，一方面，

---

① 马克思、恩格斯：《马克思恩格斯选集（第一卷）》，人民出版社2012年版，第854页。

资产阶级要推动形成全人类的普遍交往，并创造形成普遍交往的工具；另一方面，要大力发展生产力。因此，"英国在印度要完成双重的使命：一个是破坏的使命，即消灭旧的亚洲式的社会；另一个是重建的使命，即在亚洲为西方式的社会奠定物质基础。"①显然，对近代东方社会而言，西方扮演着双重角色，既是旧社会秩序的革命者，同时也是新社会秩序的重塑者。

马克思对西方的伪善和野蛮有深刻的认识，并进行了形象的论述："当我们把目光从资产阶级文明的故乡转向殖民地的时候，资产阶级文明的极端伪善和它的野蛮本性就赤裸裸地呈现在我们面前，它在故乡还装出一副体面的样子，而在殖民地它就丝毫不加掩饰了。"②这说明，资产阶级在文明的面纱下其实潜藏着逐利的本性。当然，马克思所说的西方资产阶级的野蛮本性在工业革命开始时是展露无遗的。工业革命的兴起对欧洲传统社会形成了巨大的冲击，引起了社会的急剧变革，农民在资本主义这种新事物的冲击下流离失所，进而沦为资本主义工业体系中的一部分。资产阶级与资本主义社会的形成带着巨大的"原罪"，但这种原罪在资本主义兴起之后被文明地粉饰为历史发展的必然过程，不过，在东方的殖民地和半殖民地，资本主义这种面纱下被粉饰的野蛮本性又赤裸裸地显露出来了。

在西方资本主义面前，东方社会呈现出蒙昧、发展滞后的一面。比如，在《不列颠在印度统治的未来结果》一文中，马克思分析指出，东方的印度被外来者先后征服，印度存在着印度教、伊斯兰教等不同教派之间的对立，同时也存在着部落、种姓的相互对立，在印度社会存在着所有成员间的相互排斥而形成均势，而这样的社会在工业革命注定会成为被征服的战利品。马克思敏锐地指出："印度本来就逃不掉被征服的命运，而它的过去的全部历史，如果还算得上是什么历史的话，就是一次又一次被征服的历史。印度社会根本没有什么历史，至少是没有为人所知的历史。"③因此，代表当时先进生产力的英国，对印度的征服破坏了原有的社会秩序、家庭秩序、宗教秩序等。在世界市场面前，东方社会原有的秩序变得极其脆弱和不堪一击。

当马克思把目光转向中国时，他眼中的"天朝上国"也免不了崩溃的命运，

① 马克思、恩格斯：《马克思恩格斯选集（第一卷）》，人民出版社2012年版，第857页。
② 马克思、恩格斯：《马克思恩格斯选集（第一卷）》，人民出版社2012年版，第861—862页。
③ 马克思、恩格斯：《马克思恩格斯选集（第一卷）》，人民出版社2012年版，第865页。

在资本主义的东方扩张中,英国用鸦片和大炮撬开了古老中国那扇无比厚重的大门,"天朝帝国万世长存的迷信破了产,野蛮的、闭关自守的、与文明世界隔绝的状态被打破,开始同外界发生联系。"[①] 从鸦片战争以来,作为"天朝上国"的中国被迫进入西方主导的世界历史中,中国的统治者因为鸦片而逐渐丧失了自己的王朝统治权,"历史好像是首先是要麻醉这个国家的人民,然后才能把他们从世代相传的愚昧状态中唤醒似的。"[②] 在英国坚船利炮的冲击之下,传统中国被迫打开了国门,旧秩序接触到外部的新鲜空气之后逐步解体,近代中国也开始了新一轮新陈代谢的痛苦蜕变。"与外界完全隔绝曾是保存旧中国的首要条件,而当这种隔绝状态通过英国而为暴力所打破的时候,接踵而来的必然是解体的过程,正如小心保存在密闭棺材里的木乃伊一接触新鲜空气便必然要解体一样。"[③] 东方社会在西方的强势冲击下,传统的社会秩序面临崩溃,在新旧秩序转换的过程中,东方社会究竟如何发展不但是一个实践的难题,也是一个思想的难题。但问题是:未完成工业革命的、没有经历资本主义阶段的东方社会何去何从?是必然走向资本主义,还是可以跨越资本主义而走向共产主义呢?在巴黎公社失败后,马克思对共产主义运动尤其是东方社会的发展道路进行了深刻思考。

(二)世界历史的东方发展道路

马克思在晚年将研究的目光投向西欧之外的俄国社会,思考东方社会发展问题。沙皇俄国在1861年进行农奴制改革,其经济社会发展状况处于"前资本主义时代",俄国究竟是像西欧那样走向资本主义道路,还是直接跳过资本主义走社会主义道路?这个问题在俄国内部引起了极大的争论。从马克思的唯物史观来看,社会发展从低级向高级演进有一种历史的必然性,东方社会因西方征服被纳入西方世界体系之中是不可避免的。马克思专门探索了世界历史中的东方发展道路,在晚年提出了跨越资本主义"卡夫丁峡谷"的设想。

马克思于1877年在《给"祖国纪事"杂志编辑部的信》中,对当时的俄国能否走出一条不同于西欧现代化道路这一问题进行探讨,提出了自己的观点与看法。俄国研究者提出的问题是:俄国是否应该如自由主义经济学家们所预设的

---

① 马克思、恩格斯:《马克思恩格斯选集(第一卷)》,人民出版社2012年版,第779页。
② 马克思、恩格斯:《马克思恩格斯选集(第一卷)》,人民出版社2012年版,第780页。
③ 马克思、恩格斯:《马克思恩格斯选集(第一卷)》,人民出版社2012年版,第781页。

那样——当时的俄国是先摧毁农村公社再过渡到资本主义，还是不用经过资本主义发展阶段的一切苦难而取得其全部成果？马克思经过对俄国社会的研究，他得出的看法是："如果俄国继续走它在1861年所开始走的道路，那它将会失去当时历史所能提供给一个民族的最好的机会，而遭受资本主义制度所带来的一切极端不幸的灾难。"[①]这说明，马克思认为，俄国如果还继续坚持走老路，将会错失历史发展的机会，因为在资本主义制度面前，继续实行农奴制而不改革，将是一场巨大的灾难。问题是：既然坚持走农奴制这条老路是没有希望的，那么俄国社会的新路究竟是什么呢？是西欧的资本主义道路吗？这需要从马克思的世界历史理论来探寻答案。

马克思对西欧工业革命及其资本主义兴起的描述以西欧为特定语境，他研究的主要问题是：在欧洲封建主义经济制度内部，资本主义经济制度是如何产生的？在马克思看来，用西方资本主义发展道路抽象地、脱离具体历史条件地解释其他地方的发展是不恰当的。"他一定要把我关于西欧资本主义起源的历史概述彻底变成一般发展道路的历史哲学理论，一切民族，不管他们所处的历史环境如何，都注定要走这条道路，——以便最后都达到在保证社会劳动生产力极高度发展的同时又保证人类最全面的这样一种经济形态。但是我要请他原谅。他这样做，会给我过多的荣誉，同时也会给我过多的侮辱。"[②]这意味着，如果抽象地把西欧发展道路运用于其他地方，以为其他地方也能够像西欧一样，马克思对此是明确反对的。马克思强调："使用一般历史哲学理论这一把万能钥匙，那是永远达不到这种目的的，这种历史哲学理论的最大长处就在于它是超历史的。"[③]马克思的世界历史理论不是"超历史"的历史哲学，它植根于现实生活。然而，对于能不能跨越资本主义发展的"卡夫丁峡谷"这一问题，马克思并没有进行简单或者武断地回应。

1881年3月，马克思给俄国"劳动解放社"成员查苏利奇回了一封信，应查苏利奇的请求来谈对俄国社会历史发展的看法，马克思四易其稿，对回信的内容极为慎重，也反映出马克思对东方社会发展的详细思考。在给查苏利奇回信的第一稿中，马克思以俄国农业公社为分析对象，初步提出了俄国在经济发展落后

---

① 马克思、恩格斯：《马克思恩格斯全集：第十九卷》，人民出版社2016年版，第129页。
② 马克思、恩格斯：《马克思恩格斯全集：第十九卷》，人民出版社2016年版，第130页。
③ 马克思、恩格斯：《马克思恩格斯全集：第十九卷》，人民出版社2016年版，第131页。

的条件下跨越"卡夫丁峡谷"的可能性。马克思分析指出，跨越"卡夫丁峡谷"是有前提的：一是俄国在全国范围保留着农业公社，在土地公有制的基础上保持着集体耕作；二是与控制世界市场的西方生产同时并存，能够把资本主义制度的一切肯定因素运用到公社中来。因为农业公社与西方资本主义同时代，可以把资本主义制度中的肯定因素吸收进来；三是在适当的时候俄国爆发革命，以挽救农业公社。马克思在思考的过程中，他对农业公社的基本观点是："'农村公社'的这种发展是符合我们时代历史发展的方向的，对这一点的最好证明，是资本主义生产在它最发达的欧美各国中所遭到的致命危机，而这种危机将随着资本主义的消灭、随着现代社会的回复到古代类型的最高形式，回复到集体生产和集体占有而结束。"[1]显然，从唯物史观来看，农村公社这种比较原始的集体制形式与马克思所说的共产主义集体制存在着较大的区别，但在西方资本主义兴起的历史阶段，这种低级的集体制形式具有向高级形式过渡的可能性。

应该注意的是，马克思给查苏利奇写了一封正式的回信，他在信中删掉了关于跨越"卡夫丁峡谷"的相关内容。信件手稿和正式回信之间存在明显的"认识断裂"，这充分说明，他对东方社会可否跨越"卡夫丁峡谷"这一问题展开过深入的思索。马克思在给查苏利奇的正式回信中明确，西欧资本主义制度的"'历史必然性'明确地限于西欧各国"，他坚持这样的观点："这种农村公社是俄国社会新生的支点；可是要使它能发挥这种作用，首先必须肃清从各方面向它袭来的破坏性影响，然后保证它具备自由发展所必需的正常条件。"[2]我们从中可以看出，首先，马克思明确，他是从西欧的社会历史来讨论资本主义发展的必然性，即西欧走资本主义道路具有内在的必然性。当然，这对西欧来说是一种具有地方性的历史经验。但问题是，在资本主义世界扩张的过程中，西欧的社会发展逻辑是否同样适用于东方社会，马克思其实持谨慎的态度，但能够明确的是，西欧资本主义在扩张的过程中，改变了东方社会的面貌。从当时俄国社会经济发展状况来看，传统的农业公社制度仍然具有强大的生命力，在世界历史中可以与资本主义共存，这为落后的东方社会跨越"卡夫丁峡谷"走社会主义道路打开了理论空间。从俄国"十月革命"的成功到20世纪末苏联的解体，国际共产主义运动转入低潮，东方社会能否跨越"卡夫丁峡谷"、怎样跨越"卡夫丁峡谷"又再

---

[1]　马克思、恩格斯：《马克思恩格斯全集：第十九卷》，人民出版社2016年版，第439页。

[2]　马克思、恩格斯：《马克思恩格斯全集：第十九卷》，人民出版社2016年版，第296页。

次成为社会主义理论必须面对的世界历史问题。也正是对这一世界历史问题的探索与解答推动了百年中国的发展。

四、世界历史中的现代世界体系

马克思的理论以早期西欧经验为基础，在马克思之后，世界历史尤其是国际共产主义运动在实践中的展开与马克思早年对西欧经验的阐释存在较大的差异，国际共产主义运动在东方的凯歌行进更接近其晚年手稿中对跨越"卡夫丁峡谷"的设想。当20世纪初西方资本主义体系在全世界扩张之时，俄国革命与中国革命让两个落后的东方大国实现了新的涅槃。而这两大革命与两次世界大战存在着紧密的联系。两次世界大战都是突破国界的世界性战争，是国家与国家之间的冲突与较量，但在更本源的意义上，这是西方资本主义世界秩序扩张的产物。第一次世界大战后形成了苏联，第二次世界大战后新中国诞生。这是对资本主义世界体系的深刻反思与批判，又为现代世界体系注入了鲜活因素，提供了另一种可能。落后的东方国家在西方资本主义冲击之下，被迫走向了另外一条与西方资本主义不同的道路，形成了现代世界秩序的另一种可能。从马克思世界历史理论来看，世界历史在实践层面的展开丰富了理论本身，也提出了新的问题和思考。

欧洲资本主义的兴起改变了传统社会原有的制度体系，逐步形成了现代世界体系。按照西方"新马克思主义者"沃勒斯坦的看法，现代世界体系其实是16世纪以来形成的世界性体系。沃勒斯坦在《现代世界体系》中详细地分析了16世纪以来西欧资本主义经济体系在5个世纪中的形成及扩张过程，其核心观点是："资本主义世界经济体是以世界范围的劳动分工为基础而建立的，在这种分工中，世界经济体的不同区域（我们名之为中心区域、半边缘区域和边缘区域）被派定承担特定的经济角色，发展出不同的阶级结构，因而使用不同的劳动控制方式，从世界经济体系的运转中获利也就不平等。"[①]按照沃勒斯坦的表述，从现代世界经济体系来看，西方资本主义对非西方地区的扩张形成了这一体系的不同角色，中心区域利用边缘区域的原料和廉价劳动力等要素生产商品，然后把商品销售到边缘区域；边缘区域则沦为原料、劳动力、商品销售市场；半边缘区

---

① 沃勒斯坦著，罗荣渠等译：《现代世界体系（第一卷）》，高等教育出版社1998年版，第194页。

域介于两者之间。在现代世界经济体系之中，中心区、半边缘区、边缘区因分工不同而扮演不同的角色，但是这种从中心到边缘的阶梯式递减意味着这一体系是不平等的，中心区对半边缘区、边缘区在贸易、金融等领域居于绝对支配的地位，这意味着在资本主义世界经济体系的背后，其实存在着不平等的权力政治体系。在这个体系中，西方发达资本主义国家处于中心区，而广大发展中国家尤其是东方国家和地区则沦为边缘区、半边缘区。因此，这一体系内在地潜藏着西方对东方的征服和支配的不平等关系。打破这一体系，探索公正合理的国际政治经济新秩序，这仍是一项未竟的事业。

从中心区、半边缘区、边缘区的关系来看，处于现代世界体系边缘的是在世界经济体系中生产低端商品的地区，边缘区是世界经济体系中的重要组成部分。按照沃勒斯坦的看法，现代世界体系也是一个社会体系，这个体系的强大生命力由其内部相互冲突的各种力量构成，但是这个体系的结构是相对稳定的，而且其存续的时间是长期的。在现代世界体系诞生之前，以往的世界经济体是不够稳定的，其结局主要是两个：要么转变为帝国，要么面临崩溃解体。需要注意的是，"有一个世界经济体已经存在了500年而仍没有转变为一个世界帝国，这是现代世界体系的独特性——这种独特性就是其力量的秘密所在。"[1]值得追问的问题是：既然现代世界体系中存在着中心区、半边缘区、边缘区之间的冲突与张力，那为什么这个体系能够持续如此之久，而且在世界历史的维度上影响全世界？沃勒斯坦指出其独特性就是资本主义经济组织中的政治性因素，即这个世界经济体系中存在着多个政治体系，这些政治体系能够维持世界经济体系的运行与发展。

与主张国家不干涉社会经济事务的古典自由主义不同，沃勒斯坦认为资本主义既关注经济的基础，同时又通过政治实体把经济收益分配到私人手中。这意味着，资本主义作为一种经济模式，其经济因素比任何政治实体可以发挥作用的范围更大，这同时意味着为资本家提供了一种制度许可的自由，资本家可以根据这种自由不断进行经济扩张。沃勒斯坦预测，"能保持一个高水平的生产率，并能改变分配制度的唯一可替代的世界体系，将引起政治和经济决策层的重新整合。这将构成世界体系的第三种可能形式，即世界社会主义世界政府。"[2]这

---

① 沃勒斯坦著，罗荣渠等译：《现代世界体系（第一卷）》，高等教育出版社1998年版，第461—462页。
② 沃勒斯坦著，罗荣渠等译：《现代世界体系（第一卷）》，高等教育出版社1998年版，第462页。

说明，现代世界体系不仅仅是经济体系，还具有重大的政治意蕴。马克思预言随着世界历史的发展将产生西方对东方的征服，发达国家将同时发生革命，作为运动的共产主义将出现。与马克思不同，虽然沃勒斯坦也非常关注现代世界体系中的政治因素，但他指出："现代世界经济体是而且只能是一个资本主义世界经济体。正是由于这个原因，我们已经拒绝把在世界经济体中成长起来，建立在强迫劳动基础上的各种形式的资本主义农业冠以'封建主义'的称呼。"[①]显然，从西欧资本主义兴起的历史来看，从封建主义向资本主义转化的确是西欧工业化、现代化的历史经验，现代世界体系的兴起就是资本主义经济体系的兴起与扩张的过程，其背后潜藏着西方通过军事、政治征服东方的隐性逻辑，但总体上这一体系是以经济来维系并运行的。

在16世纪以来的5个世纪里，资本主义世界经济体系经受着各种挑战，在西方征服东方的过程中也受到各种抵抗和批判。沃勒斯坦指出："18世纪末期的伟大革命，即所谓的工业革命、法国革命、美洲居民之独立，其中没有一个是对世界资本主义体系的根本挑战，反而标志着这一体系的进一步巩固与确立。"[②]这一体系至今不但没有松动，反而在全球化时代的21世纪显得更加重要。作为东方国家，中国社会经济已经深深地融入世界历史，作为"世界工厂"的中国已经成为驱动世界经济的重要枢纽。从世界历史的角度来看，中国正在重塑世界经济体系，同时也正在重构世界政治秩序与全球治理新格局，在这个过程中，马克思的世界历史理论是一个极为重要的思想资源。

五、世界历史的世界结构及逻辑

从西方工业革命扩张所形成的世界体系来看，沃勒斯坦的现代世界体系论和马克思的世界历史理论具有相似性，其立论都植根于西欧资本主义的全球扩张，把资本主义的全球经济交往上升为理论。其中，马克思把黑格尔抽象的世界历史还原为经济交往，沃勒斯坦则描述了16世纪以来从西欧社会孕育脱胎的资本主义世界经济体系的内在结构。对现代社会而言，现代秩序的形成是多重因素综合作用的结果。在经济层面之外，政治、文化甚至价值等层面所起作用也是现代世界秩序的重要组成部分。如果从马克思的唯物史观来看，唯物史观的公

---

① 沃勒斯坦著，罗荣渠等译：《现代世界体系（第一卷）》，高等教育出版社1998年版，第464—465页。
② 沃勒斯坦著，庞卓恒等译：《现代世界体系（第三卷）》，高等教育出版社2000年版，第329页。

式意味着在生产与交往的经济结构之外,政治这一上层建筑发挥着无与伦比的反向作用。在西欧资本主义世界经济体系的全球拓展过程中,西方现代政治体系及其秩序也随之形成。更重要的是,现代世界政治体系与世界秩序以威斯特伐利亚和约为基础,按照基辛格的看法,"唯有威斯特伐利亚原则被普遍认为是构成世界秩序的基础。随着欧洲国家扩张时把自己的国际秩序蓝图带到了世界各地,威斯特伐利亚体系这个基于国家之上的国际秩序框架现在已延至全世界,涵盖了不同的文明和地区。"[①]在西欧资本主义兴起、扩张的过程中,威斯特伐利亚体系这一原本约束欧洲的政治和约,被推广至全世界。可以这么说,资本主义世界经济体系逐步形成的过程其实也是威斯特伐利亚体系在全球扩张的过程,这两个过程几乎是同步的。

西欧资本主义世界经济体系与西方现代世界体系不是截然区分的,从世界历史来看,它们在西方征服东方的过程中扮演着不同的角色。对于东方国家而言,无论是关于现代世界的经济体系还是政治体系的知识,其实都源自西欧的历史经验,这种地域性的地方性知识随西方资本主义扩张被塑造成普世性的知识,在这些知识体系及其话语背后,其实潜藏着西方对东方的支配与宰制,如果从知识与权力的关系来看,其背后是政治性的控制与不平等。

当然,从东方社会发展的话语体系建构来看,西方对资本主义世界体系与世界秩序的建构都具有"西方中心主义"尤其是"欧洲中心主义"的特征。如果按照萨义德的说法,这些关于现代世界的知识其实都是"东方学"。萨义德指出:"不仅认为东方乃为西方而存在,而且认为东方永远凝固在特定的时空之中。……以至东方文化、政治和社会历史的所有时期都仅仅被视为对西方的被动回应。西方是积极的行动者,东方则是消极的回应者。西方是东方人所有行为的目击者和审判者。"[②]在萨义德的论述中,我们可以看到,世界历史的东方其实处于被西方遮蔽之中,世界体系中的话语、制度、价值其实都是西方主导的,西方话语、西方制度、西方价值等在现代世界体系中被塑造成唯一的解释框架。更为紧要的是,东方在西方主导的解释系统中沦为亦步亦趋的追随者。在西方征服东方的过程中,作为被征服对象的东方成为征服者的膜拜者。当然,东方有多重的意蕴,有地理学上的东方,也有萨义德所批判的观念或价值上的东方,在西

---

① 基辛格著,胡利平等译:《世界秩序》,中信出版社2015年版,序XIV页。
② 萨义德著,王宇根译:《东方学》,生活·读书·新知三联书店1999年版,第142页。

方现代性语境下，东方学的背后其实潜藏着一种权力关系、支配关系。在这种关系中，东方是没有主体性的，是作为客体而存在的。即使东方国家或地区在反抗殖民的民族独立斗争中获得了独立地位，但是如何摆脱西方思想、观念、文化层面的殖民仍是一个难题。

对现代中国而言，伴随西方对中国的入侵，晚清以来的"西学东渐"形成了蔚为壮观的西方知识引进运动。对西方的追随是一个半世纪以来中国自我否定、自我奋起的隐性逻辑，我们对世界的看法、对世界的想象在很大程度上带着西方的烙印。当然，对具有数千年历史传统的大国而言，否定自我其实是极为困难的，在"三千年未有之大变局"的社会转型中对自身历史文化的批判与否定是极其痛苦的，无论是社会结构的急剧变化，还是文化观念的否定与西化，作为他者的西方像游荡在百年中国场域中无处不在的幽灵。不论制度建设层面，还是思想文化层面，西方理想图景成为百年中国进行自我评价的目标和标尺。

邓正来在《中国法学向何处去》中指出，长期以来，中国是一个主权国家，而自与西方遭遇以来，中国尚未成为一个"主体"的国家。他指出，在世界结构中，我们需要对中国进行重新定义，但中国的实质不在于与西方不同，而在于中国自身的"主体性"，核心在于形成一种基于中国的世界观或者基于中国的中国观，并以主体的姿态参与世界结构的重构。邓正来指出："在当下的世界结构中，中国不仅必须是一个'主权的中国'，而且还必须是一个'主体性的中国'！这一探寻中国主体性的努力，可以说是中国当下思想的最为重要的使命之一，也是中国当下思想的全新的使命之一。"[1]从世界历史的语境来看，"主体性中国"的提出意味着我们不要盲从于西方，也不要盲目地拒斥西方，而是从主体间性的层面来看待中西关系，通过主体间性的交往与互动来重构现代世界秩序。因此，在"主体性中国"的背后，其实预设了世界历史或世界结构中的中国与西方其实是"命运共同体"的关系。从共同体的视角来看，两者既不相同，也不拒斥，而是分别以主体性的姿态在世界结构中共存。在这个意义上，主体性的中国就意味着在世界结构中存在着"作为共同体的中国"，只有在共同体的前提下，主体才有意义。在构建人类命运共同体的实践中，主体与共同体其实是一个硬币的两面。

---

① 邓正来：《中国法学向何处去》，商务印书馆2006年版，第22页。

第十章

谁之中国？何种天下？
——从主体到共同体①

① 本章部分内容已发表，参见吕勇：《中国传统天下观的演化及其对铸牢中华民族共同体意识的现代启示》，《广西民族研究》2023年第4期。

中华民族源远流长,《诗经》中有"周虽旧邦,其命维新"之说,"旧邦新命"是对中华民族生生不息的生动阐述。"旧邦"意味着中华民族有厚重的历史,在各民族交往、交流、交融的漫长历史中不断发展壮大;"新命"意味着在新的历史条件下中华民族不断被赋予新的内涵、展现新的面貌。中华民族共同体意识具有深厚的理论和思想渊源,其中,中国传统的天下观是重要的理论渊源。从"华夷之辨"到"天下一家",天下观贯穿于中华民族形成、发展、壮大的历史进程中,其蕴含的"协和万邦""公天下"等重要观念影响至今,并在新的历史条件下不断被发扬光大。在铸牢中华民族共同体与构建人类命运共同体的时代背景下,推动天下观的创造性转化和创新性发展,具有重要的时代价值。

一、问题的提出: 重建普遍性的世界图景

在中国传统社会,天下观是中华优秀传统文化的重要组成部分,是中华民族认识世界、看待世界的世界观和方法论,也是处理民族关系的重要理念。近代以来,随着西方民族国家观念的兴起,中国传统的天下观受到冲击,传统的朝贡体系逐渐解体,从"天下"到"民族国家"的转型成为近代中国历史发展的深层逻辑。在近代民族国家话语体系中,天下观逐步淡出了理论研究的视野。但近年来,随着中国经济社会快速发展,中国逐步成为推动全球治理体系变革的重要力量,重塑中国思想文化的普遍性成为一个紧迫的时代课题。在构建人类命运共同体和铸牢中华民族共同体意识的背景下,中国学者对天下观的研究成为学术热点,一些学者正在研究和推动天下观的创造性转化。

天下观是中华民族进行自我认同的重要基础。许纪霖认为,在中国传统社会,家、国、天下是一个以自我为中心的社会连续体,但这个家、国、天下连续体在近代以来面临断裂,随着天下式微,国家的权威被凸显出来,原子化的个人失去了自我认同的根基。在现代性的语境下,"自我要置于新的家国天下秩序中来重新理解,而家国天下也在自我的形塑中得以重新建构。"[1]许纪霖主张一种超

---

① 许纪霖:《家国天下: 现代中国的个人、国家与世界认同》,上海人民出版社2016年版,第16页。

越民族国家话语的"新天下主义"。与传统的天下观相比，新天下主义具有"去中心化、去等级化的新普遍性"的特点，它是对传统天下观的扬弃，即去中心化、去等级化，以平等的共享为核心，试图建构一个新的普遍性。

当中国逐渐发展壮大之后，天下观成为重思中国的世界意义的重要框架。赵汀阳指出，当中国成为世界的重要组成部分，我们就应该讨论中国思想文化对世界的意义，如果把百年来中国人从负面的视角来批评中国看成"检讨中国"，那么对中国进行正面反思和肯定可以看成"重思中国"，"重思中国"是20世纪90年代中期以来最重要的思想运动，"'重思中国'的历史意义就在于试图恢复中国自己的思想能力，让中国重新开始思想，重新建立自己的思想框架和基本观念，重新创造自己的世界观、价值观和方法论，重新思考自身与世界，也就是去思考中国的前途、未来理念以及在世界中的作用和责任。"[1]赵汀阳认为，中国政治哲学把天下看成优先的分析框架，在"天下—国—家"的框架中，国家的政治问题要放在天下之中去考量；而西方现代的政治框架则是"个人—共同体—民族国家"，在这一逻辑中，国家被视为最大的主权单位，在国家之上缺乏世界政治主体，因而在全球化时代，赵汀阳主张以中国传统的天下观来思考世界，进而超越西方民族国家的思维方式。

从"天下到民族国家"的变迁成为外国学者研究中国近代以来社会转型和变迁的重要视角。列文森在《儒教中国及其现代命运》中认为古代中国的"国"是一个权力体，但"天下"是一个价值体："中国作为国家的概念正在发生变化，即从原来官绅文化繁荣时期的'天下'概念变成了一个民族的概念。"[2]费正清在《中国的世界秩序》中则认为"天下体系"是传统中国在对外关系中构建的世界秩序。日本的渡边信一郎在《中国古代的王权与天下秩序》中提出了"天下型国家"的政体概念。这些研究从天下观的演变来理解近代中国的社会发展，为我们把握近代中国社会发展的历史逻辑提供了思想借鉴。

当然，国内一些学者也对重释天下观的当代意义提出了深刻的质疑。葛兆光认为天下体系只是一种想象，在历史上从未真正实现过，中国历史上的"天下—帝国"秩序都是用"血与火"武力维护的结果。这意味着天下观只不过是一

① 赵汀阳：《天下体系：世界制度哲学导论》，江苏教育出版社2005年版，第7页。
② 列文森著，郑大华、任菁译：《儒教中国及其现代命运》，广西师范大学出版社2009年版，第35页。

种理想的状态，是一个"乌托邦"，[①]天下观的背后其实是以武力为支撑的。张曙光则认为"天下"是从"天人"中派生出来的，"天下"概念能给出的现代思想空间有限，应该重新回到"天人"关系，[②]这意味着从"天人"关系出发才能建构现代中国思想的普遍性。学者们对天下观的研究和关注，更多是从中国经济社会发展起来之后，就如何认识中国与世界的关系展开讨论，重点是在普遍性与特殊性的辩证关系中重塑现代中国的普遍性，尤其是在构建人类命运共同体的理论与实践中，阐发中国传统天下观对重构世界政治格局的积极意义。

事实上，天下观是传统中国处理民族关系的重要理念，它为中华民族的形成与发展奠定了重要思想基础。新时代处理好民族关系，亟需从"两个结合"的视角重新梳理天下观的历史演变，聚焦铸牢中华民族共同体意识，从天下的历史演变理解中华民族共同体意识的价值之基与思想之基，为铸牢中华民族共同体意识提供思想理论借鉴。

二、多民族统一国家思想的起源

天下观作为中国传统社会的世界观和方法论，与中国古人看待世界、认识世界的方法存在着紧密的联系，天下观来源于人们对天的认识。《周易·系辞下》指出："古者包牺氏之王天下也，仰则观象于天，俯则观法于地，观鸟兽之文与地之宜，近取诸身，远取诸物，于是始作八卦，以通神明之德，以类万物之情。"[③]按照《周易》的表述，在远古时代，伏羲通过观察天地万物，感悟大自然的内在联系，创建了八卦这一符号系统，把宇宙视为一个有机联系的系统，形成了天下观。事实上，中国先秦诸子百家对天下有诸多论述。老子的《道德经》中有"以身观身，以家观家，以乡观乡，以邦观邦，以天下观天下"[④]；《庄子·天下篇》中有"天地与我并生，万物与我为一"[⑤]之说；《论语·阳货》中孔子有"天何言哉？四时行焉，百物生焉，天何言哉"[⑥]。从先秦思想家们对"天"的论述可以看出，中国古代思想家把世界看成一个有机联系的整体，以整体主义的视角来看

---

① 葛兆光：《对"天下"的想象——一个乌托邦想象背后的政治、思想与学术》，《思想》2015年第29期。
② 张曙光：《自我、他者与世界——重启"天人"之思》，《社会科学战线》2022年第9期。
③ 郭彧译注：《周易》，中华书局2006年版，第380页。
④ 饶尚宽译注：《老子》，中华书局2006年版，第130页。
⑤ 孙通海译注：《庄子》，中华书局2007年版，第14页。
⑥ 杨伯峻译注：《论语》，中华书局2006年版，第211页。

待世界。当然，古人对天下的看法还有很多。

（一）作为空间概念的天下

天下是中国古人对世界的想象，古人认为世界是天圆地方的，天是最高的存在，其他一切都在天的下面。地是方的，周围有海，有东南西北四个方向，所以有"四海"之说。因此，古代的天下观内在地包含着"四海""六合""九州"等地理空间。更重要的是，天下是天子实施行政管理的空间范围，《诗经·小雅·北山》中有"溥天之下，莫非王土；率土之滨，莫非王臣"之说。更重要的是，天下是以中国为中心的整个世界，即中国古人认为中国是世界的中心，中原地区是中国的中心地带，在中原周边有四夷。后来，随着少数民族入主中原，天下的范围也在逐步扩大，但是以中国为中心的观念长期居于主流地位。明朝时期西方利玛窦来华之后，中国士大夫眼中的天下范围在大幅度扩展，逐步认识到中国是世界的一部分。《明史·外国传》中有这样的记载："意大里亚，居大西洋中，自古不通中国。万历时，其国人利玛窦至京师，为《万国全图》，言天下有五大洲。第一曰亚细亚洲，中凡百余国，而中国居其一。"[1]这意味着，中国人开始意识到世界之大，中国传统的"天下"与近现代世界的地理空间概念有较大的差别。

（二）作为一种制度的天下

人们对天下的地理想象在中国政治上表现为具体的制度。人们把中国划分为"九州"（冀、兖、青、徐、扬、荆、豫、梁、雍），在九州之外则为"四裔"，形成了一套维系民族关系的"五服"制度，根据空间地理远近来确定亲疏。《尚书·禹贡》对"五服"进行了详细的论述："五百里甸服：百里赋纳总，二百里纳铚，三百里纳秸服，四百里粟，五百里米。五百里侯服：百里采，二百里男邦，三百里诸侯。五百里绥服：三百里揆文教，二百里奋武卫。五百里要服：三百里夷，二百里蔡。五百里荒服：三百里蛮，二百里流。"[2]"五服"制度以百里为单位，彰显了天子与周边诸侯或部落之间的亲疏关系，离天子越近，其政治经济关系就越紧密，天子的约束力就越大；离天子越远，则其政治经济关系就越疏远，天子的约束力和管控力就越小。"五服"制度是古代分封制的具体体现，充分体现了费孝通在《乡土中国》中强调的"差序格局"，即根据远近来定亲疏。在

---

① 《明史·外国传七》[EB/OL].（2022-08-29）[2024-04-23]. https://guoxue. httpcn. com/html/book/CQRNMEPW/KORNTBUYKO. shtml.
② 李学勤主编：《尚书正义》，北京大学出版社1999年版，第167页。

秦朝以郡县制替代分封制之后，天下观由传统社会的"家天下"逐步演化为"公天下"，为大一统的形成奠定了重要基础。天下是一种以中原地区为中心的世界想象。这一想象在政治统治结构中形成了同心圆式的"差序格局"。第一层是王畿。王畿是天子直接管理的区域，代表着天下的政治、经济、文化中心。第二层是中央王朝册封的诸侯国，是天子对具有血缘关系的血亲或对王朝建立有重大功勋的将臣的封地，具有较大的行政自治权。第三层是中央王朝实行羁縻、土司等制度间接统治的区域，这些地区在形式上承认中央王朝的统治，甚至中央王朝也在这些地区设置行政管理机构，但这些地区具有很大的自治权。第四层是藩属国，中央王朝对其没有直接的行政管理，藩属国只是在形式上承认王朝的统治，并具有独立自主的行政管理体系，如越南、朝鲜、琉球等，通过朝贡制度即向中央王朝进贡的方式来维持关系。第五层是对中原文明仰慕的地区，这些地区不受中央王朝的册封，也不进贡，对中央王朝比较仰慕。比如唐代日本多次派遣唐使到唐朝学习，中原文化对其有较大的影响，文化交流较为频繁。第六层是化外的蛮夷地，这些地区有的与中央没有关系，有的甚至是对立。从天下的政治想象来看，从里往外推，其关系程度是逐步淡化的。当然，这个结构不是固定不变的，而是一个具有弹性的结构，而且这个结构与儒家的宗法结构是基本一致的。对中国知识人而言，修身、齐家、治国、平天下，由内及外，构成了一个完整的体系。

（三）天下的民族意义

如果说"五服"制确立了根据血缘和地理来确定亲疏关系的制度，那么这种制度的想象和设计其实反映了以中国为中心的世界想象。王柯指出："'五服制'实际上就是一幅想象中的以'中国'为中心的完整的世界图像。"[①]需要注意的是，"五服"制确立了"内服"与"外服"之别。"内服"指的是天子直接管辖的地理空间，"外服"则是天子间接管辖的区域，为周边的诸侯国。这种内外之别呈现为一种不平等的血缘关系或阶级关系，在民族关系上呈现为"华夷"关系，即中国与"四夷"的关系。天下所蕴含的"九州"是天子管辖的区域，在"九州"之外则为蛮、夷、戎、狄这"四夷"的生存活动空间。天下所蕴含的"内外"之分说明天下观其实是当时处理民族关系的重要思想基础，从这个角度来看，天下观

---

① 王柯：《从"天下"到民族国家：历史中国的认知与实践》，上海人民出版社2020年版，第22页。

是中华民族共同体意识的重要思想源头。

（四）天下观的文化意蕴

天下观并不是简单地以地理或民族来主张"华夷之别"，而是从文化的维度来予以区分。与其说天下观是空间地理概念，还不如说天下观是一种价值文化理念。天子所管辖的中国实行"礼"，是文化开化之地。如果从儒家的角度来看，中国实行的是以"仁"为核心的"礼乐文化"，主张"仁、义、礼、智、信"。这意味着，华夏文化是文化或道德的高地。相反，"四夷"属于文化的未开化或者半开化之地，中原地区的文化比周边地区的文化要先进。《周易·贲卦》的《彖传》曰："观乎天文，以察时变。观乎人文，以化成天下。"天下观的人文内涵在儒家思想中有丰富的论述。比如，儒家主张的"仁"蕴含着教化的内容与思想，它既指天下对普通百姓的教化，也包含着对中国周边地区的教化。明代顾炎武提出"易姓改号，谓之亡国；仁义充塞，而至于率兽食人，人将相食，谓之亡天下"[①]。"亡国"与"亡天下"的区分进一步丰富了天下的人文意蕴，强化了天下观的道德和文化属性。

三、从"华夷之辨"到"天下一家"

在中华民族的发展过程中，存在着从"华夷之辨"到"天下一家"的内在逻辑，而天下观贯穿于这一逻辑之中，在中华民族的发展实践中具有丰富的内涵。

（一）内外之别与民族认同

按照天下观的理念，中原王朝是天下共主，周边少数民族被视为中原王朝不可分割的一部分，如《论语》中有："为政以德，譬如北辰，居其所而众星共之。"[②]从普遍性与特殊性的关系来看，各民族是有区别的，民族之间的区别表现在血缘、语言、生活、习俗、服饰等方方面面，"华夷之辨"意味着"华""夷"有别，但这种区别在很大程度上是文化之别。华夏代表着文化进步、优越的中原文化，而夷狄则代表着落后或者发展滞后的文化。因此，"华夷之辨"预设了中原文化对其他少数民族文化具有优越性、进步性，以文化的优越来对民族进行区分。同时，"华夷之辨"强调中原文化对夷狄具有教化的意义，夷狄接受或学习中原文化之后，也可以成为华夏的一部分。

---

① 顾炎武：《日知录集释》，上海古籍出版社2013年版，第531页。
② 杨伯峻译注：《论语》，中华书局2006年版，第11页。

在中国历史上，"内"与"外"成为讨论民族之别的重要框架。事实上，中华民族早期的"内外之别"与西方文化的二元论传统不同。从文化差异来看，西方文化尤其是基督教文化秉持二元论的传统，不断在自我之外寻找异端、创造异端，通过"自我"与"他者"的对立来实现自我认同。相反，中国文化尤其是儒家文化主张不断把"他者"融为"我者"，在"我"和"他"之间并没有一个明显的二元区分。许倬云在《我者与他者：中国历史上的内外分际》中对传统中国如何处理民族问题进行了深入的分析和研究，他指出，从天下这一概念来说，"几千年来，所谓'天下'，并不是中国自以为'世界只有如此大'，而是以为，光天化日之下，只有同一人文的伦理秩序。中国自以为是这一文明的首善之区，文明之所寄托，于是'天下'是一个无远弗届的同心圆，一层一层地开化，推向未开化。中国自诩为文明中心，遂建构了中国与四邻的朝贡制，以及与内部边区的赐封、羁縻、土司诸种制度。"[1]需要注意的是，在中国历史上，"华夷之辨"曾长时间被置换为内外之别。在秦汉之后，随着中原地区对周边少数民族地区的扩张，王朝的边疆在不断外扩，中原文化将自身之外的其他民族视为"蛮夷"。但另一方面，在北方，中原地区也不断受到北方游牧民族的侵扰。北方游牧民族代表着草原文化，而中原地区以农耕立国，这两者之间存在着巨大的冲突。为了应对游牧民族的挑战，中原地区的统治者通过修建长城来实现中原地区与北方少数民族地区的地理区隔。秦朝修筑长城实现了内外隔离，后来的一些朝代也延续了秦代的做法。需要注意的是，虽然有长城的区隔，但中原地区与北方少数民族的民间交流并未阻断，以民间贸易为纽带的民族交流一直存在。

中国历史上的"内外之别"在近代世界历史展开的过程中呈现了另一种样态，"中西之争"成为内嵌于近代以来中国社会变迁的深层逻辑。尤其是随着近代西方民族国家话语体系的兴起，杜赞奇所谓的"从民族国家拯救历史"成为一条主线。在中国逐步融入现代世界体系的过程中，如许倬云指出："这一过程，迂回曲折，若从'我者'与'他者'的相对性而言，竟是'我者'与'他者'的调换，将中国原有的文化，化'他'为'我'，弃'我'为'他'，在中国历史上，毋宁是仅见的深远变化。"[2]实际上，许倬云所谓的"化他为我"就是不断把中原之外的他者转为中国文化自身。但在近代以来西方文化扩张的时代背景下，也存在着

---

[1]　许倬云：《我者与他者：中国历史上的内外分际》，生活·读书·新知三联书店2015年版，第20页。
[2]　许倬云：《我者与他者：中国历史上的内外分际》，生活·读书·新知三联书店2015年版，第141页。

"弃我为他"不断向西方学习的显著特征。事实上,除了民族国家,政党政治、市场经济、工业技术、法律制度、现代科学、城市建设、教育制度等都与学习西方现代性存在着紧密的联系。在这一历史巨变中,从天下到民族国家的转型成为近现代中国的重大历史变迁,中华民族也从民族融合的实践走向了话语层面的论证。

(二)天下观的道德教化

在中国历史发展长河中,天下观的发展是一个动态的过程,其内涵与外延在不同时代是不一样的。"华""夷"在原初意义上既是一个地理空间概念,也是一个与地理相关的族群部落概念。其中,"华夏"是居于中国的部落及其联盟,而"四夷"则是狄夷部落的统称。如果从治理、管辖的疆域来看,"华夷"之间具有相对固定的疆界。但是,随着狄夷入侵和华夏内部秩序的"礼崩乐坏","华夷之辨"具有了政治和伦理的意义。更重要的是,"华"和"夷"之间是可以转化的,唐代韩愈在《原道》中强调"孔子之作《春秋》也,诸侯用夷礼则夷之,进于中国则中国之"[1],这种"夷狄入中国,则中国之,中国入夷狄,则夷狄之"的理念意味着"华"和"夷"的区别不是简单地按照血缘、民族等来评判,而是依据道德来评判。夷狄如果能践行道德,也能成为华夏;相反,如果华夏没有道德,也会变成夷狄。

值得注意的是,为促使夷狄融入中原文化,中国传统王朝的基本做法是"远人不服,则修文德以来之",主张通过道德教化的方式使少数民族自觉臣服,反对以武力的方法进行征服。因此,中国传统政治中有"王道""霸道"之说。推崇道德教化的是"王道",而推崇武力征讨的是"霸道"。在处理民族关系上,中原王朝以道德怀柔远人。《尚书·旅獒》强调"明王慎德,四夷咸宾。无有远迩,毕献方物"。孔颖达为此注疏指出:"自古明圣之王,慎其德教,以柔远人,四夷皆来宾服,无有远之与近,尽贡其方土所生之物。"[2]

实际上,这种以文化道德为评判标准确定"华夷"的做法是儒家思想的重要内容。在"礼崩乐坏"的时代,孔子无比感慨地指出:"夷狄之有君,不如诸夏之亡也。"[3]原本在文化上落后的夷狄能够遵照"亲亲尊尊"的伦理秩序,而原

---

① 韩愈:《韩昌黎文集校注》,上海古籍出版社2021年版,第14页。
② 李学勤主编:《尚书正义》,北京大学出版社1999年版,第327页。
③ 杨伯峻译注:《论语》,中华书局2006年版,第26页。

本在文化上先进的华夏未能践行君臣伦理秩序，这意味着夷狄有成为华夏之可能。孟子也指出："吾闻用夏变夷者，未闻变于夷者也。"①这说明，文化先进的华夏可以改变文化落后的夷狄，在华夷的转化之中，道德的教化作用就彰显出来了。特别是在北方少数民族入主中原的历史实践中，华夷之间的转变为多民族统一国家的形成奠定了思想基础。清朝雍正的《大义觉迷录》主要讨论区别华夷的标准，其主要结论是："夷狄只是地理籍贯……华夷之别最根本在于人伦、在君臣大义，而不在于种姓部族；华夷同秉阴阳之气，皆得应运而兴；为政之本在德，不在华夷之别，得民心者得天下，明亡清兴，在于明之失民心，并非夷狄篡窃，相反清作为夷狄，得华夏之民心，方能得天下。"②华夷之别最根本的在于人伦，无论是夷狄还是华夏，得民心者得天下。这充分说明区分华夷的政治标准在于是否得民心，归根结底在于统治阶层是否有德，彰显了天下观所蕴含的道德因素在中华民族形成过程中的重大作用。

（三）大一统与天下一家的观念结构

中华民族的形成与"天下一家"的理念紧密勾连，儒家经典《礼记·礼运》指出："圣人耐以天下为一家，以中国为一人。"③"天下为一家""中国为一人"意味着儒家的政治理想是使华夏各族团结为一个共同体。孔子说："管仲相桓公，霸诸侯，一匡天下，民到于今受其赐。"④荀子指出："四海之内若一家，故近者不隐其能，远者不疾其劳，无幽闲隐僻之国，莫不趋使而安乐之。"⑤事实上，天下一家的理念在中国历史上是以大一统呈现出来的。在中华民族交流、交往、交融的历史中，天下一家的理念得到不断落实和巩固，促进了民族交流、交往、交融日益频繁。

在秦汉以来的思想发展过程中，大一统的理念不断深入人心。《春秋公羊传》指出："元年者何？君之始年也。春者何？岁之始也。王者孰谓？谓文王也。曷为先言王而后言正月？王正月也。何言乎王正月？大一统也。"⑥事实上，在中国传统文化的语境中，这个大一统具有丰富的内涵，包含思想、政治、文化、制度

① 张燕婴等译注：《孟子》，中华书局2012年版，第112页。
② 宋玲：《从"华夷之辨"到"天下一家"》，《学习时报》2021年11月19日。
③ 李学勤主编：《礼记正义》，北京大学出版社1999年版，第688页。
④ 杨伯峻译注：《论语》，中华书局2006年版，第170页。
⑤ 安小兰译注：《荀子》，中华书局2006年版，第86页。
⑥ 李学勤主编：《春秋公羊传注疏》，北京大学出版社1999年版，第5—10页。

等方面。秦始皇统一六国后，实行书同文、车同轨、统一度量衡等制度，为天下一家提供了制度层面的保证，为中国大一统的形成奠定了重要基础。

在汉代，董仲舒向汉武帝提建议："《春秋》大一统者，天地之常经，古今之通谊也。今师异道，人异论，百家殊方，指意不同，是以上亡以持一统，法制数变，下不知所守。臣愚以为诸不在六艺之科、孔子之术者，皆绝其道，勿使并进，邪辟之说灭息，然后统纪可一而法度可明，民知所守矣。"[1]董仲舒从大一统的角度来阐述"罢黜百家、独尊儒术"的重要性。董仲舒所谓的大一统内涵丰富：从政治上看，大一统要统一于封建皇权；从思想文化上看，大一统则统一于儒学思想，等等。这奠定了儒学思想在中国传统文化中的核心地位。儒学作为道统在国家政治生活中扮演了举足轻重的角色，成为封建王朝的意识形态。事实上，大一统观念对中华民族的形成和发展也发挥了重要作用。

四、中华民族建构：从天下到民族国家

近代以来，在西方坚船利炮的冲击下，中国经历着从天下到民族国家的历史转型，列文森指出："近代中国思想史的大部分时期，是一个使'天下'成为'国家'的过程。"[2]这一过程无疑受到西方民族国家话语体系的深刻影响。欧洲经过"三十年宗教战争"之后，签订了威斯特伐利亚和约，这标志着民族国家作为一个新生事物登上了世界历史的舞台。当然，西方民族国家话语体系的兴起与西方工业革命的发展存在着紧密的联系，民族国家的话语体系随西方工业革命和资本主义的世界扩张而产生了世界性影响。近代中国在受到西方冲击之后逐渐融入现代世界体系之中。

（一）西方民族国家话语体系的影响

西方民族国家话语体系对中国传统天下观形成了巨大冲击。从认同角度来看，中国传统的天下观是一套超越种族而以文化认同为核心的观念体系，是一套以文化而不是以民族为基础的认同体系，只要认同中华文化，即使是周边少数民族也可以纳入中华文明体系。事实上，在中国历史发展的进程中，即使是异族入主中原建立统治，如元朝、清朝等，只要认同以儒家文化为核心的中华文明，其统治就可以获得正当性。也可以这么说，文化认同赋予了少数民族人民统

---

① 董仲舒著，周桂钿译注：《春秋繁露》，中华书局2011年版，第5页。
② 列文森著，郑大华、任菁译：《儒教中国及其现代命运》，广西师范大学出版社2009年版，第87页。

治中原的正当性。

事实上,西方民族国家认同与此前的宗教认同是不一样的。"欧洲中世纪建立的是以上帝为中心的基督教共同体,而在中国则是以儒家文化为核心的华夏文化秩序的天下共同体。"①然而,在中世纪之后,伴随着文艺复兴、宗教改革、地理大发现等重大历史事件的发生,西欧也逐步实现从上帝面前人人平等向法律面前人人平等转换,当然这一历史过程也是西方现代性的生成过程。马克斯·韦伯用"祛魅"来形容基督教共同体解体后世界世俗化的过程。哈贝马斯则形象地指出:"对上帝的信仰崩溃之后,出现了多元化的世界观,从而逐渐消除了政治统治的宗教基础。这种世俗化的国家必须为自己找到新的合法化源泉。……民族归属感促使以往彼此生疏的人民团结一致。因此,民族国家的成就在于:它同时解决了这样两个问题:即在一个新的合法化形式的基础上,提供了一种更加抽象的新的社会一体化形式。"②这意味着,民族国家认同是对中世纪宗教认同的超越,它作为一种新的认同方式被广泛接受。西方民族国家话语体系对中国传统的天下观产生了巨大冲击,天下观在晚清遭遇西方之后式微,尤其是随着朝贡体系逐渐解体,近代中国不断融入现代世界体系之中,民族意识伴随着民族国家认同的建构逐步形成。

需要注意的是,中国近代以来的民族国家建构历程,并不是简单地移植西方经验,而是置于中国多民族的历史传统之中进行创造性的建构。杜赞奇在《从民族国家拯救历史:民族主义话语与中国现代史研究》中强调,近代中国民族主义的产生存在一个散失与传承的历史复线运动,中国的历史传统本身关于民族主义的思想资源有两种,其一是以汉族为中心的具有排他性的种族主义,其二则是以天下观为核心的包容的价值文化。事实上,这两种思想资源是相互交织在一起的。③更重要的是,天下观所蕴含的包容性不断消解排他性的种族主义,在多民族的历史传统中推动中华民族的融合发展。

(二)从天下到民族国家转型的实践

本尼迪克特·安德森在《想象的共同体:民族主义的起源与散布》一书中将民族界定为"想象的政治共同体"。如果说天下是中国古人的想象,那么从天下

---

① 许纪霖:《家国天下:现代中国的个人、国家与世界认同》,上海人民出版社2016年版,第75页。
② 哈贝马斯著,曹卫东译:《包容他者》,上海人民出版社2002年版,第131—132页。
③ 杜赞奇著,王先明译:《从民族国家拯救历史:民族主义话语与中国现代史研究》,社会科学文献出版社2003年版,第48—49页。

到民族国家的转型意味着一个新想象的诞生。这种转型也反映出思想层面的转型，即存在着从天理世界观到公理世界观的转化。从中国哲学的发展历程来看，宋明理学是传统中国哲学发展的高峰，对中国人的世界观产生了深远影响。近代以来，从天下到民族国家的转型过程，其实是学习西方思想文化实现从天理到公理转换的过程，深受西方民族国家话语体系的影响。

需要注意的是，西方民族国家话语体系是相对狭隘的，是一种彰显地域特征的民族主义，它把生活于同一地域内具有共同团体意识和文化的居民视为一个民族。王柯指出，中国的民族国家建构与西方的民族国家建构其实存在着巨大区别，"近代西方建立民族国家的方法是从国家到民族，即按照国家的规模形成民族；而近代中国建立民族国家的方法则是从民族到国家，即按照民族的规模形成国家。"[1]民族国家建构路径的差异性意味着近代以来中国的民族国家建构具有独特的逻辑和实践。

从实践的角度看，晚清末期，民族主义思潮风起云涌，近代中国仁人志士对中华民族的认识存在一个逐步深化的过程。为推翻清朝统治，孙中山明确提出了"驱除鞑虏，恢复中华，创立民国，平均地权"之说。"驱除鞑虏"明确地将当时占统治地位的满族集团排除在中华之外，这与当时汉族的民族意识高涨存在着紧密的联系。在辛亥革命之后，孙中山对中华民族的认识也在发生转变，在多个场合宣传"五族共和"。"今日中华民国成立，汉、满、蒙、回、藏五族合为一体，革去专制，建设共和"，"中华民国之建设，专为拥护亿兆国民之自由权利，合汉、满、蒙、回、藏为一家，相与和衷共济"。[2]从"驱除鞑虏"到"五族共和"，我们可以看到，近代中国政治实践的历史变迁与对中华民族的认识是紧密相关的。需要注意的是，"驱除鞑虏"与"五族共和"仍然主要集中于处理国内民族问题上，还没有涉及从国际的大视野来认识民族国家问题。事实上，近代中国的危机存在着西方列强入侵这一主要因素。后来，孙中山在阐述"三民主义"时，多次强调要推动民族融合，"把我们中国所有各民族融成一个中华民族"。1923年1月1日的《国民党宣言》这样写道："吾党所持民族主义，消极的为除去民族间之不平等，积极的为团结国内各民族，完成一大中华民族。"[3]从民族国家建

---

[1] 王柯：《从"天下"到民族国家》，上海人民出版社2020年版，第286页。
[2] 孙中山：《孙中山全集：第2卷》，中华书局1982年版，第451页。
[3] 孙中山：《孙中山全集：第3卷》，中华书局1984年版，第3页。

构来看,孙中山认为,以民族立国,实现一个国家一个民族,才能建设强盛的民族国家,比如英国、法国、俄国、美国等国家都是民族立国,通过民族立国的民族在世界上是最强盛的民族,而民族立国的国家则是世界上最强盛的国家。因此,在孙中山的政治实践中,追求以民族建国,实现一个民族一个国家,这也是近代中国志士仁人的强烈诉求和期待。

　　在抗日战争期间,面对亡国灭种的危机,中华民族的自我意识空前高涨,对中华民族的强烈认同增强了中国人民取得抗战胜利的信心和决心。在革命实践中,中国共产党人非常重视凝聚中华民族共同体意识。毛泽东在《中国革命和中国共产党》中指出:"从很早的古代起,我们中华民族的祖先就劳动、生息、繁殖在这块广大的土地之上。……中国是一个由多数民族结合而成的拥有广大人口的国家。"[1]这一论断从历史的视角展露了中华民族的形成。1949年中华人民共和国成立后,实现了民族独立和人民解放,中华民族具有了国家的外在形式,实现了中国的民族国家建构。更重要的是,随着民族平等、民族区域自治等政策的实施,各民族交流、交往、交融更加频繁,中华民族共同体意识得到进一步巩固和加强,各民族团结和睦,民族地区社会经济得到快速发展。

(三)中华民族的话语体系建构及其认同

　　从话语体系层面来看,在鸦片战争以来的一系列历史性巨变中,国家蒙辱、人民蒙难、文明蒙尘,中国传统天下观被西方文化中的民族国家话语体系不断荡涤和消解,在仁人志士救亡图存的历史进程中,随着中华民族的主体意识觉醒,中国的知识精英们开始思考如何应对这种危机。

　　留日归来的梁启超目睹民族主义对日本国家崛起所发挥的重要作用,深刻洞察到民族主义对民众动员的巨大潜力,他于1902年最先提出了"中华民族"这一概念。在《论中国学术思想变迁之大势》一文中,梁启超指出:"齐,海国也。上古时代,我中华民族之有海权思想者厥惟齐。"[2]这是最早对中华民族这一概念的使用。后来,在《中国历史上民族之研究》中,梁启超指出:"何为民族意识?谓对他而自觉为我。'彼,日本人;我,中国人'。凡遇一他族而立刻有'我中国人'之一观念而浮于其脑际者,此人即中华民族之一员也。"[3]对中国民族从观

---

①　毛泽东:《毛泽东选集:第2卷》,人民出版社1991年版,第621—622页。
②　梁启超:《饮冰室文集》,云南教育出版社2001年版,第228页。
③　梁启超:《饮冰室文集》,云南教育出版社2001年版,第3211页。

念上进行了阐释。在梁启超提出中华民族这一概念之后，近代的章太炎、孙中山等对中华民族这一概念均予以讨论或使用。孙中山就任中华民国临时大总统之后，在1912年1月发布的《对外宣言书》中指出："盖吾中华民族和平守法，根于天性，非出于自卫不得已，决不肯轻启战争。"[①]第一次以官方的政府文件方式肯定了"中华民族"的称谓。在中华民族这一概念创造出来之后，尤其是在外敌入侵而面临救亡图存的历史关头，这一概念深入人心。

　　费孝通在《中华民族多元一体格局》中对中华民族的历史与话语体系进行了详细的讨论。在费孝通看来，"距今三千年前，在黄河中游出现了一个由若干民族集团汇集和逐步融合的核心，被称为华夏，像滚雪球一般地越滚越大，把周围的异族吸收进入了这个核心。它在拥有黄河和长江中下游的东亚平原之后，被其他民族称为汉族。汉族继续不断吸收其他民族的成分而日益壮大，而且渗入其他民族的聚居区，构成起着凝聚和联系作用的网络，奠定了以这个疆域内许多民族联合成的不可分割的统一体的基础，成为一个自在的民族实体，经过民族自觉而称为中华民族。"[②]费孝通先生的这一看法是对中华民族形成的经典论述，被中国学术界所公认。这一论断以华夏——汉族为基础，阐述疆域内许多民族的联合，主张先有了中华民族的民族实体，然后自觉为中华民族，存在着一个从自在到自觉的过程。"多元一体"的"多元"指的是中华民族不是一个简单的单一民族，而是由56个民族所融合而成的复合民族共同体；所谓"一体"指的是各民族融合成了有机联系的整体。需要注意的是，在中华民族形成的过程中，汉族是多元一体格局所凝聚出来的核心。费孝通将中华民族格局的特点概述为几点：汉族是一个凝聚的核心；少数民族聚集，并不排斥汉族；汉语是通用语言，但少数民族可以有自己的语言；中华民族多元一体格局是逐渐形成的。这些特点是对中华民族的高度概括和凝练。

　　值得注意的是，中华民族作为一个实体，是生活在中国这片土地上的各民族在交流、交往、交融中逐步融合形成的。王柯指出，天下观所蕴含的多民族国家的思想其实反映了中国从先秦以来就是一个多民族国家的事实，"不是以多民族共存为前提的'天下思想'带来了'中国'的多民族性质和'华夏'的多民族来源，而是'中国'的多民族性质和'华夏'的多民族来源带来了以多民族共存为

① 孙中山：《孙中山全集：第2卷》，中华书局1982年版，第8页。
② 费孝通：《中华民族多元一体格局》，中央民族大学出版社1999年版，第3—4页。

前提的'天下思想'"①。中华民族的形成既是一个历史过程，同时也是一个思想文化融合的实践过程，是一个动态的生成过程。中华民族的形成存在着从自在到自觉的历史过程，因此，新时代铸牢中华民族共同体意识具有厚重的历史基础和文化基础，需要不断进行创造性转化和创新性发展。

五、天下观与铸牢中华民族共同体意识

如前所述，在中华民族发展过程中，天下观在处理民族关系中发挥了重要作用。不过，伴随着晚清以来中国的民族国家建构，天下观逐渐式微。在构建人类命运共同体的时代背景下，天下观的重要性重新凸显，尤其在铸牢中华民族共同体意识的实践中。天下观是铸牢中华民族共同体意识的历史实践和重要思想资源，对新时代铸牢中华民族共同体意识具有重要启示。

（一）把握处理共同性与差异性的历史经验

天下观是中国人看待世界的世界观和方法论，也是中国传统社会处理内外关系尤其是民族关系的重要理念。以天下观为基础，形成了一系列制度，比如朝贡、羁縻、和亲、土司等，这些制度是中华民族从"华夷之辨"到"天下一家"的重要见证。从普遍性与特殊性关系来看，天下观体现了普遍性与特殊性的统一，尤其是强调以普遍性的视角来看待世界，把中华文化尤其是儒家文化的普遍性展现出来。在处理中原王朝与周边少数民族关系的历史实践中，天下观不断促进周边少数民族融入中华民族大家庭之中。可以这么说，天下观是传统中国处理对外关系的核心价值理念。新时代铸牢中华民族共同体意识，应该处理好共同性与差异性的辩证统一，既尊重民族的差异性，也强调民族的共同性。天下观所主张的普遍性、共同性的方法论为新时代铸牢中华民族共同体意识提供了重要方法。

（二）把握多民族交流、交往、交融的生动实践

自古以来，各民族在漫长的历史发展中不断交流、交往、交融，形成了一个有机联系、不可分割的整体。就像费孝通先生所指出的那样，是先有了中华民族这一实体，才有中华民族的自觉。也就是说，各民族在历史上的交流、交往、交融的实践促进了中华民族的形成。在"自我"与"他者"的关系中，即使在早期有

① 王柯：《从"天下"到民族国家》，上海人民出版社2020年版，第66页。

内外之别的"华夷之辨"，汉族与少数民族的关系也不是截然二分的，在实践中是不断融合的。特别是在少数民族入主中原的元朝、清朝等，各民族在实践中不断走向融合。因此，新时代铸牢中华民族共同体意识，应从历史中汲取智慧和经验。在促进新时代各民族广泛交流、交往、交融的实践中，大力推进各民族相互嵌入式的社会结构与社区环境建设，不断实现各民族在空间、经济、社会、文化、心理等方面的全方位嵌入，积极创造各民族共居共学、共事共乐、共建共享的条件，为铸牢中华民族共同体意识奠定实践基础。

（三）厚植中华民族共同体意识的文化根基

中华优秀传统文化事实上是中华民族的"根"和"魂"，而文化自信是更基础、更持久、更深沉的自信。天下观是中华优秀传统文化中的重要理念，为促进中国历史上的大一统奠定了思想基础，尤其是天下观所蕴含的家国情怀是激励中华民族前行的奋进力量。对中国知识人来说，修身、齐家、治国、平天下一直是中国传统知识分子的重要理想。更重要的是，在传统中国的历史发展中，天下观为少数民族对华夏文化的认同提供了基本框架。从文化认同的角度来看，铸牢中华民族共同体意识，应不断地增进各族人民对中华民族的认同，切实增强各族人民对中华民族的认同感与自豪感。事实上，在马克思主义中国化时代化的进程中，中国传统的天下观与马克思的世界历史理论实现了有机融合。马克思主义主张，共产主义社会是自由人的联合体。因此，推动马克思主义中国化时代化，不断推进"两个结合"，应结合民族工作的实际阐释中国传统天下观，推动其创造性转化、创新性发展，使之继续为新时代铸牢中华民族共同体意识积累历史文化资源。

六、从中华民族共同体到人类命运共同体

铸牢中华民族共同体意识是民族工作的主线，而构建人类命运共同体是中国外交的重要理念和实践，中华民族共同体与人类命运共同体是高度一致的。推动实现中华民族伟大复兴，需要凝聚各民族团结合作的磅礴伟力，铸牢中华民族共同体意识是重要的精神力量，铸牢中华民族共同体意识也可以推动构建人类命运共同体。事实上，在经济全球化的背景下，随着"一带一路"建设的展开，中国深度参与并融入世界经济体系之中，主张积极构建人类命运共同体，为推动全球治理体系变革贡献"中国智慧"和"中国方案"。天下观作为中国传统

社会处理民族关系的重要理念,在新的历史条件下为构建人类命运共同体提供了思想资源。

从共同体的思想与理论来看,自马克思主义诞生以来,在共产国际的推动下,这套理论逐渐从理论走向实践,《共产党宣言》结尾处"全世界无产者联合起来!"的号召深刻地影响了一个多世纪以来的世界秩序。马克思对资本主义内在危机进行了深刻批判。与古典自由主义提出"小政府大社会"的主张不同,马克思的"自由人联合体"是对民族国家的全面解构,主张建立一个没有剥削、没有国家、没有法律的理想状态下的社会。从共同体的价值旨趣来看,自由人联合体延续了古代共同体的理想,奠基于从柏拉图理想国、基督教伊甸园到康德永久和平的思想脉络之中,既源于西方共同体传统,又对西方自由主义进行了更深层次的批判与解构。在马克思主义与中国具体国情相结合的过程中,马克思的共同体理论与中国传统的天下观及大同理念相对接,在中国思想文化遭遇西方文化的过程中,它成为中国学习西方思想文化的桥梁。马克思是西方思想文化的集大成者,也是批判者,对马克思主义的研究与学习其实就是消化吸收西方文化的重要之举。一方面,我们经由马克思对接西方;另一方面,我们经由马克思延续传统。可以这么说,现代中国人通过马克思连接中西古今。从普遍性与特殊性的关系来看,在现代中国的场域中,当中国传统天下观被逐步解构之后,中国文化的普遍性向度被西方文化现代性所蕴含的普遍性所宰制,进而沦为特殊性。然而,在马克思主义及国际共产主义运动的实践中,中国文化的普遍性又经由马克思得到彰显。对现代社会而言,共同体的实践存在着国内和国际两个向度。

从国内向度来看,传统社会向现代社会转化的过程中,随着分工越来越精细,传统社会因血缘、地缘而形成的共同体在现代社会的快速流动中被解构,共同体的自然属性被社会属性所取代,传统的家庭、宗族受到极大的冲击。尤其是随着改革开放以来现代化、全球化进程的加速,城市的兴起及快速城市化瓦解了小农经济基础之上的共同体根基,自然的或传统的共同体逐渐瓦解。在新中国成立后,随着集体化、国有化的推进,尤其是人民公社成立,马克思的共同体理念与中国传统的大同理想相结合,在现代社会中进行了一次大范围的实践探索。当然,从历史经验来看,共同体的实践存在着很多现实的难题。对共同体具体实践道路的探索成为改革开放以来的主线之一,无论是农村集体所有制改革还是国企改革,社会主义共同体的实现形式发生了很大的变化。按照鲍曼的说法，共同体可以为人们提供安全性和确定性。这意味着，对共同体的向往其实是植根于人们内心深处的一种期待。在现代社会日益分化之后，如何探索现代共同体理想的具体实现路径仍然有待时间与实践的双重检验。

从国际向度来看，在马克思那里，共产主义是自由人的联合体，它是作为一个世界性运动而展开的历史过程。在马克思之前，康德的"永久和平论"设想了民族国家组成的国际联盟形式，为联合国的成立提供了理论原型。可以说，康德关于国际秩序的设想在很大程度上已然得到实现。从马克思学说的实践历程来看，从国际共产主义运动到联合国的成立，马克思主义执政党及其国家都加入了联合国。这向我们提出了一个关于实践的理论话题，即在民族国家仍然成为国际政治基础的现代社会，作为共产主义理想的自由人联合体是一个有待实现的乌托邦，是一个未完成的谋划。如果按照康德关于"建构性"和"范导性"的二元区分，作为理想的自由人联合体其实是范导性的。对现代中国而言，在传统天下观及天下体系被解构之后，中国对世界的认识更多的是经由作为"他者"的西方来认识的，"中西古今之争"成为近现代中国融入世界历史的思考范式。在全球化时代，"中西古今之争"又在"全球性"与"地方性"的互动中展开。当代中国已经从黑格尔所谓的世界历史之外走进世界历史舞台的中心，如何将自由人联合体的理想与现代世界秩序、现代世界体系构建对接，这将成为一个极其紧迫的思想任务。

在构建人类命运共同体的中国实践中，共同体的理念为新世界秩序建构提供了思想参照。人类命运共同体理念既来源于中国传统的天下观和天下体系，同时也来源于马克思的共同体理论，是试图超越民族国家的国际政治实践。需要注意的是，现代世界以威斯特伐利亚和约确立的原则为基础，形成了西方占主导地位的现代性秩序，而这个世界秩序恰恰对中国传统天下体系形成了巨大的冲击。可以说，近现代中国的历史巨变其实是从传统天下体系向以威斯特伐利亚原则为基础的世界秩序转化，构建人类命运共同体则是这一过程的中国式表达与探索。

随着世界普遍交往日益频繁，全球化时代的全球公共卫生危机彰显了构建人类命运共同体的紧迫性。以"风险社会"扬名的贝克曾经提出"风险共同体"这一概念，"风险共同体"意味着世界存在着一损俱损的可能性。在全球化时代，生活在世界各地的人们，不管什么样的民族、身份、地位，在全球公共卫生危机面前处境相似。从生命政治的角度来看，"命运共同体"从生存论的视角阐释了全球化时代共同体的价值意蕴。在现代中国参与世界秩序构建的过程中，在原有的天下体系瓦解之后，构建人类命运共同体需要重建其形而上学的根基。如果说"天人合一"是中西哲学思想的最高追求，那么也应该成为重塑人类命运共同体政治实践的哲学根基。在"天人合一"与共同体秩序的宏大视野中，我们才能彻底终结中西古今之争，真正开启全球化时代中国思想话语的普遍性。美国作家海明威在《丧钟为谁而鸣》的开篇引用17世纪英国诗人约翰·多恩写过的一首诗："没有谁是一座孤岛，在大海里独踞；每个人都像一块小小的泥土，连接成整个陆地。如果有一块泥土被海水冲刷，欧洲就会失去一角，这如同一座山岬，也如同一座庄园，无论是你的还是你朋友的。无论谁死了，都是我的一部分在死去，因为我包含在人类这个概念里。"①没有人是一座孤岛，这是对人类命运共同体最生动的阐释。

---

① 参见海明威著，程中瑞、程彼德译：《丧钟为谁而鸣》，上海译文出版社1982年版，扉页。译文结合英文做了一定的改动。

结语

重建中华文明的
现代性话语体系

从天下到民族国家的转换是近代中国社会历史变迁的时代大势，与天下观逐步式微的历史命运一样，作为中国传统主流思想的儒学也面临时代危机。这两者在面对西方现代性的强势冲击时，其历史命运大体上是一致的。重思天下的现代意义，离不开对儒学现代命运的追思。同样，赓续中华文明，推动儒学话语实现范式转换，或许孕育着中国思想诞生的新契机。

一、重思"儒法关系"

对大同社会的想象是儒家思想的重要内容，而天下体系是实现天下大同的具体实践。在天下体系中，朝贡形成了一套复杂的礼仪制度安排。特别是针对外国使节来华进贡，不同朝代分别用不同的机构进行管理，比如清朝就专门成立理藩院负责朝贡等对外事务。需要指出的是，朝贡关系与中国传统社会制度存在着紧密的联系。中国传统社会是以儒家礼法施行治理的社会，在瞿同祖看来，虽然儒家和法家的目的都是维持社会秩序，但这两者对社会秩序的看法及其实现理想社会秩序的路径不同。儒家否认社会是整齐划一的，认为人有贵贱智愚之别。因此，儒家主张以礼建立一个尊卑分明、亲疏有别、长幼有序但又温情脉脉的社会，强调礼为治理的工具。虽然法家并不否认人的尊卑、贵贱、长幼、亲疏等差别，但它关注的是如何以一种完全客观的标准来治理国家，这种整齐划一的标准不因人而异，不考虑贵贱、尊卑、长幼、亲疏等因素，强调以同一的法律实施治理，所有人在法律面前平等，不能有差别。瞿同祖指出，"儒家着重贵贱、尊卑、长幼、亲疏之'异'，故不能不以富于差异性，内容繁杂的，因人而异的，个别的行为规范——礼——为维持社会秩序的工具，而反对归于一的法。法家欲以同一的，单纯的法律，约束全国人民，着重于'同'，故主张法治，反对因贵贱、尊卑、长幼、亲疏而异其施的礼。"[1]儒家与法家的出发点不同，也导致了其实现路径和结果不同。瞿同祖进一步指出，所谓的儒法之争主要体现为礼治与法治之争，但更具体地体现为差别性行为规范与同一性行为规范之争。

---

[1]   瞿同祖：《中国法律与中国社会》，中华书局2003年版，第309页。

通常而言,法家主张以法律作为维持社会秩序的行为规范,强调法治;而儒家主张以礼作为维持社会秩序的行为规范,强调德治。在思想立场上,儒法对抗和竞争是春秋战国时代百家争鸣的重要内容。按照瞿同祖的看法,在西汉之后,儒法之争趋于沉寂和消亡。一方面,经过春秋战国的学术竞争,在秦汉一统之后,学术思想的百家争鸣已被独尊儒术所取代,包括法家在内的百家逐渐失势。另一方面,从制度上看,儒法之争失去了意义。因为在大一统之后,法典的制定成为一个客观事实。汉武帝采纳董仲舒的建议,罢黜百家、独尊儒术,法家就逐渐失势,但法家也想借儒家重整旗鼓,将儒家的精神转化为治理国家的制度。儒生应试做官之后,需要了解法律、运用法律,听讼成为官员的责任。因此,儒者虽然仍主张德治,但逐渐已不再排斥法治,这与此前的儒家存在着较大的区别,即德治与法治逐渐趋于调和。其中以董仲舒为代表,"董仲舒不但在理论上表现其对于德刑不偏废的态度,而且事实上他以《春秋》决狱,是以儒家的经义应用于法律的第一人,以儒为体,以法为用,实是真正沟通德治、法治,融会儒法两家思想于一的实行家。"[①]也就是说,董仲舒的《春秋》决狱,以儒家经典作为案件判决的依据,以儒家思想观念来解释法律,实现了儒法的融合。

英国法学家梅英在论述西方法律发展时,归纳出"从身份到契约"的公式。事实上,中国古代法律对身份是极其重视的,中国传统家庭的"户"是中国古代法律的基本单位,家庭具有血缘的、自然的身份属性,这与现代西方法律以原子式"自然人"为基本单位是不一样的。中国古代法律对身份的重视产生了大量关于亲属和社会身份的特殊规定,并使这些特殊规定优于一般规定。但问题是:中国古代法律为什么对身份如此注重?瞿同祖认为,这是儒家思想影响所致,"在儒家心目中家族和社会身份是礼的核心,也是儒家所鼓吹的社会秩序的支柱。古代法律可说全为儒家的伦理思想和礼教所支配。"[②]这说明儒家思想在中国古代法律中发挥了极其重要的作用。瞿同祖进一步分析指出,秦汉法律主要依据法家来制定,其中并没有儒家思想的成分。这意味着,以礼入法是后来才发生的,即法家的儒家化是逐渐形成的。"秦、汉法律为法家系统,不包含儒家礼的成分在内。儒家以礼入法的企图在汉代已开始。虽因受条文的拘束,只能在解释法律及应用经义决狱方面努力,但儒家化运动成为风气,……所以曹魏一旦制

---

① 瞿同祖:《中国法律与中国社会》,中华书局2003年版,第339页。
② 瞿同祖:《中国法律与中国社会》,中华书局2003年版,第353页。

律，儒家化的法律便应运而生。自魏而后历晋及北魏、北齐皆可说系此一运动的连续。……中国法律之儒家化可以说始于魏、晋，成于北魏、北齐，隋唐采用后便成为中国法律的正统。"[①]这说明，中国法律的儒家化存在着一个历史过程，对中国法律产生了深远影响。

不过，在学习西方的过程中，尤其是维新变法以来，移植借鉴西方法律成为一股潮流，在中华法系瓦解后，建构中国现代法治体系成为探寻中国现代性之路的重中之重。近年来，随着中国综合国力不断提升，全球化时代的中国已经从黑格尔所谓的"在世界历史之外"发展到当下深度融入世界历史，中国在经济发展之外能否为世界作出思想学术新贡献有待我们进一步观察。法学家苏力教授在20世纪90年代中期就提出了"什么是你——中国的贡献？"这一深刻的追问。从当代中国主流学术来看，马克思主义占据了意识形态的主阵地，但传统的革命话语体系无力解释建构性社会秩序的生成。吊诡的是，法学出身的马克思曾在经济学语境中批判了西方资本主义，他理应被看成为一位极其出色的法学家，但在改革开放以来中国学术思想极为活跃的法学领域，"作为革命家的马克思"并没有成功地被中国学者转换成"作为法学家的马克思"，看似"在场"的马克思主义成为中国改革"不在场"的存在。相反，在市场经济的时代背景下，自由主义成为论证中国改革开放实践的重要理论资源。然而，中国学者以西方自由主义话语体系来解释中国问题时，又常常以西方理论及其经验模型对中国经验进行削足适履的裁剪，在这种解释框架中，我们经常可以看到西方普世性与中国特殊性之间的二元对立，进而西方理论的地方性与中国经验的普世性同时被消解，导致"中西之争"在逻辑上被转换为西方优于中国。当源于西方的理论难以解释当代中国问题时，中国传统思想资源就成为解释中国问题的"第三条道路"而得到重视。李泽厚的"儒学四期说"、赵汀阳的"天下体系论"、魏敦友的"新道统论"、陈来的"仁学本体论"、何怀宏的"新纲常"、蒋庆的"政治儒学"、姚中秋的"宪政儒学"等学术努力表明，中国学界试图对传统思想进行创造性转化以重建当代中国思想的主体性，借用李泽厚的说法，中国哲学应该登场了。然而，以儒学为核心的中国传统思想应该以什么样的新面相登场以回应时代课题却是一个值得探讨的问题。

---

① 瞿同祖：《中国法律与中国社会》，中华书局2003年版，第373—374页。

二、儒学发展的范式转换

从中国思想史的角度来看,儒学在传统中国有内在的发展逻辑。自儒学诞生以来,经历了春秋战国时代,并在汉代成为中国传统社会的主流意识形态,但这个过程不是一蹴而就的,而是经历了漫长的发展过程。这意味着,儒学并不是自然而然地成为正统思想的,而是通过不断回应时代问题实现了话语范式转换。对儒学的范式转换,荣剑和魏敦友分别进行了两种不同的解读。

在荣剑看来,在儒学的历史变迁中,儒学发展经历了汉代经学、宋明理学、清代朴学三次话语转向。在汉代经学中,儒学从孔子时代的"私家言"转换成"王官学",汉代经学主要围绕汉代政权合法性展开,因而作为"王官学"的儒学不是作为汉代帝国的哲学而是作为政治学呈现出来的,这促成了儒学的第一次转向——政治学转向,即汉代儒学话语其实是一种政治学话语。到了宋明时代,儒者们共同关心的主题已经不再是汉代经学的政治话语,而是围绕"天人合一"的本体论展开,宋明理学在理气、心性、格物致知等本体问题上进行形而上学探讨,从而使儒学实现了从汉代政治话语向宋明形而上学话语的转换。在清代,清儒们反思宋明理学形而上学的空泛,以科学的态度对儒学的学术系统进行考证,通过考证训诂的程序检验儒学文本的合法性,进而建构起儒学自主的学术评价系统,从而使清代朴学完成了儒学的学术转向。荣剑敏锐地看到,儒学根据不同时代所面临的不同问题,"历史地形成了政统、道统和学统的统一,并由此塑造了孔子作为政治家(汉代)、哲学家(宋代)、史学家(清代)的不同思想形象。"[①]不过,荣剑也直率地指出,近代以来,以梁漱溟等为代表的新儒学试图在西方现代性话语体系中建构出具有中国自主性的话语体系,但新儒学的现代性话语体系其实是以西方现代性思想所预设的问题和解决方案对传统儒学进行裁剪,是在西方价值谱系中寻求儒学自身的正当性。不过,需要我们进一步思考的是,如果说现代语境中的儒学需要在西方现代性话语体系中进行转换,那么儒学新的话语体系应该是什么样子呢? 我们应该如何对儒学的现代性话语体系进行想象与表达?

荣剑对儒学的话语转换进行了深刻的分析,这种分析从历史维度对儒学发

---

① 荣剑:《中国史观与中国现代性问题——中国社会发展及其现代转型的思想路径》,《中国社会科学辑刊》2010年第12期。

展进行了理论重构,但遗憾的是,荣剑对儒学的未来形态并没有给出新的构想,而是转而借鉴日本经验,从解决中、西、马三种思想话语体系冲突的视角提出以现代民主框架实现三种思想的多元统一,认为在现代制度框架下,日本很好地解决了传统与现代的冲突。在我看来,我们完全可以接着荣剑的分析进一步思考儒学在现代的话语转向。魏敦友对此给出了独特的思考和解答,他的"新道统论"设计出了儒学现代性转换的法学方案——儒学向法学话语转向。

与荣剑对儒学发展的历史分期相似,魏敦友教授从中国思想发展的长程视角对中国道论世界观进行了历史分期。在他看来,第一个时期是"子学时代",即先秦时代道论世界观的形成时期,以孔子为主要代表人物;第二个时期是"经学时代",从秦汉到唐代,以董仲舒为主要代表人物;第三个时期是"理学时代",从宋明到晚清,以朱熹为集大成者。当下则是中国思想发展的第四个时期,魏敦友教授将这个时代命名为"法学时代",即道统以法学为载体呈现出来。显然,与荣剑对儒学的历史分期不同,魏敦友教授将以道论为核心的儒学话语第四次转向清晰地表达为法学话语。但需要我们进一步追问的是:为什么是法学话语而不是其他话语实现第四次转向?更重要的是,如何在儒学的谱系中解释传统中华法系的历史命运?当然,我们还可以对这个问题展开进一步追问:为什么传统中国有发达的法律,却没有发展出现代性的法学话语体系?

魏敦友教授倡导的"新道统论"预设了这样的知识论难题和问题意识:在近代中国主流的思想史著作中,无论是钱穆还是梁启超,他们所撰写的《中国近三百年学术史》均没有给法学留有一席之地,但为什么现代中国法学家们却根据中国的现实需要建构起了庞大的法学知识体系?对于这一吊诡的知识难题,魏敦友教授给出的解释是,法学/法治对现代中国是一个陌生之物,虽然当代中国法学家们普遍没有意识到法治是一种全新的文明形态,但他们却"集体无意识"地把这个新文明形态表达出来了。从道统发展的历史视角来看,传统的儒学话语体系已经难以解释现代中国,作为现代知识的法学能否承担起道统的责任呢?在我看来,当下的政治儒学话语或许可以提供一个可参考的分析框架。

三、"新康有为主义"与政治儒学

在中国传统社会向现代社会转型的过程中,传统儒学与现代法治被看成两套截然不同的话语体系,人们通常把中国现代法治的源头追溯至康有为、梁启超所倡导的戊戌变法,因为在他们这一代学者身上,古今中西相互交织,都背负着"古今中西"的十字架前行,他们的问题意识及其处理问题的方式无疑极具参考价值。在近代以来的中国话语叙述中,从洋务运动学习西方器物(技术),到戊戌变法学习西方制度(法律),再到新文化运动学习西方文化(思想),近代中国对西方的追随亦步亦趋,逐步深化。从制度变迁来看,康有为、梁启超处于新旧制度转换之际,开现代法治风气之先。但吊诡的是,他们既是现代制度的开创者,但同时又是中国传统文化的守成者,他们把新旧思想交织于一身。萧公权先生曾在《近代中国与新世界:康有为变法与大同思想研究》这部著作中指出,康有为作为一个爱国的儒者,在19世纪末20世纪初主张保国、保种、保教,与主张"中学为体、西学为用"的张之洞并无不同,所不同者只是程度不同而已,张氏要保中学(儒学)而借西方(技器),康氏的变法则走得更远、更激进,但"康氏与张氏一样坚信尊孔与保教必须与富强维新齐头并进"[①]。不过,在主张变法的康、梁身上,儒学与法学并不是对立的,他们本身就是儒学与法学的结合体。

长期以来,中国思想界对康有为思想十分关注,学者们对康有为的研究一直是热点,现代中国学界甚至兴起了一股所谓的"新康有为主义"热潮,一些以康有为思想为研究对象的年轻学者还组成了所谓的"康党",在思想界形成了一定声势,这确实是一个值得重视的学术现象。与张君劢、牟宗三、唐君毅、徐复观、杜维明等"海外新儒家"主张"心性儒学"不同,以主张"新康有为主义"为代表的"大陆新儒家"关注政治儒学。自20世纪90年代蒋庆主张政治儒学以来,传统儒学在当代的政治哲学转向被认为是当代儒学学术发展的主要成果,主张政治儒学的蒋庆是其中的重要代表。需要注意的是,蒋庆所主张的"政治儒学"试图借鉴康有为的托古改制论打通传统儒学与现代政治制度建构的内在路径,在政治合法性的论证中,以"超越神圣合法性""历史文化合法性""人民心意合法性"重构传统"王道政治",而政治儒学批判的对象是以牟宗三等为代表的"海外新儒家"。

在"海外新儒家"中,牟宗三对儒学的看法比较具有代表性。与李泽厚的"儒学四期说"不同,牟宗三将先秦儒家到汉代儒学的孔、孟、荀、董作为儒学发展第一期,把宋明理学作为儒学发展第二期,而把梁漱溟、熊十力等以来的儒

---

① 萧公权著,汪荣祖译:《近代中国与新世界:康有为变法与大同思想研究》,江苏人民出版社1997年版,第105页。

学视为儒学发展第三期。在牟宗三看来，儒学主张内圣外王，以往是内圣居多，外王不够，因此"儒家学术第三期的发展，所应负的责任即是要开这个时代所需要的外王，亦即开新的外王。"① "今天这个时代所要求的新外王，即是科学与民主政治。"②显然，牟宗三等海外新儒家们并不是不重视政治，而是试图以心性儒学打通政治，开出新外王，但大陆新儒家所主张的政治儒学主要是基于现实社会的需要，而不是源于儒学发展的内在逻辑。对此，陈明教授一针见血地指出："大陆新儒家的形成，并不是在儒学脉络内部进行逻辑推演或谋划的结果，而是在对近代中国救亡语境及其保国保种保教的焦虑和努力挣扎的体会中，在对左派阶级建国、右派公民建国两大意识形态话语的反思论难中，在对'中国何谓？''中国何为？'的追问中渐渐形成自己的思想自觉和理论论述的。"③因此，大陆新儒家与海外新儒家的思想预设有着显著的区别。

当然，大陆新儒家本身并不是铁板一块的，而是存在着不同的学术主张，但其大部分学者都回归同一个学术资源——康有为。我们需要追问的是，为什么要回归康有为？中国人民大学张旭在《大陆新儒家与新康有为主义的兴起》一文中指出，当代大陆新儒家之所以回归康有为，是要跳出"五四"新文化运动以来的20世纪进步史观的叙述框架，重返洋务运动、戊戌变法时代晚清学人所面临的文化困境，寻找一种与海外新儒家不一样的儒学重建路径。因此，在大陆新儒家的思想预设中，如张旭指出："现代新儒家不能再按照牟宗三和钱穆接续宋明理学的统纪来界定了，现代新儒家的真正开端乃是反对宋明理学坚持今文经学的政治儒学立场的康有为！"④诚然，回到康有为主义、回到"康有为时刻"成为一种思想立场。但在我看来，这些新康有为主义者们可能忽视了这样一个历史事实，即康有为所倡导的理念在戊戌变法这一重大历史事件中并没有成为现实，从制度建构的角度来看，所谓的康有为主义在实践中其实是"破产"的。如果回到"康有为时刻"就能重新体悟传统儒学向现代制度变迁的困境，那么我们为什么不在康有为思想的基础之上重新去面对"新康有为问题"？为什么不去创造"新康有为时刻"？在魏敦友的"新道统论"法哲学中，我看到了一种新的

① 牟宗三：《政道与治道》，吉林出版集团2010年版，第8页。
② 牟宗三：《政道与治道》，吉林出版集团2010年版，第10页。
③ 陈明：《康有为主义视域中的大陆新儒学》[EB/OL].（2016-11-19）[2024-04-23]. http://www.sohu.com/a/119407952_488495.
④ 张旭：《大陆新儒家与新康有为主义的兴起》，《文化纵横》2017年第3期。

可能性。

四、从"政治儒学"到"法治儒学"

在中国近代新旧制度转换之际，康有为以经世致用的今文经学谋求改制，以托古改制论重建了传统儒学，蒋庆等学者将康有为的这种贡献视为实现了"政治儒学"与"心性儒学"的二分。但荣剑对传统儒学话语转向的研究表明，传统儒学不应被简单地化约为"心性儒学"，因为汉代儒学其实已经实现了儒学的政治学转向，汉儒们通过建构儒学的政治话语将其上升为中国传统社会的主流意识形态。晚清以来，传统儒学赖以生存的小农经济体制、教育体制、政治体制、社会体制等全方位瓦解，如果主张政治儒学的新康有为主义者们还试图重建汉代儒学的政治话语，这与其说是无视传统儒学发展的历史逻辑，还不如说是无视中国现代社会转型的发展逻辑。更要紧的是，这些新康有为主义者们其实把康、梁戊戌变法的实质做了颠倒，萧公权曾指出："康氏之重建或重新诠释儒学，事实上带动了影响深远的思想维新。我们可推想他之目的，乃是要为革新制度立下一哲学基础。"[①]可以这么说，康有为"托古"是为了"改制"，"托古"是手段，"改制"才是目的。当然，在现代中国的思想语境中，"回归康有为"是有学术意义的，但我们不应只回归到"托古"的康有为，而无视主张"改制"的康有为。在我看来，康有为的托古改制论为传统儒学的话语转换提供了新的可能性，即儒学只有通过"变法"转换为现代法学话语才能获得延续的发展空间。因此，康有为打开了儒学发展向法学话语范式转向的大门。当然，康有为本身可能没有明确地意识到这一点，但他的弟子梁启超却敏锐地点破了建构法学话语的必要性："今日非发明法律之学，不足以自存矣。"[②]在这个意义上，以蒋庆等人的政治儒学去重建传统儒学可能会重回汉儒的老路，而推动儒学向法学话语转向则可能是一条更为可行的新路。

魏敦友教授从近代中国知识转型的视角考察作为知识的中国法学，认为法学作为一种知识类型，其实是近代以来逐步建构的结果，现代法学知识的建构性完全证伪了法学古已有之的看法："中国本无法学，现代中国法学乃是近代中

---

① 萧公权著，汪荣祖译：《近代中国与新世界：康有为变法与大同思想研究》，江苏人民出版社1997年版，第35页。

② 梁启超：《饮冰室合集：第1册》，中华书局2003年版，第94页。

国逐步建构起来的一个在我们文化传统中并没有的知识门类。"①这意味着,在"新道统论"中,作为一种现代知识的法学与中国传统经、史、子、集的知识系统是截然不同的。如果借用梁启超的表述,中国法学其实是"发明"出来的。与大陆新儒家回归康有为不同,魏敦友教授的"新道统论"其实是回归梁启超,在梁启超"发明"现代法学的基础上继续论证法学新时代的到来。假如我们把主张政治儒学的大陆新儒家视为"新康有为主义",那么魏敦友教授所谓的"新道统论"则可以看成"新梁启超主义",在我看来甚至可以命名为"法治儒学"。

按照荣剑的看法,儒学的三次话语转向都针对并解决了当时的时代问题,如果儒学要实现第四次话语转向,也必须解决当代中国面临的最核心的时代问题。诚如黑格尔所言,每个人都是他所处时代的产儿,"新道统论"法哲学只有回应并解答"中国问题"才能获得生命力。在魏敦友教授看来,"'中国问题'说到底是一个中国人之意义秩序与生活秩序之生成与建构的问题。"②从更长的历史维度来看,"中国问题"其实是晚清王纲解纽之后新秩序重建的问题,这个问题贯穿于百年中国思想话语叙述之中,它在当下仍然是一个激动人心的、有待解答的百年之问。然而,传统儒学早已式微,回归传统思想已经回不去了,倒向西方思想,受"欧风美雨"吹洗注定是无根飘零,依托马克思主义革命话语又无法找到建构性的思想资源,当下三种主流思想资源都无法独自解决中国问题。"新道统论"将道论的延长线拉长,将法学知识嫁接于道统之树上,既接续了中国传统儒学思想,又以开放的姿态学习西方。更重要的是,"新道统论"是在批判当代中国法学各种理论形态过程中逐步形成的,其思想批判的锋芒与马克思的批判精神十分相近。因此,"新道统论"接续传统、批判现实、建构未来,不失为打通"中西马"三种思想资源的有益尝试。当然,现代中国思想的重建需要实现从"儒释道"向"中西马"的知识转进,以法学探寻"中西马"三种资源的整合,这为解答中国问题提供了新的可能性。

儒学发展的每一次重大转向,都分别建构出一套有别于传统儒学的话语体系:汉代儒学的政治学转向建构了阴阳五行、五德始终等政治话语;宋明理学的形而上学转向建构了理气、心性等哲学话语;清代朴学的学术转向建构了名物训诂等学术话语。"新道统论"要真正实现儒学的法学话语转向,也需要在儒学

①　魏敦友:《当代中国法哲学的使命》,法律出版社2010年版,第7页。
②　魏敦友:《当代中国法哲学的使命》,法律出版社2010年版,第192页。

的谱系中重新"发明"一套法学话语讨论当代中国问题,这需要中国学者的共同努力、共同参与才能实现。对当代中国学者而言,思想建构的自觉是创建法学新时代的开始,更重要的工作是建构出一套属于这个时代的法治儒学话语体系,这不仅仅是法学界的任务,更是整个中国思想界全新的使命与责任。

参考文献

[1] 马克思、恩格斯:《马克思恩格斯选集》,人民出版社2012年版。

[2] 马克思、恩格斯:《马克思恩格斯文集》,人民出版社2009年版。

[3] 毛泽东:《毛泽东选集:第2卷》,人民出版社1991年版。

[4] 习近平:《习近平谈"一带一路"》,中央文献出版社2018年版。

[5] 孙中山:《孙中山全集:第2卷》,中华书局1982年版。

[6] 赵汀阳:《天下的当代性:世界秩序的实践与想象》,中信出版社2016年版。

[7] 赵汀阳:《天下体系:世界制度哲学导论》,江苏教育出版社2005年版。

[8] 赵汀阳:《坏世界研究:作为第一哲学的政治哲学》,中国人民大学出版社2009年版。

[9] 许纪霖:《家国天下:现代中国的个人、国家与世界认同》,上海人民出版社2016年版。

[10] 王柯:《从"天下"到民族国家:历史中国的认知与实践》,上海人民出版社2020年版。

[11] 渡辺信一郎著,徐冲译:《中国古代的王权与天下秩序》,上海人民出版社2020年版。

[12] 吴稼祥:《公天下:多中心治理与双主体法权》,广西师范大学出版社2013年版。

[13] 刘小枫主编,杨志城等译:《西方古代的天下观》,华夏出版社2018年版。

[14] 陈赟:《周礼与"家天下"的王制》,中国人民大学出版社2018年版。

[15] 邹新明：《敬天与伦理》，北京联合出版公司2020年版。

[16] 李光耀：《李光耀观天下》，北京大学出版社2018年版。

[17] 李零：《茫茫禹迹：中国的两次大一统》，生活·读书·新知三联书店2016年版。

[18] 李泽厚：《中国现代思想史论》，生活·读书·新知三联书店2008年版。

[19] 李泽厚：《中国古代思想史论》，生活·读书·新知三联书店2008年版。

[20] 李泽厚：《由巫到礼　释礼归仁》，生活·读书·新知三联书店2015年版。

[21] 康有为著，汤志钧导读：《大同书》，上海古籍出版社2019年版。

[22] 贡德·弗兰克著，刘北成译：《白银资本：重视经济全球化中的东方》，四川人民出版社2017年版。

[23] 李云泉：《万邦来朝：朝贡制度史论》，新华出版社2014年版。

[24] 埃里克·沃格林著，叶颖译：《天下时代》，译林出版社2018年版。

[25] 瞿同祖：《中国法律与中国社会》，中华书局2003年版。

[26] 萧公权著，汪荣祖译：《近代中国与新世界：康有为变法与大同思想研究》，江苏人民出版社2007年版。

[27] 冯友兰著，赵复三译：《中国哲学简史》，生活·读书·新知三联书店2009年版。

[28] 周宁：《天朝遥远：西方的中国形象研究》，北京大学出版社2006年版。

[29] 金观涛、刘青峰：《兴盛与危机：中国社会的超稳定结构》，法律出版社2010年版。

[30] 金观涛：《轴心文明与现代社会》，东方出版社2021年版。

[31] 汪晖：《现代中国思想的兴起》，生活·读书·新知三联书店2008年版。

[32] 黄宗智：《经验与理论：中国社会、经济与法律的实践历史研究》，中国人民大学出版社2007年版。

[33] 黄宗智：《中国的新型正义体系：实践与理论》，广西师范大学出版社2020年版。

[34] 张旭东：《全球化时代的文化认同：西方普遍主义话语的历史批判》，北京大学出版社2005年版。

[35] 费孝通：《美国与美国人》，生活·读书·新知三联书店2021年版。

[36] 费孝通：《中华民族多元一体格局》，中央民族大学出版社1999年版。

[37] 费正清主编：《中国的世界秩序：传统中国的对外关系》，中国社会科学出版社2010年版。

[38] 费正清、赖肖尔著, 陈仲丹等译:《中国: 传统与变革》, 江苏人民出版社2014年版。

[39] 许倬云:《我者与他者: 中国历史上的内外分际》, 生活·读书·新知三联书店2015年版。

[40] 史华兹著, 程刚译:《古代中国的思想世界》, 江苏人民出版社2003年版。

[41] 张汝伦:《〈中庸〉前传》, 上海人民出版社2023年版。

[42] 陈梦家:《殷墟卜辞综述》, 中华书局1988年版。

[43] 雅斯贝尔斯著, 李雪涛译:《论历史的起源与目标》, 华东师范大学出版社2016年版。

[44] 梁漱溟:《东西文化及其哲学》, 商务印书馆1999年版。

[45] 张灏著, 任锋编校:《转型时代与幽暗意识: 张灏自选集》, 上海人民出版社2018年版。

[46] 牟宗三:《中国哲学的特质》, 吉林出版集团有限责任公司2010年版。

[47] 余英时:《论天人之际: 中国古代思想起源试探》, 中华书局2014年版。

[48] 董仲舒著, 周桂钿注释:《春秋繁露》, 中华书局2011年版。

[49] 布罗代尔著, 顾良、施康强译:《15至18世纪的物质文明、经济和资本主义》, 生活·读书·新知三联书店1992年版。

[50] 滨下武志著, 朱荫贵、欧阳菲译:《近代中国的国际契机: 朝贡贸易体系与近代亚洲经济圈》, 中国社会科学出版社1999年版。

[51] 利玛窦、金尼阁著, 何高济、王遵仲、李申译、何兆武校:《利玛窦中国札记》, 中华书局1983年版。

[52] 韩愈:《韩昌黎文集校注》, 上海古籍出版社2021年版。

[53] 梁启超:《饮冰室合集: 第1册》, 中华书局2003年版。

[54] 徐正英著, 常佩雨译注:《礼记》, 中华书局2014年版。

[55] 吴楚才、吴调候选编, 葛兆光、戴燕注解:《古文观止》, 中华书局2008年版。

[56] 魏敦友:《当代中国法哲学的使命》, 法律出版社2010年版。

[57] 周桂钿:《二十二堂国学课》, 中国友谊出版公司2010年版。

[58] 邓正来:《中国法学向何处去》, 商务印书馆2006年版。

[59] 哈特、奈格里著, 杨建国、范一亭译:《帝国——全球化的政治秩序》, 江苏人民出版社2003年版。

[60] 安德森著,吴叡人译:《想象的共同体:民族主义的起源与散布》,上海人民出版社2011年版。

[61] 列文森著,郑大华、任菁译:《儒教中国及其现代命运》,广西师范大学出版社2009年版。

[62] 罗尔斯著,张晓辉等译:《万民法》,吉林人民出版社2001年版。

[63] 罗素著,秦悦译:《中国问题》,学林出版社1996年版。

[64] 杜赞奇:《从民族国家拯救历史:民族主义话语与中国现代史研究》,社会科学文献出版社2003年版。

[65] 沃勒斯坦著,罗荣渠等译:《现代世界体系(第一卷)》,高等教育出版社1998年版。

[66] 沃勒斯坦著,庞卓恒等译:《现代世界体系(第二卷)》,高等教育出版社1998年版。

[67] 沃勒斯坦著,庞卓恒等译:《现代世界体系(第三卷)》,高等教育出版社2000年版。

[68] 拉铁摩尔著,唐晓峰译:《中国的亚洲内陆边疆》,江苏人民出版社2005年版。

[69] 泰勒著,韩震等译:《自我的根源:现代认同的形成》,译林出版社2008年版。

[70] 赫拉利著,林俊宏译:《人类简史:从动物到上帝》,中信出版社2017年版。

[71] 卢卡奇著,杜章智、任立、燕宏远译:《历史与阶级意识》,商务印书馆2009年版。

[72] 康德著,何兆武译:《历史理性批判文集》,商务印书馆2010年版。

[73] 黑格尔著,范杨、张企泰译:《法哲学原理》,商务印书馆2009年版。

[74] 柏拉图著,郭斌和、张竹明译:《理想国》,商务印书馆2010年版。

[75] 亚里士多德著,颜一、秦典华译:《政治学》,中国人民大学出版社2003年版。

[76] 卢梭著,何兆武译:《社会契约论》,商务印书馆2006年版。

[77] 托克维尔著,冯棠译:《旧制度与大革命》,商务印书馆2010年版。

[78] 伯克著,何兆武、许振洲、彭刚译:《法国革命论》,商务印书馆2009年版。

[79] 特洛尔奇著,朱雁冰等译:《基督教理论与现代》,华夏出版社2004年版。

[80] 霍耐特著,胡继华译:《为承认而斗争》,上海人民出版社2005年版。

[81] 亨廷顿著,周琪、刘绯、张立平译:《文明的冲突与世界秩序的重建》,新华出

版社2002年版。

[82] 福山著，黄胜强等译：《历史的终结及最后之人》，中国社会科学文献出版社2003年版。

[83] 滕尼斯著，林荣远译：《共同体与社会》，商务印书馆1999年版。

[84] 伯尔曼著，贺卫方等译：《法律与革命》，中国大百科全书出版社1993年版。

[85] 鲍曼著，欧阳景根译：《共同体》，江苏人民出版社2003年版。

[86] 萨义德著，王宇根译：《东方学》，生活·读书·新知三联书店1999年版。

[87] 基辛格著，胡利平等译：《世界秩序》，中信出版社2015年版。

[88] 波兰尼著，冯钢、刘阳译：《大转型 》，浙江人民出版社2007年版。

[89] 吉登斯著，赵旭东、方文译：《现代性与自我认同》，生活·读书·新知三联书店1998年版。

[90] 哈耶克著，邓正来译：《自由秩序原理》，生活·读书·新知三联书店1997年版。

[91] 韦伯著，林荣远译：《经济与社会》，商务印书馆1997年版。

[92] 韦伯著，于晓、陈维纲等译：《新教伦理与资本主义精神》，陕西师范大学出版社2005年版。

[93] 马克斯·韦伯著，洪天富译：《儒教与道教》，江苏人民出版社2003年版。

[94] 哈贝马斯著，曹卫东等译：《现代性的哲学话语》，译林出版社2004年版。

[95] 哈贝马斯著，童世骏译：《在事实与规范之间》，生活·读书·新知三联书店2003年版。

[96] 海明威著，程中瑞、程彼德译：《丧钟为谁而鸣》，上海译文出版社1982年版。

[97] 埃里克·沃格林著，叶颖译：《天下时代》，译林出版社2018年版。

[98] 陈梦家：《商代的神话与巫术》，《燕京学报》1936年第20期。

[99] 钱穆：《中国文化对人类未来可有的贡献》，《中国文化》1991年第1期。

[100] 葛兆光：《对"天下"的想象：一个乌托邦想象背后的政治、思想与学术》，《思想》2015年第29期。

[101] 张曙光：《从"天下"到"天人"：兼论中国思想的基本问题》，《探索与争鸣》2017年第11期。

[102] 张曙光：《自我、他者与世界：重启天人之思》，《社会科学战线》2022年第9期。

[103] 荣剑：《中国史观与中国现代性问题：中国社会发展及其现代转型的思想路径》，《中国社会科学辑刊》2010年第12期。

[104] 张旭：《大陆新儒家与新康有为主义的兴起》，《文化纵横》2017年第3期。

[105] J. K. Fairbank, ed, Harward University Press, 1968, p2.

[106] Benjamin I. Schwartz, The Age of Transcendence, Spring, 1975, Vol.104, No2, p3.

[107] Benjamin I. Schwartz, Transcendence in Ancient China, Spring, 1975, Vol.104, No2, p63.

后 记

相信思想的力量

现代社会急剧变革，这是每个人都能感受得到的现实。我们这一代人，出生于计划经济时代，成长于市场经济的浪潮之中，正直面人工智能时代，历史尚未远去，而未来已来。在日益物质化、碎片化的后现代主义狂欢中，亲历农耕文明、工商文明、信息文明共存与分离的巨大张力，在这个看起来需要哲学但哲学处于边缘的时代，"思想淡出"或许是哲学研究者直面时代惊涛骇浪时的自我选择。当我离开北京回到南宁之后，曾在很长一段时间陷入迷茫与困顿之中，如何做哲学？做什么样的哲学？如何思考哲学？如何哲学地思考？这些困惑一直萦绕于怀，日复一日的瞎忙碌好似以研究之名慢慢虚耗生命。

近年来，基于个人读书的兴趣，笔者对当代中国思想界一些具有代表性的思想做了梳理，这个书稿是梳理工作的一部分。说实话，出版这个书稿，我是惴惴不安的。在当下这种尚不够宽容的氛围里，对当代知名学者的论著及思想加以评议，这是无比冒险的，从事当代思想史研究是一项吃力不讨好的工作。对学者来说，人的天性可能更倾向接受别人的学术肯定，而不习惯接受学术评议，更别说学术批评了。不过，我一直认为，对当代知名学者的学术思想展开讨论，不是对他们的不敬，恰恰相反，这是对他们学术工作最大的敬重，因为真正的学术评议或者学术批评其实预设了学术的基本认同。毕竟，有谁愿意把自己有限的生命虚耗在那些"二手时间"上呢？又有谁愿意把宝贵的时间浪费在那些与自己毫不相关或者自己毫不在意的事情上呢?

在思想史领域,许倬云、葛兆光先后以"内外"框架讨论中华文明并出版了相应的作品,他们的讨论主要是一种历史学的研究,我写这个书稿的初衷是在"内外"这一框架之外,从"上下"的维度对中华文明进行哲学的展述。当然,对中国思想从"上下"维度展开讨论,我不免有些忐忑。"究天人之际"是中国思想学术研究的传统,这应该是没有疑问的,但如果从中西文化比较来看,严格地说,中国哲学缺乏西方哲学那种鲜明的形而上学传统,中国思想的"上下"与西方哲学具有超越性的"上下"是不同的。以"上下"这一维度来把握中国思想,现代研究似乎并不多,以至于有一段时间我肤浅地认为自己碰到了一座别人未曾采尽的富矿,但更多的时候是经常陷入自我怀疑甚至自我否定:从"上下"维度来讨论中国思想是不是搞错了?如韦伯所说,现代性是一个逐步"祛魅"的过程——神圣之物不断失去魔力。当中国学者纷纷从"天下"重新想象中国崛起的世界图景时,这本书稿从"上下"维度把"天人"的维度彰显出来,不是为了重新"复魅",而是试图在全球化时代重建普遍性哲学的中国话语。人是意义和价值的载体,依靠意义和价值来支撑生存,对当代中国思想史展开研究是探寻意义和价值的重要方式。

中华民族是重视历史的民族,历史思维是中国人看待世界的独特方式。当然,重视历史不是为了缅怀过去,而是以古鉴今、直面未来,即以历史经验校正当下、谋划未来。因此,中国人重视历史所形成的不是单纯的历史学,更像是一种"未来学",历史与未来交会于当下。克罗齐在《历史学的理论与实际》中指出"一切真历史都是当代史",其主要理由是,编年史是死的、没有生命力的材料编排,而真历史是活生生的历史。人们总是以当下的立场和兴趣来关切历史,如果历史与当下生活无关,就不会引起人们的注意而只是死的历史而已。需要注意的是,克罗齐从精神哲学的角度来看待历史,强调离开精神就没有实在的历史。柯林武德在《历史的观念》中对克罗齐的观点进一步阐发,强调历史研究与自然研究不同,自然科学家所研究的自然过程可以确切地描述为单纯事件的序列,而历史学家所研究的历史过程是一个由思想过程构成的行动过程,历史学家要探究的就是这些思想过程,历史知识是历史学家在自己心灵"重演"历史事件背后的思想,史学只是过去思想的"重演"。因此,柯林武德得出"一切真历史都是思想史"的论断。

如果我们把克罗齐"一切真历史都是当代史"与柯林武德"一切历史都是思想史"这两大论断结合起来,那么就可以得出"一切历史都是当代思想史"的推论,这为从事当代思想史的研究奠定了正当性基础。章学诚主张"六经皆史"，从经史一体的维度指出了中国文化的特质。不过，从思想史的视角来看，经史一体可能只是表象，经史一体的背后所展露的其实是思想。在我看来，我们可以从思想史把章学诚的"六经皆史"进一步延伸："六经皆史"的实质其实是"六经皆思"。六经作为中国传统思想的载体，注经是历代学者阐释中国传统思想的重要方式，"我注六经"的过程其实是思想自我展露的过程。历史研究以探求历史真实为取向，当代思想场域鲜活的思想样态构成了当代思想史的真实场景，对当代知名学者的思想展开研究，是展露"思想真实"的重要方式。也就是说，研究当代知名学者的思想学术，其实是把握当代思想状况的必经之途。

当代思想植根于当代社会，既是"实然社会"的真实反映，同时也是"应然社会"的具体实践。黄宗智教授以"实践历史"的方法研究中国社会经济史与法律史，主张不从"先验"的理论出发去"规范"经验，而是坚持从最基本的经验和事实出发凝练理论概念，在经验与理论之间反复连接，再返回经验检验理论概念的有效性，形成"从经验出发到理论再返回经验"的研究进路。与黄宗智教授的"实践历史"相反，金观涛教授侧重以"观念论"展露思想史。观念论是西方哲学尤其是德国古典哲学的主要特征，这在黑格尔的历史哲学中得到充分彰显。李泽厚指出先验的观念其实来源于经验，即"经验变先验"。如果我们同意李泽厚的这一看法，那么实践历史与观念论并不是截然对立的，如毛泽东主张"实践、认识、再实践、再认识"循环往复以至无穷。在我看来，实践历史与观念论的互动是展露当代思想史的方式，"实践历史与观念论"可以作为研究当代思想史的方法。

作为历史上从未中断过的轴心文明，在历史的延长线上，中华文明的历史画卷不是静止的，而是向前涌动发展的，中华文明是一个"在路上"的过程，在不同时代续写着崭新的思想篇章。"周虽旧邦，其命维新。"当然，文明的蜕故孳新有不同的新陈代谢形式。有的如蛇蜕或蝉蜕，在蜕去旧皮之后获得新生；有的如破蛹成蝶实现"蝶变"；有的如凤凰涅槃向死而生。在中国思想发展过程中，中华文明在不同的历史时段呈现出不同的样态，在新的历史语境下，重建中华文明的现代性话语体系是一项未竟的事业。

时下人们纷纷讨论现代化语境下中华文明的特殊性，突出强调"中国式"的特殊性以消解现代性的普遍性。事实上，文化的多元性与文明的统一性并不矛盾。中华文明的特殊性是世界文化多元性的生动体现，但文明的统一性意味着不同的多元文化具有统一的规范和共同的价值。中华文明是普遍性的文明，从天人关系到天下秩序，这是中国思想普遍性的具体表达。追求天人合一，以天下为己任，是中国古代读书人的理想与抱负。在全球化时代，当中国深度融入世界历史，当世界财富和权力重新向中国转移，如何重新彰显中国思想的普遍性，这是时代向中国学者提出的"中国之问"。

著名汉学家史华兹在临终前一个月写了一篇遗作《中国与当今千禧年主义——太阳底下的一桩新鲜事》，把现代社会愈演愈烈而近乎失控的"消费主义""物质主义"等虚假意识形态称为"末世救赎论"，指出科技与经济进步主义使人丧失了从错误中学习的能力，进而导致人丧失了自我完善的能力。该文的中译者林毓生教授指出，史华兹"他迫切感到必须用一种古老的先知精神，向世上的同胞们提出严正的告诫，以此作为他的遗言"。据说，王元化先生在与林毓生教授通信时，看到林毓生教授翻译的这篇史华兹临终遗作，在王元化先生心中产生了对人类前途悲观的共鸣。韦伯在《新教伦理与资本主义精神》中悲观地指出，现代性的"铁笼"将导致"专家没有灵魂，纵欲者没有心肝；这个废物幻想着它自己已达到前所未有的文明程度"。对人类未来的想象是宗教终极关怀的重要内容。就个体命运而言，以佛教因果论来看，个体的悲欢由因果律的业力所定，没有一个人是值得可怜的；但以佛家慈悲心来看，众生皆苦，每一个人都是可怜的。就人类整体命运而言，人类往何处去？人类文明向何处去？这是哲学的终极之问，思想家对人类文明未来的悲观是悲悯之心使然。在北京师范大学博士毕业时，张曙光教授送了我两句话："太阳底下无新事；太阳每天都是新的。"大意是，当自己觉得有新发现而得意之时，要想一想第一句"太阳底下无新事"；当自己觉得一无所获而悲观之时，要想一想第二句"太阳每天都是新的"。这些年来，我经常想起这两句话，在悲观之际回味"太阳每天都是新的"。研究和展露当代中国思想史，主要目的是从思想史中汲取前行的勇气。相信思想的力量，归根结底，不是为了别人，而是为了自己，让自己在绝望中始终心怀希望，以乐观主义的悲悯心境直面不确定的未来。

吕 勇

2024年6月10日于南宁